ちくま学芸文庫

個人空間の誕生

食卓・家屋・劇場・世界

イーフー・トゥアン
阿部 一 訳

筑摩書房

SEGMENTED WORLDS AND SELF :
Group Life and Individual Consciousness
by
Yi-Fu TUAN

個人空間の誕生——食卓・家屋・劇場・世界

【目次】

全体　9

部分　59

自己　223

J・B・ジャクソンに捧げる。

個人空間の誕生——食卓・家屋・劇場・世界

謝辞

「飲食とマナー」の章に関して手助けしてくれたアイヴァー・ウィントン、本書の初期の草稿を詳細に批評してくれたトム・エンゲルハート、見事な図を描いてくれたスーチャン・ワン、共同体や伝統について啓発的な議論をしてくれたロバート・ウィンスロップ、一学期の有給休暇（これは教官をやる気にさせるという点で益することの多い適切な制度である）を与えてくれたミネソタ大学、そして何年間も大変ありがたい助言と励ましを与えてくれた大学出版局の編集者の方々に、心から深い感謝の意を表わしたい。

全体

一　分節化・意識・自己

われわれが人間と社会について真剣に考えるときはいつでも、全体と部分、集団と個々のメンバー、公と私、与えられた現実すなわち一般に認められた現実と主観的な知覚といった二元的なカテゴリーに行き当たってしまいがちである。二項対立からなるこれらのカテゴリーは、とりわけ西洋の観念史において重視されてきた。西洋の思索家たちは他文化の人々以上に、個人と社会がどのように関係しているのかという基本問題について考えてきたのだ。というのも彼らはこの問題と、現実や価値の本質にかかわるほかのいろいろな基本概念との結びつきに気付いていたからである。多くの文学作品が個人と集団という主題を追究しているが、集団のメンバーが自己を意識しばらばらの空間に引きこもる際にその集団や結合体がどのように分割されるかについての、文化的・歴史的な研究は見過ごされている。また、個人が意識的にどのように再集団化し、結合体を再構築し、統合の感覚を再獲得し、客観的な（すなわち一般に認められた）価値を再生産するかについての研究も行なわれていない。そこで本書では、意識の発達や自己の概念にかかわる空間的な分節化を、テーマとして扱うことにする。アプローチの仕方は具体的であり、抽象的なものではない。ここで目指しているのは解釈的な記述であり、社会科学の論文ではないのだ。

しかしわれわれはすでに、いくつか抽象的な言葉から始めている。これらの言葉が意味するものは何だろうか？ きちんとした定義をするよりも、これらの言葉の用法と、ありふれた状況——現代の中流家庭——での用法から生まれた意味について考えてみよう。家族は人間の小さな集団である。子どもが小さいとき、家族は堅く結びついた、権威のある独立した単位である。それは自然の必然的な秩序に思われる。家族の一員であるのは当たり前のことなのだ。若い家庭では、空間は差異化されていない。母親は赤ちゃんをひざの上にのせ、彼女の皿から食べさせる。しかし大きくなった子どもは、食堂のテーブルに自分の椅子をもち、自分の皿から自分の食器で食べる。家の空間は、家族が年をとるにつれて用途別に分節化されるのだ。子どもはテーブルに自分の場所をもつだけでなく、家のなかに自分の部屋をもつようになるのである。子どもたちがもっと成熟すると、自分自身を意識の中心として自覚するにいたる。彼らはもはや単純に家族に属しているわけではない。しかも彼らにはその事実が見えているのだ。青年期の人間は、ときどき家の中で家族から遠ざかる必要性を感じる。というのも、親や兄弟姉妹が単なる「家族」——あたたかく支えてくれるなじみ深い環境——というだけではなく、目障りな他人でもあるということに次第に気づくからである。他人の具体的な特徴を知ることで、自分の個性への自覚と独立心が強まるのだ。家族のメンバーに自意識が芽生えても、家族にはまだ結合力があるが、しかしそれを維持するためには今まで以上に意志の力が必要である。家庭は、実体的かつ客観的にそこにあるためあらためて見直す必要もないような自然の事実というよりは、青年期の人間の批判的な目からみると社会的な（しかもおそらく快適な）単なる慣習に見えるかもしれないのだ。

家庭のスケールではっきりと知覚できることは、一族や村や小さな町や都市国家のようなもっと大きなスケールでもみられる。たとえば都市国家は、必ずしも抑圧的なものでなくても、その結合力や永続的な自然の単位としての地位を失うことがある。それは、市民が個人のアイデンティティを認識するようになり、公共の儀式や法律を自然や神によって定められた永遠の真実としてではなく自分たちのような人々によって作られたものとみなすようになることで、都市国家の制度や価値に疑問を感じ始める場合である。ポリスの神秘性が、市民の明確で批判的なものの見かたによって消えてしまうのだ。もちろんこのようなことがつねに起こるとはかぎらない。生物学的な家族のメンバーと異なり、世代が進むにつれて必然的に国家の市民が個体化したり自己を意識するようになるわけではないのだ。

社会は必ずしも複雑化や個別化の方向へ変化するわけではないが、しかしある方向性をもった変化がこれまでに繰り返されたことや、その変化が文明の発生をもたらしたことは知られている。どんな種類の意識や社会や個人が、複雑な社会と典型的に関連しているのだろうか？　われわれは本書のなかでその（部分的ではあるが）詳細な答えを出すつもりである。ここではいくつか要点を示す。

まず第一に、精神的な力によって行われる世界の個別化について考えてみよう。そのような力のひとつは、分析である。精神は、部分をほかの部分や全体から区別しようとする。分析は差異を明確にし、また作り出すのだ。新しい対象を作り出すのにまず必要なのは、この注目する能力、連続した要素を取り出しそれを分割する能力である。物質的な実体であろうと感覚的な印象の流れであろうと、連続体は分割されなければならないのだ。その結果、自然のままの全体よりもいきいきと存在する新しい実体が出現するのである。たとえばわれわれは、大地のひとかたまりの泥から魅力的な一個のつぼを作り出す。また、無秩序なつかの間の印象の渦からは、われわれが注目し名称を与えたものだけが取り出されてくるのだ。興味深いことに、創世記に語られた天地創造の物語は、一連のこのような分離と個別化の行為から成り立っている。神は最初に暗黒から光を分離した。神はまた天空の上と下の水を分け、乾いた大地が現われるように地上の水を一箇所に集めた。そして神は、自分の姿に似せて造ったアダムを含め新しい存在物を作り出すことで、森羅万象に変化を与え続けたのである。神の力は言葉において明らかである。神に呼ばれることで事物は存在するようになったのだ。話すという神の力を与えられたアダムは動物を命名した。するど動物は、命名されるにつれて彼の目の前に姿を現わした。この意味で、彼もまた呼ぶことで創造物に存在を与えたのである。

明瞭さと差異をもたらすこの力は、目立つ特徴をもち、明確に定義され、細かく分けられた世界を生み出すことができる。しかしこの力は、外部の世界に限られるわけではないと思われる。内面においても、自己は内省以前の完全無欠さを失い、細分化され自意識をもつようになるのだ。善悪の知識の木から果実を食べたアダムとイヴは、自分たちの内面を見つめ、新しい事実を発見した——自分たちが裸であるという事実を。純粋さは、主体としての「私」と客体としての「私」の分裂のなかで失われてしまった。自分自身が裸であることを認識して、彼らは恥を知り自分たちの弱さを感じたのである。しかし純粋さを失ういっぽうで、彼らは批判的にものを考える能力を獲得した。彼らは善悪の本質に関する疑問をもてるようになったのだ。恥や弱さの感覚にみられるような「悪」が、善いものでもあるということは可能だろうか、そして「善」は悪でもありうるか？　子宮のようなエデンの世界は、もはや目覚めたアダムとイヴにふさわしい場所ではなかった。そこで彼らは追放されたのである。エデンの外での彼らの自意識は、現在の境遇と比較した過去の思い出と、労働の苦痛に支えられていた。周囲の世界に対する感覚は研ぎ澄まされた。なぜなら自分自身の世界を作るためには、選択という行為が必要だったからである。死だけが、彼らにとって、意識や個性という重荷からの究極の解放だった。神は、アダムとイヴ、それに彼らの子孫たちが生命の果実を食べる気になりその結果永遠の命を宣告されないように、生命の樹を護る大天使を派遣することで死を保証していた。

創世記の創造神話が現在まで色あせないのは、それが複雑な社会と個人の経験を要約しているからである。昔の人々は、安定を維持するための巧妙な規則や習慣や儀式をもつ、結び付きの強い小さな世界で生活していた。うまくいったところでは、共同体的な集団は時とともにほとんど変化せず、「原始的」なままである。そこではメンバーの争いが起きるような事態が避けられてきたのだ。その文化は、小さな正義や個性よりも、全体の調和を最も重視する。協力はつねに奨励され、個人的な主張や自慢は禁じられるのである。このような集団では、知識を分割する必要はない。誰にでも学ぶ時間と意志が与えられ、集団全体がもっている知識をすべて知ることが可能なのである。知識は果てしない研究によって手に入れるものではない。また知識を持つことが、必ずしも他人からの孤立を意味するわけでもない。そのうえ、経済活動が単純なところでは、知識が自己批判的であることはめったにない。宗教や芸術や分類学はあるが、文明社会にみられるように専門化されたものではなく、神学や美学や科学哲学という内省的な分野もないのだ。民俗文化的な知識は、生活に密着した経験とぴったりかみ合ったものである。それは明示的というよりは暗示的という特徴をもつ。現実の意味を理解するためには、無文字文化の人々は自然と社会を要素に分節化し、それを再び結合して意味のある全体にしなければならない。神話と伝説は、社会科学の著作の表題としてときどき世界観という言葉で表わされる、この種の全体の存在を暗示している。しかし、人類学者がアンケート表を持ち込むときをのぞいて、無文字文化の人々が、宇宙の結合の仕方についての知識をはっきりと言葉にする機会も理由もない。彼ら自身にとって、そのような知識の典型的な表現とは、明確に記述された文章や図ではなく、儀式的なダンスの身振りや神話の遠回しな言葉なのだ。無文字文化の人々は、したがって、世界観や哲学というよりはむしろ「世界感覚」あるいはウォルター・オングの言葉でいうと「世界存在」をもっているといえる[1]。彼らは、世界についての知識を感覚や直観の範囲にとどめておくことで、自分たちの小さな調和した世界を維持することができるのだ。

　文明社会は巨大であり、複雑である。それは、長く波瀾の多い変化と成長の歴史をもつ。集団の連帯や共通の神話は、とりわけ外からの脅威が存在しない時代には、貧弱なものである。現代社会の結び付きは、組織や地域共同体や個人といった社会の構成要素によって絶えずぐらつかされているのだ。それについては物質的な景観自体が、暗示的なてがかりを与えてくれる。原始的な村は、もし縁石や壁のような人工の境界がほとんど見られず、特殊な機能のための場所もほとんどないならば、孤立したかなり単純なものという印象を与える。ところがそれと対照的に大都市では、人間や活動を別々の地域に分散させている数多くの物理的な境界によって、われわれは否応無く、都市の境界づけられ分節化された特徴や空間の複雑な階層性を思い出すのだ。

人間の心は現実を分節化する傾向がある。身振りと同様言葉もそうである。しかし、これらの分節化の方法は次の世代へと伝達されなければならない。物語りは特定の時間と場所にわれわれの注意を引き付けるが、しかし繰り返し語られなければその内容は細部を失い、記憶からすぐに消えてしまうのだ。また、儀式的なダンスはそれが続いている間は草原を神聖な場所に変えるが、ダンスが終わるとすぐにその場所は草原へと戻ってしまうのである。物語りをすることや儀式とは異なり、文書や建築は高度な文明の典型的な成果である。それらは人間に、未分化の経験から取り出された個々の世界を大きく広げ、みがきをかけ、洗練されたものにし、またそれらの世界を永遠に人間環境の一部にしてしまう可能性を与えるのだ。ペリクレスの弔辞ははかない大気の中に消えてしまったが、しかし書かれたそれは今日までアテネに魅力を与え続けている。また、分割された空間で行なわれていた古代ギリシア人の活動と儀式ははるか昔に消えてしまったが、分節された空間自体は寺院やアゴラ［広場］の廃墟のような景観の中に残されている。行動はつかの間のものであるが、それを覆う建築は永続的な場合があるのだ。現代世界では、人間のほとんどすべての活動や状態にはそれ専用の建築的な構造が存在する。明確に区別されしるしづけられた場所が、食べたり、排泄したり、寝たりするためや、バレーボールやバドミントンをするためや、豊かな人や貧しい人のためや、運転者や歩行者のために存在するのだ。これらの場所は完璧に作られている。それらは特別な機能のために確保されており、通常の行為からの逸脱は強く抑制されるのである。桁違いなものは、論理的な思考の構造に入り込まないように、物理的な空間にも入り込んでこないのだ。[2]

創世記の物語では、神は最初に未分化の実体である「天と地」を作り、ついでそれをもっと多くの部分に分割し再構成していった。部分のこのような増殖にもかかわらず、神の広い心が、それらがどのような相互関係をもち、どのように結合体を形成しているかを理解できることは疑いない。いっぽう人間はほとんど無限の分析能力をもつが、しかし神とは異なり、総合するのはあまり上手ではない。小さな無文字社会では、世界の分割と結合がちょうどよいスケールで起こっている。そのうえ、この二つのプロセスは同じ場所でみられ、互いにあい前後して行なわれるのでほとんどひとつの仕事のようである。シャーマンは実践的な解決に必要な限度を越えてまで問題を分析しないし、原始時代の建築家は単に素早く住居を作るためだけに灌木の幹を切るのだ。彼らが自分たちの世界を維持するためにしていることは、意識的な努力をそれほどせずに行うことができるため、ほとんど自然の機能のようにみえるのである。[3] 現代の人々では、話は多くの場合違ってくる。彼らには自然のものを取り出し、それらをもっとも細かい構成要素に分解する能力があるのだ。

しかし、彼らにはその部分を新しく複雑な全体へと再統合する能力や、時にはその意図さえ欠けている。都市の建造というスケールでは、現代の技術者と建築家は、公園や街路や工場といった無数の要素がシステムとしてどのように結びつき機能するのかをよく知らずに設計し作り上げるのである。現代人は、神のようにその創造物に増えよと命じてきたが、増え過ぎたあまりそれらはわれわれの理解と制御を越えた複雑さをもつに至ってしまったのだ。

ほかの人間以上に、西洋人は世界を探査し操作してきた。しかし彼らはほとんど同じくらい熱心に、内省や分析によって、また個性という概念やプライヴァシーを発達させることで、自分自身の性質をも探ってきた。中世以降、次第に自己が意識されるようになったことを暗示する証拠がたくさんある。それはたとえば、文学における自伝的要素の重要性の増大や、家族や自分の肖像画の増加や、鏡の普及や、個性が花開く一段階としての子どもへの関心や、ベンチではなく椅子の使用や、家における私的な部屋や特殊な部屋の増加や、内面へ向かった劇と文学や、精神分析などである。

自己とは何か？　私とは誰なのか？　この種の疑問が起こるために前提となるのは、集団から距離をおくという能力である。個人は物理的・心理的に孤立することができなければならないのだ。人は、生物的な要求を満たすためや、考えるためや、自分自身に戻るためにひとりになる。ほとんどすべての人間社会では、排泄や特に性交はプライヴァシーを必要とする。多くの社会では、人々は食事したいときや眠りたいときにも大きな集団から離れる。(4)これらは人が脆弱さを感じる機会である。この脆弱さの感覚は自意識を暗示しているが、しかしそれは人間がほかの動物と共有しているような意識である。それに対して、人間は恥ずかしいという理由で引きこもることもある。つまり生物的な機能が自分の上品なイメージに適合しないために、プライヴァシーが必要となるのである。ここにおいて、生物的な存在としての人間と社会的な存在としての人間がはっきり分かれる。いっぽうは動物的で私的であり、他方は人間的で公的なのだ。しかも人間の自己についての感覚は、ひとりで省みなければならない経験のただ一つの窓口であり、社会を超越している。このように人間は、生物的・超越的という存在の両極端において、ひとりになりたいと願うのである。

自己は実在物である。世界と同様にそれは部分へと分割されうる。しかし、そのプロセスには終わりがない。個体とは有機的な成分であり、究極的には化学的な成分である。また、個体とはしつけであり、社会経済的な背景であり、偶然の出来事が共存する場でもある。人がこの還元的な方法で自分が誰であるかを内省するとき、おそらくその人は自己理解を深め、自分の個性のある側面をしっかりと把握するだろうが、そのいっぽうで、その人は自分に中心がない——自分が集合体である——ことに気付き落胆するかもしれない。公的な側面では、人は時に応じて自分に要求されるいろいろな役割によって引き裂かれ、自分が誰であるかという感覚を失っているかもしれない。また、我が家のプライヴァシーのなかでひとりでいても、その人は自己分析が同様な混乱をもたらしうることに気付くかもしれない。自分の一部はよく理解しても、分割されていない存在についての感覚は前よりもとらえどころがなくなるのだ。なぜなら、いくら分析しても自己を再構成することはできないからである。

現代では意識はしばしば重荷に感じられる。家や郊外は分裂した自我に、豊かで一見調和した世界、すなわち喜ばしい自己イメージを提供することで、その重荷を解放してくれる。しかしそれには限りがある。また、思索家は紙の上に明確で固く結び付いた世界を作り出すが、しかしそのような世界は心にとっての家にすぎない。心の中だけでアイデンティティと正当化を探し求める人は誰でも、非現実的な感じをもつようになるのだ。それと対照的に、支配者や大設計家の理想都市は現実であり、コンクリートやガラスや鉄で作られ、人間が詰め込まれている。しかし、理想都市は審美的な観点からは美しいかもしれないが、生活の複雑さに十分対応していないため、あまりうまく機能しない。過去や現在の実例をみると、人間の心は大きく複雑な全体を創造するよりは、物事を個別に取り上げたり、小さく複雑なものや大きいけれど単純なシステムを作ったりするほうが得意であるという結論に到達せざるをえないのである。意識的に設計された統一体がもつひとつの特徴は、自然に存在する有機体や組織と比べた場合のその単純さ――要素や結合の数の少なさ——である。その単純さは、作られたものが人が住むはずの都市である場合、悲しむべき欠陥となる。理想都市は、大建築家の膨れ上がった自己意識についての究極の証言なのだ。しかも、そこの記念建造物は住民に対しては自我と個性を失うことを要求しているのである。

コミュニティや自然に対する現代人の望みとは、大きな全体の中で意識と自己を失いたいという望みである。それはしばしば子宮やエデンへの回帰の欲望と呼ばれている。分節化は、人間の創造的な努力の初めの段階ではうまくいっていたが、あまりに行き過ぎてしまったのだ。つまり特殊化が行き過ぎてしまったのである。意識と、それに伴って強まった自意識はあまりに孤立し苦痛になった。ときにわれわれは知識の樹から果実を食べなければよかったと思い、エデンに帰りたいと望み、世界中のものに名付けるほどの意識はもちたいが、自分自身を名付けるほどの意識はもちたくないと思うのだ。しかし、ときにまたわれわれは自分の個性や、ゆるぎない意識や、自分たちが逃れられない主観性の虜であることを誇らしく思うのである。

このディレンマについては、しばしば語られてきたが、それはいまだに人を困惑させる問題である。本書の目的は、単独の研究の範囲では普通一緒に現われることのない（現われるべきであるが）複数の文化にかかわるテーマの助けを借りて、このディレンマを明らかにすることである。われわれは、世界のさまざまな地域と過去のさまざまな時代にみられる統合された人間集団(結合体)の例から始める。そのような集団では、個性や孤立した自己という概念は最小限度にしか存在しない。そしてこれから見ていくように、すべての場合において、メンバーが物理的に存在し互いにすぐに役立てるということによって、集団の結合力が発生し維持されているのだ。

われわれは次いで、中世後半以降発達してきた西洋文明に焦点を合わせる予定である。なぜなら、集団と自己の間を引き裂いた個人主義が文学と現実の両方において最も完全な表現を見いだしたのは、西洋においてだったからである。ほかの文化も論じられるが、それは体系的な比較の根拠を提供するためというよりは、西洋独特の事柄を拾いあげるのに必要な背景を用意するためである。西洋に対してわれわれは、食べ物とテーブルマナー、家屋と家庭、そして劇場という三種類の社会文化的な現象が分節化されていく過程を跡づける予定である。これらの歴史によって複数の並行する議論が可能となるのだ。

料理とテーブルマナーの洗練化とは、われわれがこれから見ていくように、丸ごとの動物や輪切り肉ではなく一切れの肉を出すことを意味してきた。その洗練化はまた、用途別の食器の工夫や、食事を次第に自意識過剰にするエチケットの工夫を要求してきた。ヨーロッパの中世以降の家屋の歴史は、自己意識の成長、すなわちより大きな個人的・集団的プライヴァシーへの要求をはっきりと反映した、次第に進む空間の分割化の歴史である。劇場はもっと視覚的で自意識的な、ドラマ化された世界である。西洋では、演劇は宗教的・共同体的活動として始まったが、しかし十九世紀後期までにそれは観客にとって、ほとんど私的な経験となっていた。彼らは暗闇の中で別々の椅子に座り、舞台のアーチを通して家族の分裂劇を見つめていたのである。

ヨーロッパ史のこの時期について、われわれは知覚の在り方における重点が変化したかどうかについても探っていく予定である。テーブルマナーや家や劇場についての具体的な調査によって、より心理学的でとらえどころのないこの問題に答を見いだす準備ができるであろう。つまりわれわれは次のことを知りたいのだ。ほかの感覚に比べて目が重視されていく証拠があるだろうか？ 視覚は、「そこ」にある鮮明ではっきりと分節化された世界を示してくれる。それと対照的に、嗅覚や味覚や触覚や聴覚は、多様ではあるが焦点の定まらない曖昧さでわれわれを包む傾向があるのだ。またわれわれは、民俗共同体が、親しい会話によって結ばれた口承共同体であることを見ながら、次の疑問を提出する予定である。世界に対する感覚は、識字能力によってどのように影響されるのだろうか？ 読み書きは、それが習慣となっているとき、世界に対するわれわれの知覚を因果的・直線的・分節的なものにしてしまう傾向がある。識字能力がますます自分に閉じこもらせるのは明らかである。確かに物語りをすることや弁論は、公共の広場や観客を必要とするが、しかし読むことは自分の部屋のプライヴァシーのなかが一番なのだ。

もし個人主義という言葉で、個人が自分だけの才能に適した仕事をみつける自由を意味し、また形式ばったどんな規則にもしたがわない行動を意味するならば、共同体は個人主義と両立可能である。静的ではない動的な共同体や社会が、結局生き残るのである。それは明らかに、自由に、場合によっては喧嘩ごしに自己主張するような広い範囲の才能を取り入れる共同体や社会である。しかし、もちろん個人主義は、もしそれが自分への完全な閉じこもりや完全な疎外を意味するならば、共同体やどんな社会生活とも両立不可能である。現代社会は、失敗者とみなされることの多いそうした個人を大量に抱えていると思われる。しかし、社会のパラドックスとして、その成功者——最も思慮深く内省的なメンバー——もまた社会の完全無欠さに対する脅威なのである。思考は、価値に疑問符をつけることによりその価値をむしばんでいく。法律と習慣は、恣意的な決まりとみなされたときにその結合力を失うのだ。思慮深い人にとって社会とは、自然で客観的なものがもつ正当性を欠いた、人工物なのである。しかも実際には、自然自体も、疑問の対象にされたとたん、主観的な経験に解消されてしまうのだ。

主観主義は究極の孤独である。その兆候は過去にも現われていたが、現代においてははるかに広く行きわたっている。文字の無い伝統的な社会の人々にとって、現実は与えられたものである。社会の規則や習慣と同様に自然も、単純かつ客観的にそこに存在する。それらは、個人の気分や知覚や特殊な知識に左右される主観的な価値や構成物ではないのだ。したがって、現代文化による徹底的な変化を受けなかった人々は、揺るぎなく客観的で、みんなに共有された、当たり前の世界に住んでいるのである。現代人にとって、主観主義から導き出された非実体性と孤立の感覚は、意識の中心部にまで移動してきている。その証拠としては、最近数百年間に風景（シーナリー）、眺め（プロスペクト）、遠近法（パースペクティヴ）、視点、解釈、そして現代では構造やパラダイムといったような術語や概念が流行したことを考えてみさえすればよい。「世界の見えかたは、立つ場所によって異なる」。これはわれわれの時代に一般的な信念と態度であり、思索家にとって現実がいかに非実体的で主観的になったかを暗示している。

さて、われわれが当たり前と感じられる共通の世界はまだあるのだろうか？　共通の世界を創造する試みの範囲は、温かい人間的な交歓を促す仕切りのない家や舞台が張り出した劇場から、国家スケールでの居住地域の統合やユートピア社会の建設までさまざまである。これらの努力の中でかなり穏当なものでも、さまざまな理由からその成果は部分的なものにとどまった。それらの理由の中には意識のパラドックスがある。それは、いっぽうでは、統一された全体には自分のこれからの存在がかかっているのでそれを維持するために意識的になる必要があり、他方では、あたかも統一された全体がつねにそこに――客観的かつ独立に――存続しそれ自体で機能しているかのように見えるので、その全体の中で自分自身を失ってしまうというパラドックスなのである。

二　結合体

ばらばらで非人間的な社会に住んでいると信じている現代人はときどき、遠い時代や場所に住む人々の強い社会的結合力にあこがれる。これらの消滅してしまったあるいは消滅しつつある文化に共通した特徴とは、どのようなものだろうか？　それらがほとんど共通点をもっていないのは、かなり明白に思われる。無文字で伝統的な共同体は、ひとつのバンド［居住集団］ほど小さい場合もあれば、数千人のメンバーを含むほど大きい場合もあるだろう。平等主義を採っている場合もあれば、階級制度をもっている場合もあるだろう。また、多くの共同体では自己主張が抑えつけられているが、反対にそれが促されるところもあるのだ。さらに、ある共同体では謙遜とプライヴァシーに価値があり、ほかではそうではないし、親族関係と一致した社会組織は、厳格であったり緩やかであったりするのである。しかしこれらの多様性にもかかわらず、すべての前近代的な共同体がひとつの重要な特徴——結合性——において近代社会と異なっていることは相変わらずの事実である。結合性という特徴は、親類や友人と身体的に親密であることへの欲求に明らかであり、世界を与えられた客観的な実体としてみる見方や、自己意識の欠如や、その結果である集団と世界に対する批判的な立場の欠如に明らかである。

最も基本的なレヴェルでは、社会的な結合は身体的な接触によって維持される。ブラジル、サンタカタリーナ州の立入禁止の高地林に住む、狩猟採集民のカインガン族をみてみよう。人類学者のジュールズ・ヘンリーは次のように書いている。

カインガンの若い男は一緒に寝るのを好む。夜になると彼らは互いに呼び合う。「ここに来て僕と一緒に寝ようよ。僕と!」……キャンプでは、若者たちが愛撫し合っているのが見られる。既婚・未婚の若者が頰と頰をくっつけ、互いに腕をまわし、脚をからだに巻き付け、まったくわれわれの社会の恋人同士のように横になっているのだ。ときどき彼らは、三人か四人の小さな集団で同じように愛撫し合いながら寝ているのである。(1)

しかし同性愛の証拠をヘンリーは見つけることができなかった。頻繁な接触や愛撫は性的な興奮を与えるためというよりは、相互信頼と集団の結合を確立するためのものなのだ。このようにして確立した結びつきは、血の結びつきを超越することさえあった。「毎日一緒に猟をしている男たちは、（ヨーロッパ系）ブラジル人を一緒に襲い、同じ焚火の横、同じ毛布の下で互いの腕にくるまって一緒に眠り、この関係を兄弟との親族関係以上のものと考えているのだ(2)」。

カインガン族のバンドの社会的な結びつきは、非常に流動的である。原始的な人々の間に普通に見られる、可触・不可触を決める細かい規則が欠如しているように思われるのだ。両親は子どもと性交してはならないし、血のつながった兄弟姉妹は結婚できない。しかしそれ以外の性的関係ははっきりと認められているのである。人類学者に知られているほとんどすべての種類の婚姻が実際に行なわれているのだ。優勢なのは一夫一婦であるが、一夫多妻や一妻多夫もみられる。そのうえ、かれらは「何人かの男性が何人かの女性と共同生活をする」という「集団婚」も行なっているのである(3)。おとなたちは、子どものひとりひとり違う個性よりも、抱擁の心地よさ——小さいからだの温かさと柔らかさ——を非常に喜ぶ。子どもは、すべてのおとなの言いなりである。彼らはどこでも眠り、おとなのところへよちよち歩き、そこで子犬のように、いつもあてにできる嬉しい愛撫を受けるのだ。

カインガン族が時にみんなで個体性を否定したがっているという印象は避け難い。男たちが腕と脚を互いのからだに巻き付けて寝ているとき、その人間の固まりはもぞもぞ動き始める。人々の間に距離を作る性的な慎み深さは、ほとんど存在していないのだ。「五歳か六歳の少女が仰向けのおとなの上にのっかって彼の性器からダニを取っていることは珍しくない」とヘンリーは述べている。おとなの間の性的な前戯は、あけっぴろげで騒々しい。それを子どもから隠そうとはしていないのだ。実際、おとなたちはおどけて、小さな子どもたちに互いに性交するように、あるいは何倍もの年齢の人々と性交するように言ったりするのである。頻繁な肉体的接触に基づく個人的な触れ合いは、カインガン族の社会の結合にとって非常に重要なので、カインガンの人々はそのような結びつきのない個人を見ると困惑してしまう。彼らによれば、ひとりでいる成人以上に寂しい人はいないのだ。

カインガン族は、集団自我の感覚が強い。「我々」あるいは「誰かの仲間」という意識は、身体的な近さや、温かい個人的な結び付きや、血のつながりへの強い関心や、カインガン系のほかの集団やバンドに対する敵意によって維持される。バンド内では、個人的な攻撃性は抑制される。しかしそれは、性的な遊びやからかいではおもてに出るし、またアルコールの影響下でも出現する。カインガン族は内省的な自己分析をしたがらない。彼らは、表面上は思いやりが深いようにみえる自分自身の感情を、ほとんど意識していないのである。「酩酊がカインガン族の個性をあらわにするとき、その個性は優しさの小川の中で泡立ちあふれずに、暴力の激流の中であふれでてくるのだ(4)」。

もうひとつの無文字集団である、カラハリ砂漠のクン・サン族(ブッシュマン)をみてみよう。彼らはいくつかの点でカインガン族と似ているが、ほかの点では非常に異なっている。カインガン族と同様に、クン族は移動採集狩猟民である。彼らの社会は平等主義であり、そのメンバーはお互いの近くにいることを好む。子どもたちは常に抱きしめられキスされているのだ。ローナ・マーシャルは次のように書いている。「おとなの女性や少女が座っているとき、彼女たちは、互いの肩やひざを接触させ、くるぶしをくっつけてかたまっていることが多い」。少年や若い男性も同様である。[5] もちろんカラハリ砂漠には空間の不足はない。しかしそれにもかかわらず、野営地はこぢんまりと密集しており、彼らの平均密度は一人あたり一七・五平方メートルで、アメリカ公衆衛生協会によって望ましい基準と考えられている一人あたり三二・五平方メートルよりかなり少ないのである。パトリシア・ドレーパーが観察したように、普通、野営地では、各家族の炉は非常に接近して設けられているので、そのまわりに集まっている人々は立ち上がることなく物を前や後ろに手渡すことができる。「それぞれの火のまわりに座っている人々は、普段の会話以上に声を大きくすることなく長い議論を行なうことがよくあるのだ」。日中は、住民のおよそ三五%が狩りや食物の採集に散らばって出掛けるが、それ以外の人々——十四歳以下の子どもや病人や老人——は残って、小さく固まっているのである。[6]

カインガン族と異なり、クン族は、肉体的な機能に関して慎み深い。しかし慎み深さは、明るい空と広い地平線という環境の中では維持するのが難しい。彼らには、低い灌木や広く散らばったいくつかの樹木や小屋以外に、ほんの微かな証拠から動物の行動や気分を理解するよう訓練された目を逃れる場所がないのだ。クン族が密着して暮らしたがっているというのは事実である。そのいっぽうで、彼らは近親相姦のタブーを認識しており、近親者がいるところで不作法な性的反応をしてしまう可能性を恐れている。その結果が、自意識でありプライヴァシーの要求である。クン族の人は排泄したいときには、キャンプから遠く離れて、灌木の後ろにしゃがむのだ。また、座る位置に関する忌避の規則が存在する。義理の母と義理の息子が炉端に座る場合、少なくともあいだに一メートルの距離をおかなければならないのである。義理の父と義理の娘にも同じ規則が適用される。さらにクン族の用意周到さは、小屋に対する彼らの態度にも示されている。小屋は普通、野営地には建てられない。彼らにとっては、夜にそのまわりに全員が集まってくるかがり火こそ、はるかに重要な家のシンボルなのだ。小屋が作られても、それらは雨降りの時や日差しが強すぎる時にしか利用されないようである。クン族は普通そこで寝たり暮らしたりしないのだ。平均的な小屋はたった幅一・五メートル、奥行き一メートルしかない。内部空間は外から見えるようになっていて、事実上どんなプライヴァシーも確保できない。しかし、息子の妻や娘の夫が義理の親の小屋へ入ることは厳しく禁止されているのである。男と女の兄弟も、ひとたび結婚し、自分の小屋を建てたならば、同様にこの規則に厳密でなければならない。互いの小屋に入らないことが敬意のしるしなのである。クン族の自意識は、特定のカテゴリーに属する人々がある程度の距離を保つことを要求している。分節化され境界を定められた空間という観念は、小グループのプライヴァシーや、そしておそらく個人のプライヴァシーという観念と同様に、彼らの中にはっきりと存在しているのである(7)。

農民の多くは、村人であり、結び付きの強い共同体のメンバーである。この結合力の性質はどのようなものであり、それはどのように維持されているのだろうか？　農民に関する多数のさまざまな文献が存在している――中世ヨーロッパの村落の歴史的研究や、今世紀への変わり目における貧しい国々での農民の経済と生活についての民族誌的研究がそうである(8)。それによれば、細かい重要点では互いに異なっているものの、農民の世界は都市的・現代的な社会とは区別されるある一般的な特徴を共有している。まず第一に、農民は土地との親密な結び付きを確立している。生きるために懸命に働かなければならないということが事実として受け入れられており、その事実が「母なる大地」への好意的で宗教的な思いへと変化しているのである。土地の神と先祖の霊は融合する。農民は自分自身を土地に属している「大地の子」とみなし、過去と未来や、先祖と子孫を結ぶものとみなすのである。農民の世界で普遍的にみられる生物学的な現実やメタファーは、自己とは唯一無二の目的であるという観念や、自己とは周期的に繰り返す自然のプロセスから抜け出してまったく新しい何かを生み出せる人間であるという観念を押さえ付けてしまう傾向がある。しかも、農民は耕す土地を所有しているけれども、個人よりも団体で仕事をすることが多い。農業活動の多くは共同作業を必要とするのだ。たとえば、耕地に灌漑や排水が必要なときや、重く高価な農機具（地主が持っている製粉機やぶどう絞り器やかまどなど）を使わなければならないときがそうである。個人的な創意を発揮する余地は、家の横の小さな庭を除けば限られたものであり、そこでさえ習慣的なやり方が支配的なのである。個人主義と個人的な成功は農民共同体では疑いのまなざしで見られる。成功はきわめてまれなので、それはただちに魔術を暗示するのだ。

農民の世界では社会経済的な基本単位は大家族である。そのメンバーは小さな子どもを除いて全員が何か生産的な仕事に携わっている。しかし、彼らが日中全員と会うことはないかもしれない。夕食の時間が家族の集まる唯一の機会かもしれないのだ。その時、互いの愛情と権威の序列が全員に明らかとなるのである。結婚式や葬式などの特別な機会には、もっと遠い親戚が家族の網の目に引っぱりこまれる。親族以外にも村人は、収穫期の手伝いや道具やあるいは金でさえ、ちょっと必要なときには隣人の援助をあてにすることができる。中国東南部では、隣近所は両隣五軒と決められている。(9)隣近所に属しているということは、親族だけでは不十分な安心感を与えてくれるのだ。村人たちには付き合いの時間的余裕があるので、彼らは近所との関係を良好に保つことができる。ヨーロッパでは、男たちは居酒屋へ出かけるだろう。そこで彼らは、何杯かのビールをひっかけてくつろぎ、みんなで歌うのだ——それは仲間同士に最もふさわしい人間の活動である。中国の男たちは、そして時には女たちも、市場町の茶店に行き、彼ら同士であるいはほかの村からの来訪者と噂話を交換するようである。また普段、隣人たちは涼しい晩に村の広場で顔を合わせ、おしゃべりをしてくつろぐのである。農民たちは成功よりも満足を望む。そして満足とは本質的に、不足のないことを意味している。[10] ある程度快適なレヴェルに達すると、満足してしまい、もっと大きな経済的成果のために資源とエネルギーを使おうという衝動を感じないのである。しかし彼らには、仲間と親しく付き合いその無欲な善意にひたる時間的余裕と、余暇についてのセンスがあるのだ。これらの日常的な付き合い以外に、農民たちは村全体を巻き込むような定例の祭りに集まる。世界の多くの地域では、新年と収穫後の時期がそのような機会である。祭りの数と催される時期は場所によりさまざまであるが、しかし例外なく祭りは人々が比較的自由な時、すなわち一年のうちの暇な時期に行なわれるのである。

もちろん、祭りは集団自我という観念を強化する。これらは人々が集団で、収穫の成果や太陽の輝きが増すことに対する喜びを表現する時期なのだ。同時に彼らは、土地や天の守護神に対する信心や自然との合一という感覚を再確認するのである。集団の団結力は、必要性から生まれる。その団結力は、家族や親族の世界から始まり、隣人や作業集団を経て、苦しい労働期間の終わりや自然の危機が通り過ぎたことを祝う時または自然災害や略奪者に対する自衛に備えている時の共同体全体にまで至る、村人のさまざまなスケールの伝統的世界において明らかな事実である。しかし、必要性という条件は、人間の頭の中ですぐに観念的なものになってしまう。そのため、生存に必要な協力が本質的に良いもの、望ましい生活様式になってしまうのだ。相互援助の単位は、それを生み出すもとになった緊急事態が通り過ぎた後でも長く残ることのできる強いアイデンティティを獲得するのである。当初は必要性から作り上げられたが、その後は集団の優越性という感覚によって維持されるそのような集団には、わがままで懐疑的な個人のための場所はない。

アメリカについての一般的なイメージは、そこが個人主義者の世界だというものである。確かに、町が小さく孤立していた植民地時代であっても、ヨーロッパにみられたような密接に結び付いた共同体的集団は存在しなかった。そこに住んでいた人々、とりわけ中部の植民地の人々は、共通の伝統と習慣をほとんどもっていなかったのだ。その上、彼らは常に出たり入ったりしていたのである。ニューイングランドの住民たちは時折、意識的にモデルを作ることによって人工的に共同体を設立しようと試みたが、その成果は満足度や永続度という点でさまざまであった。[11] 農村地帯では、自作農（ヨーマン）に関するジェファーソン主義者の理想が支配的だったようである。それにもかかわらず、個人主義者ばかりでなく家族や家族集団もフロンティア（開拓地）に移住してきて、時がたつにつれそのうちのいくつかは、密着した共同体に深く根差すようになっていった。そこでは、上方への社会移動や、個人的な創意や、成功といった、アメリカに特徴的な理想は異質なものだったのである。

過去の遺物である伝統的な農業共同体は、二十世紀半ばのアメリカの農村地域にも残存している。テネシー州ナッシュヴィルの南数マイルにある盆地に、一七五六年以来住んでいる六十余りの家族をみてみよう。そこでは二百年の間、同族結婚が密接な結び付きを形成してきた。親族や隣人の間にみられる自然な思いやりは、部外者に対する深い不信感によっていっそう強められてきた。その共同体は非常に平等主義的である。仕事の規則は年齢や性別によって異なるが、この国の大部分の地域にみられるような社会階層は知られていないのである。ジョン・モギーは次のように書いている。「仕事について言えば、はっきりとした指導者はいない。ただし割り当てられた仕事に対しては、集団責任が決まりである。それによれば個人や家族が新しい農業事業について語ることは、集団責任体制に背くことになってしまうのである」(12)。この共同体に関する研究において、エルモラ・マシューズは、農民同士の思いやりが血縁や共同作業や普段の付き合いによってどのように生まれてくるかについて述べている。ある婦人は、農地を隣合わせにもっている彼女の四人の兄弟との関係を次のように語っている。「連中は一日中一緒に働き、一緒に食事をし、そのあといつも、家に帰る前にそこらに座り込んで、おしゃべりをするのさ」。野心や、あるいは能力でさえそれが押し付けがましい場合には悪である。その反対に、「仕事をしたがらない夫を非難する人間なんていやしないよ。いざというときには、家のまわりに座っている男が家族の連中を幸せにするのさ」。男にとって最もふさわしい活動の一つは、ほかの男たちとぶらぶらして過ごすことである。家や教会や店での、親戚や親しい友人との暖かい感情の交流が、最大の満足感を与えてくれるのだ。

このテネシーの共同体の人々が特別な目的のためにきちんと組織化されることはほとんどない。そこには共同で行なうような計画は存在しないのだ。共同体は、変化したり改良されたり、あるいは何か将来の大きな目的のために利用されるような仮の状態ではない。それは最高の価値をもつただひとつの現実であり、それを分裂の危機にさらすものは何であれ悪なのである。批判的な自意識は、最小限度のものしかないように思われる。したがって、このテネシーの人々は熱烈に自由を信じているけれども、能力を伸ばすためにその自由を行使して成功を勝ち取る人は、誰でも白い目で見られてしまうのだ。思考と行動における徹底的な慣例主義者である彼らは、それにもかかわらず、規則や規制を課そうとする政府に憤るのであり、共産主義を想像を絶するほど恐ろしいものと考えている。(13)

この種の密接な共同体は、二十世紀の半ばにおいても西ヨーロッパや北アメリカのもっと孤立した農村地帯で見ることができる。それと対照的に、現代の大都市は「他人の世界」(14)である。その人通りの多いダウンタウン地区には、特定の仕事をこなすためだけに互いに目を合わせ挨拶しているおびただしい人々がいる。郊外には、緑の敷地の家——中流階級や裕福な労働者の私的な避難所がある。もちろん、今やわれわれは社会の分断化に関するこの描写が誇張されたものであることを知っている。どんな大都市であっても、社会的な結合の牙城──「都会の村」──は存在しているのである。ジェラルド・サトルズやハーバート・ギャンズなどの研究が、その存在をわれわれに思い出させてくれる。

集団性、すなわち公共の場で見たり見られたりすることへの欲望は、都市の村人の目立った特徴である。サトルズは、シカゴのアダムズ地域に関する彼の研究でこう述べている。「暖かい夜には、何人かの常連によって見張られていない玄関の階段や路地や戸口はほとんどない。おとなたちは玄関の階段を占めている。少女たちは固まって、話が聞こえない所にいる。小さな子どもたちは、母親の前で自由に歩道を走り回っている。未婚の男性は、残された小さなすみっこに追いやられている」。人々は、古い長椅子を持ち出したり捨てられた車のシートを運んできて、近所付き合いのための永続的な場所としてそれらを歩道に据え付ける。これらの設備には、一時的に家から持ってきたクッションや椅子が付け加わる。時折、サトルズは「年をとった婦人たちが玄関の階段から出てきて、雨の中で傘をさしながら座っている」のを見かけた。街路──友人や親戚が集まる公共の場所──への愛着は、とりわけ十代の若者において強い。「逮捕され釈放されたあと、彼らは家に帰るとは言わず、「通りへ戻る（バック・トゥ・ザ・ストリート）」と言うのだ」。大部分がイタリア系アメリカ人や黒人やメキシコ人であるアダムズ地域の住人は、必ずしも家が狭く快適でないという理由で街路に出てくるわけではない。反対に街路は汚く、それに対して大部分の家は（とりわけイタリア系のそれは）きれいでかたづいている。しかしながら、家は女性の領域——家族の儀式がある時だけ活気が満ちあふれる、彼女たちの展示場なのだ。ほかの場合には、家は悪天候からの避難所や食べて寝る場所としてしか認識されていない。それらは、ひとりになるための場所でも、友人たちとの親密な意見交換の場所でもないのである。[15]

ボストンのウエストエンドも、スラムと認定され一九五八年から一九六〇年の間に取り壊される以前は、いくつかの点でシカゴのアダムズ地域と似ていた。アダムズ地域と同様に、ウエストエンドにはさまざまな人々が混在していた。その大部分はイタリア系であったが、ユダヤ人やアイルランド人の末裔も重要な小集団を作っていた。街路の生活はときどき活気づくことがあった。その音はアパートに侵入してきたが、住人に文句はなかった。あるウエストエンド市民はこう述べた。「私は人が作り出す騒音が好きだ。夏には窓を開けるので、みんながみんなの声を聞くことができる。でも何を言っているかなんて誰も気にしないのさ」。重要なのは内容ではなく、おしゃべりが作り出すぶつぶつという暖かい音なのだ。付き合いの輪から外れてひとりの特別な個人でいるということには大きな価値はないが、仲間集団の中にいるということには価値がある。ギャンズによれば、ウエストエンド市民はボストンの中流階級のことを知っているが、彼らを羨んだりはしていない。「彼らはそこ［新しい郊外］が自分たちには静かすぎると言う。そこは寂しい——すなわち街路の生活がないのだ[16]」。

ウエストエンド市民は集団的な経験に対して貪欲である。十代の若者や大人でさえ、ひとりのときには物憂げで元気がない。しかし、仲間に囲まれているとにわかに活動的になるのだ。男、女、そして十代の若者にとって、集団は自分たちの個性を発揮する申し分のない舞台なのである。若い男たちは、カードゲームや口喧嘩や乱闘で盛んに競い合う。年輩の人々も、もっと静かにではあるが競い合っている。そこでの自己主張は一時的な優位をもたらす。仲間集団のそれぞれのメンバーは次々と承認の脚光を浴び、そして次々と退いていくのだ。したがって、誰も公式に認められた永続的なリーダーにはなれず、平等の理想が保たれるのである。集団が集団自体を超越した共通の目的のために招集されることはまったくといっていいほどない。それは政治的な機能をもっていないのだ。その集団は、緊張関係にあるが基本的には支えあっている仲間の中で、個人が自己の重要性という感覚を獲得するための社会的な装置以上のものではないのである。ウエストエンド市民は自分を見せびらかしたがり、ときには彼らなりのやり方で自己主張することもあるが、ギャンズは彼らには独立心と自意識が欠けていると考えている。「彼らはほかの人々と同じくらい惜しみなく献身的であるが、そのいっぽうで、そうしている自分を想像することができないのだ」。大人たちは、独自の視点をもとうとする人々と一緒だと落ち着かない。彼らは、他人が感情移入し評価できるような視点を自分たちが現実にはもっていないかもしれないと思っているのである。明確な自己イメージがないということも、ウエストエンド市

民が自分自身と向き合うことを厄介なものにしている。なぜならそれは、孤独の恐怖と向き合うことだからである。(17)

ここまで、われわれは平等主義的な集団にはっきり現われていた社会的結合について見てきた。社会の結束を生み出す明白な集団性は、階層的な共同体にも存在している。これらの共同体の基本的な単位は家である。固く結び付いた大家族の実例は、世界のさまざまな地域に見いだすことができるが、われわれは近代以前の中国とヨーロッパに焦点を絞ろう。十三世紀後半の宋では、裕福な家族は多くの貧しい人々を引き付ける磁石となっていた。貧しい人々は、召使や高度な専門能力を持つ使用人として雇われたのである。家の社会構造はピラミッド状であった。その頂上には君主や高位の士大夫(学者＝官僚)や、(宋の繁栄した商業経済下での)富裕な商人がいた。彼の家族のまわりには一群の親戚がまとわりつき、近くに住んでいた彼ら全員に、大勢の男女が仕えていた。彼らの世界はきわめて多種多様であったが、それにもかかわらず一体となっていた。フランスの中国学者であるジャック・ジェルネは、大家族の構成員が、杭州で「四司六局」と呼ばれるさまざまな部門に分けられていたと記している。

四司は、備品や家具などを扱う帳設司、茶や酒を担当する茶酒司、宴席や婚姻や葬儀の次第を取り仕切る賓客司、料理場と料理人を取り仕切る厨司から成っていた。六局の職務はもう少し明確であり、料理を盛り付ける菜蔬局、果物を仕入れる果子局、飲み物に添えるつまみを仕入れる蜜煎局、照明担当の油燭局、香木、香水、薬品の購入を担当する香薬局、暖房、掃除、部屋の装飾を扱う排外局があった[18]（栗本一男の訳を参照した）。

このリストは家庭内の召使たちだけから構成されている。それに加えて、厳密には召使ではないもっと多くの人々が、自分たちの特殊な才能のおかげで仕事を見つけていた。大家族の洗練された、ときには秘伝の趣味は「子弟を訓導する教師、古今の説話に通じた者、詩吟師、琵琶や囲碁の名手、調馬師、蘭絵の画工、能文家、写字生、読書人」（栗本一男の訳に基づく）を必要としたのである。社会的な地位が低かったのは、闘鶏・闘鶉師、動物の声をまねる者、虫に芸当をさせる者、なぞかけの名手などの芸人であった。この複雑で人間味あふれる小宇宙では、主人は使用人や召使の福利厚生に父親のような関心を示していた。彼らはその代わりに忠誠心と尊敬を捧げたのだ。使用人は家族の一員と考えられていたのである。同じ家で仕事は何世代も父親から息子へと受け継がれた。農村や大都市の工場（官有のものも民間のものも）では、周期的に農民や労働者の反乱が起こっていたが、都市の大きな家ではそれらは起こらなかったのだ[19]。

近代以前の中国の大家族の中で生活することが実際にはどのようなことだったのかを、文学、特に小説から窺ってみよう。とりわけ、十八世紀中頃に書かれた中国の長編風俗小説である『紅楼夢』（原題『石頭記』）は他に類をみない手掛かりである。この作品に登場する賈《か》家には三百人以上の人々がいる。それが非常に大きな屋敷に住んでいるので、一つの庭から他の庭へ移動するのに、身なりのきちんとした小者がかつぐ轎《かご》や、騾《ら》馬《ば》の引く車が必要なほどである。屋敷はあらゆる年齢と階級の男女の召使で一杯である。女性の召使の中でも有力な者は、自分の配下を持ち美しく着飾っているので、その家の娘とよく間違えられるのだ。小説の主人公である十三歳の少年宝玉と彼の若い女のいとこたちにはそれぞれ、乳母と、しつけ役の四人のばあやと、付き添って身じまいや着付けの世話をする二人の女中と、掃除をしたり、使い走りをしたり、お茶を出したり、雑事一般をさせるための四、五人の小女が仕えている。懲罰は時には迅速かつ苛酷である。寝過ごして仕事に遅れた女中は竹で二十回たたかれるのだ。そのいっぽうで、主人と召使たちは相互に強く依存し親密に暮らしているので、日頃の付き合いの多くは必然的に打ち解けたものとなり、家族的でさえあって、ときには深い愛情が育まれるのである。とりわけ主人と小者や、女主人と女中が一緒に大きくなった場合にはそうである。小説の中で、一人の女中は彼女の若い主人である宝玉に、自分が寝床を整えている間に干し栗をいくつか剝いてくれと頼んでいる。二人はベッドにくつろいで横になり、おしゃべりすることさえあるのだ。宝玉の小者たちは自分の街区では彼に悪ふざけをするが、塾では彼のためにいじめっこたちと戦うのである。若い女主人が亡くなった時、忠実な女中の一人は柱に頭をぶつけて殉死し、ほかの女中は女主人に子どもがいなかったために喪主としての職務を果たしたのだ。[20]

平等主義的な共同体には、メンバーをばらばらにしておく社会的な障壁がないが、階層的な構造をもつ共同体にはそれがある。分割しようとする力が存在するのだ。イデオロギーのレヴェルでそれを克服するために、儒者は家族のモデルに訴えた。家族モデルにとって中心的な二つの事実とは、生物学的な不平等性と協力の必要性であった。家族は、その不平等性にもかかわらず、団結し調和しうるのである。なぜならそれは、強い者が弱い者を援助し、弱い者の側では奉仕と尊敬を捧げるという自然な結び付きだからである。[21]この種の共同体においては、親が子を、夫が妻を、長兄が下の兄弟姉妹を支配するのは、ものごとの秩序に適っているのだ。これらの必然的な力関係は、苛酷になりすぎることはないようである。なぜなら、それらは自然な愛情の発露によって和らげられるからである。理想では、もっと大きな社会も同じようなきずなで結ばれる。中国における皇帝の称号は「天子（天の子）」であり、地方の長官は住民から「祖公（親＝役人）」と呼ばれ、仲の良い友達は兄弟の誓いを立てるのだ。[22]

儒者の考え方の中心には、このように秩序化された社会が単なる恣意的な人間の意志や習慣に由来するものではないという信念がある。それは自然な事実なのだ。したがって社会に対する攻撃は、自然の秩序に対する攻撃——前もって定められている調和を破壊する試みである。この理由から、中国の社会的な観念は個人の権利や特権よりも、つねに社会に対する個人の義務を強調してきたのだ。古代の賢王が模範を示したように礼節を重んじることが、皇帝から下々の者にいたるすべての人にとっての義務なのである。完全な世界秩序は、自然（無為）に動いていると儒者は信じているようである。その再来パターンや、進行の順序や、リズムはすべて——道《タオ》の原初の調和のように——意識的な努力による強制や圧迫なしに存続することができるのである。人間の活動は、話すことさえも余分なものである。『論語』において、孔子は次のように言っている。「予れ言うこと無からんと欲す。……天何をか言わん哉。四時行わる、百物生ず。天何をか言わん哉」[23]。

道者の社会観は、儒者のそれと根本的に異なっている。道者は、人間を超越した宇宙が語り得ない道《タオ》の中に留まり続け、それが努力や計算なしで進んで行くということを信じているが、そのいっぽうでこれが社会政治的な秩序の真実でもあるという可能性を否定しているのだ。社会政治的な秩序とは、人間が築き上げた恣意的なものなのである[24]。道教は、儒教ができなかった方法で個人主義を進展させることができる。それは、人を自然な社会や共同体から引きこもらせ、情緒的で慣例に従わない価値観を広めることができるのだ。われわれが念頭に置いているのは、偉大な唐の詩人である杜甫と李白——ひとりは孤独な根無しの放浪者、もうひとりは放蕩家で飲んだくれ——の型にはまらない行動である。そのうえ、道教は社会政治的な秩序を人間の意図的な創造物とみなしているので、それは徳の高い皇帝に支配された帝国においてさえ、無反省な服従から人々を解放するのである。

近代以前では、読み書きの能力は、もしあったとしても、社会の中枢のわずかな人々に限られていた。対面しての接触と会話だけが、効果的なコミュニケーションの手段であった。社会的な結合のためには、人々がほとんどつねに互いの居場所へ出かけることが必要だったのだ。群集性は、集団が平等主義的であろうと階層的であろうと必然的だったのである。ただし、階層的な集団では、身体的な接近や馴れ馴れしさが、はっきり設けられた社会的な差別と共存しなければならないという違いはあった。馴れ馴れしさと差別の両方がはっきりしていたのだ。「人生のあらゆることがらが派手に残忍に公開された」ことが、ヨハン・ホイジンガによればヨーロッパ中世の特徴であった。「親密な関係でさえ……内密にするよりも他人に見せびらかしたのである。愛情のみならず友情も、美しく飾られた形式に則っていた。二人の友が揃いの服で、同じ部屋を共有し、互いを「ミニヨン［かわいい子］」という名で呼んでいたのである」[25]。

服装や儀式がはっきり示す社会的な差別は人々を分離する傾向があったが、しかし結合の力の方が強かった。中世初期のヨーロッパでは、安全や行動力は、血縁者や従僕たちが小さい集団にしっかりと固まっていられるかどうかにかかっていたのだ。時代的にかなり下った十三・十四世紀のイタリアの都市でも、集団で固まって生活する理由は本質的に同じものであった。ローマ、フィレンツェ、ジェノヴァは当時それぞれ、近隣を支配する武装した屋敷が数百集まってできていた[26]。ジェノヴァの典型的な屋敷は、遠くからでも塔によってそれとわかった。屋敷の内部には、壁で仕切られて複数の家族が住む家、ロッジア［涼み廊下］、店、市場、風呂、小さな広場を囲む教会があった。家は小さかったので、人々は多くの時間を公共の場所で過ごした。風呂は、一族の噂話の中心的な場となり、ロッジアは一族の会合と祭礼の場所となり、教会は一族の礼拝のための建物となった。しばしば家の紋章によって飾られたロッジアと同様、教会は、亡くなった先祖に献じられた飾り額や、壮麗な墓や記念建造物や、親族の死を後世に伝えるために歌われるミサ曲を通じて、一族にアイデンティティを与える手段を提供していたのだ(27)。屋敷とその周辺の人口は、高貴な大家族の多方面にわたる要求を満たす職人や商人によって膨らんだ。このようにして、中世とルネッサンス期の都市ではさまざまな人や活動が華やかに混ざり合う状態が進んだのである。この群集性と異種混合性という特徴は、当時の脅威と政治的・社会経済的要求に対応して現われたものである。人々には選択の余地はほとんどなかったのだ。気難しく暴力的な世界で生き残るためには、彼らはひとつにまとまり、自分を誇示し、権力や従属や愛情のしるしをつねに交換していなければならなかったのである。

十五世紀から十七世紀にかけて西ヨーロッパのもっと繁栄していた地域では、自己防衛の必要性が、貴族の集団生活と社会的な結合の原因としての重要性を失った。この時期の終わりには、安全保障はもはや重大な動機ではなかったのである。それにもかかわらず、町の裕福かつ有力な家が、大勢のさまざまな人々を保護する傾向は存続していた。たとえばパリの屋敷では、正式な家族以外に、さまざまな親戚や、召使や、牧師や、執事や、小売商人や、徒弟、それにひとそろいの居候と会う可能性があった。友人や顧客や子分が、見たところ昼夜を問わず自由に大きな住宅に出入りし、まるでそこが公共の場所であるかのように、仕事をしたり社交的な活動をしていたのである。

　われわれはタウンハウス［都市の邸宅］の歴史について簡潔に語ってきた。そしてそれはカントリーハウス［田舎の邸宅］においてもほとんど同じである。中世の田舎の邸宅とは、親戚や従者が共同防衛のために集まる城であり権力の座であった。外部の集団との付き合い方は、用心から、疑惑を経て、憎悪までさまざまだった。したがって大領主にとって重要なことは、力と栄光のイメージを投射してライヴァルたちに印象づけることだった。彼がそのために行なった最上の手段とは、一群の人々につねに邸宅にくるように促すことだった。彼はそこで大量の酒を提供し膨大な食事を出し、その残りは門の外へ運んで貧しい人々に与えたのである。城内の召使たちは大部分が男だった。料理や洗濯やテーブルでの給仕のような家事は、すべて男性によって行なわれた。貴族やジェントリ［貴族の一つ下の階級］の訪問者は妻を連れずに来ることが多かったので、もてなされる来客も大部分が男だった。中世の家がほとんど男性ばかりで構成されていたのは、それがもともと軍隊だったからである。[28] ここでも、階級の区別を凌駕するほど強力な社会的結合の必然性がみられるのである。

テューダー朝後期にはもはや、そしてステュアート朝時代にはなおさら、大領主が防衛や戦争遂行のために多くの従者たちを保持する必要はなかった。権力と栄光は都市や宮廷での政治へと移動していた。歓待や社会的な儀式が残存していた田舎の荘園でも、それらは広い世界に触れる手段が領主との社交的な付き合いしかない家臣や小作人に対する義務感からではなく、単に伝統に従って行なわれていたのだ。しかし、そこには別のきずな——領地における農作業の経済性——があった。領主やその代理人は、農園を経済的に経営するために荘園の邸宅に住み、家を召使で一杯にしておき、日雇い労働者のために食卓を用意し続けたのである。ピーター・ラスレットは次のように述べている。「穀物の栽培と家畜の飼育は昼夜を問わず行なわれた。そのために家事用の召使を多く抱えた体制が長い間有利だったのだ」。自転車と舗装道路が現われる以前は、労働者たちは農場から一定の距離内にしか住めず、昔と同様に一日中働くことができた。十七世紀の状況は、「地主が、家の外から雇い入れた昼間の労働力だけで、会社や工場をモデルに、現代の企業家のように行動したり、現代の農民たちのように土地を経営したりすること」(29)を、不可能とまではいかなくても困難にしていたのである。

これまで見てきたように、もし集団における人間の結び付きが強固なままならば、生活は集団のメンバー全員の目に触れる開放的なものであるに違いない。人間同士が接触する最も大きな機会は軍隊や、部族や、家族や、家においてみられる。これらはすべて、互いに顔を合わすことのできる小さな共同体なのである。それでは、部族同士や家同士の争いは、流血のいざこざや戦争という暴力に走ることなくどのように解決できるだろうか？この疑問に対するひとつの答えは、芝居、すなわち現実の権力の使用とは区別された、権力の舞台化である。

十二世紀以前のヨーロッパでは、神盟裁判の舞台装置を通じて、反目している家の間にある種の合意がもたらされた。争う当事者は、個人や親族の感情を超越した超自然的な現実の秩序に対して訴えたのである。神盟裁判それ自体は、舞台劇のように強烈かつ残酷であり、説得力があったに違いない。無罪か有罪か？　判決は、九つ数える間手の上で熱い鉄を持っていられるかどうか、沸騰した大釜から腕で物を取り出せるかどうか、あるいは聖水の中で浮くか（無罪）沈むか（有罪）によって左右された。神は直接的に仲裁したのであり、奇跡のかたちで果たされるその役割は最終的なものだった。(30)

十二世紀の間に、有力な王によって支持された世俗的な法は、神盟裁判を廃れさせた。しかし、王はその権力を戦場における勝利によって示す必要があった。また彼は、家臣や臣民の忠誠を維持するためにときどき彼らの前に姿を現わさなければならなかった。これは、領土内をほとんどいつも苦労して旅行していなければならないということを意味していた。個人的な権威を高めるために、中世の支配者やのちのルネッサンス期の王は、儀式的な壮麗さが自分に集中するように努めていた。神のような権力の霊気《オーラ》が王の姿から生じ、それが人々との直接的な接触を保てなくなったことを補ったのだ。正統性と権威は壮大な見世物による支えを必要としていたのである。このように一一〇〇年以降、超自然的な直接の仲裁という観念は弱まりはじめていたが、しかし長《おさ》としての神、神としての長《おさ》という観念はそうではなかった。超自然的な荘厳さは、裁判の仕組みの中に保持されていたのだ。

十八世紀のイングランドにおいてさえ、裁判はコスモス〔宇宙〕的な儀式と霊魂のドラマが結合したものであるかのように行なわれていた。ダグラス・ヘイによれば、地方の巡回裁判には「法廷は〈多数者〉への呼びかけの場であるという明確な意識があった」。裁判官は、慈悲深いキリスト教の唯一の神の役割を演じていた。彼は、王の畏れ多い姿を言葉と身振りによって傍聴人に印象づけ、「恐怖と議論を混ぜあわせ、彼らの心のなかに権力の正当性を作り上げ」ることができたのだ。〔地獄の火の源としての〕硫黄の臭いは当時、教会よりも法廷にみなぎっていたようである。(31) もちろん、そこには慈悲もあった。思慮分別をもって行なわれる場合には、それは温情主義的な仕組みの強化に貢献したのだ。支配階級が自己を正当化するのによく使った言い分とは、ジェントルマンは自分の従者の面倒をつねに見ており、財産を守るために一度十分な罰を与えたら、たとえ盗っ人であっても面倒を見るというものであった。「ノーフォークのあるジェントルマンは、「彼の家族はみなノリッジ〔ノーフォーク州の州都〕の近隣に住んでおり、彼らはときどき私に雇われている」という理由で、慈悲を乞い求めた。……死が差し迫った人は、ほとんどありそうもないような遠い縁故を利用しようとしたのだ」[32]。

特定の観念が社会の結びつきに貢献している。われわれは伝統的な中国で、生物学的な家族のモデルが隣近所や村や地方、そして究極的には帝国や文明世界全体にまでどのように拡張されてきたかを見てきた。そのような社会は、服従を促し、根本的な批判を抑圧した。なぜならその階層的な秩序は自然の全体的な調和の一部分として理解されていたからである。同様な社会関係のモデルがヨーロッパにもあった。たとえば、古典期のローマの作家、とりわけキケロは、支配者を「すべての人に共通の父」と呼んだ。中世では、王と家来の関係は、父と家族の関係に似たものと思われていた[33]。中世とルネッサンス期において、ほかの二つの観念が社会の性質の認識に影響を及ぼしていた。それは「国家（ボディ・ポリティック）」と「存在の大いなる連鎖」である。どちらの観念も、社会組織と階級が人間の単なる欲望や意志を超越した、自然なものであるという信念を支持していた。国家の観念は、生物学的なメタファーによるイメージを利用していた。社会的な差別は必然だったのだ。それを平等化するということは、同種の手足を四つ集めて人間の身体を作るのと同じほど馬鹿げたことだったのである。『廷臣アカデミー』（英訳は一五九八年）で、ハンニバル・ローメイ伯爵は次のように論じている。

都市は今や、それ自身を維持するのに十分な、人間の集合体以外の何ものでもないので、人間の身体と同じように、異なった要素の複合体であることが必要である。そこでは、すべての要素がより良い都市の建設に協力しているにもかかわらず、彼らの価値や尊厳は同じではないのだ[34]。

もし国家が身体と同じような有機体であるならば、その場合には体の一部はほかの部分を助け、またほかから助けられなければならない。「国家（ボディ・ポリティック）」の観念は、階級の必要性ばかりではなく相互依存も強調しているのだ。イギリスの多作な著作家であったニコラス・ブレトン（一五五一年？—およそ一六二三年）は、次のように述べた。「労働者、すなわち［国家の］脚［にあたる部分］が怪我をして、その治療の間、国家という身体がそれを感じず、頭は注意深くならず、目は鋭くならず、手は傷みを感じないということがあるだろうか？　そして、国家、すなわち身体が病気になって、王や家臣やすべての忠実な従者がそれを助けるのに手をこまねいているということがあるだろうか？[35]」このような社会の概念には明らかに、社会移動や個人的な野心の実現のための余地はなかった。脚は、手の機能と尊厳を奪ってはいけないのであり、頭の機能と尊厳ならばなおさらそうなのである。

世界秩序に関するもうひとつの重要な観念は、存在の大いなる連鎖である[36]。これはもともと新プラトン主義から導き出されたものであり、中世的な考え方に広く行きわたっていたが、ルネッサンス期のプラトン主義者による熱心な注解を通じて、はるかに明確で洗練されたものになった。基本的にその観念は、階級の概念と、想像を越えた完全性の概念を結び付けたものであった。その連鎖はみすぼらしい無生物から、神の座の足元にいる天使にまで延びていた。森羅万象はすべて一つにつながっていたのだ。途方もない豊饒さと善性を備えた神が、コスモス（宇宙）のすべての空虚な空間を満たしていたのである。天地創造は、気まぐれなあるいは熟慮した命令の結果というよりは、自然の長いつながりの結果と考えられていた。創造物には、さまざまな階層に分離されるような相違はなかったのだ。たとえば、ラヌルフ・ヒグデン（およそ一三六四年）は、動物の中で最も地位の低いカキは、大地にしがみついていて動けないという理由で植物に似ていると述べた。そのうえ、「大地の上面は水の下面に接し、水の最も高い部分は大気の最も低い部分に触れ、そのように宇宙の最も外側の球まで次々と階層がみられるのである」。宇宙のどんな部分も余計なものではなかった。どんなにつまらないものであっても、それ自体の特別な尊厳と、大きな全体の中での役割をもっていたのだ。ヘレフォードのデイヴィスが述べたように、「最も高貴なものは地上の最も卑しいものを必要とし、最も卑しいものは最も尊いものに仕えられているのだ[37]」（一六〇二年）。世界秩序に関するこの概念は、十八世紀まで生き残った。その適用範囲の普遍性が、魅力の一つの理由だった。しかもそれは秩序の静的なイメージを助長したばかりでなく、ほとんど圧倒的な豊かさをも感じさせたのである。またそれは存在の階層ばかりでなく、依存と影響の関係によって互いに結び付いたあらゆる種類の創造物がもつ尊厳についても主張していたのだ。しかしこの細かく完全に階層化された世界という概念には、個人的な指導力や、根本的な疑いを培養させるような自己への引きこもりの余地はほとんどなかった。

だがそれにもかかわらず引きこもりはみられ、それは次第にありふれたものになってきたのだ。自由になればなるほど、そして社会が科学技術的に発展すればするほど、そのメンバーにとってお互いや社会全体から孤立することはますます容易になり、完全な自己の感覚を育てるためにそうしたいという欲望は、ますます大きくなる。異質なものが混合した社会文化的な総体は、時とともに断片化されてきたのである。物体や人間や行動は、以前にはなかった個別的な特徴によって分類されたが、それとともに人間においては、自意識過剰な孤立の物思いに沈んだ気分を手に入れたのだ。われわれはこのプロセスを、食事とテーブルマナーで始まる以下の四つの章で見ていくことにする。われわれの関心の中心は、中世および近代ヨーロッパにおける料理の様式と食堂でのエチケットであるが、最初に古代の中国とローマに簡単に触れる予定である。このように文化的な背景を広げることによって、われわれはヨーロッパの特殊な事例——そこでは食堂の環境が物理的・社会的に変化するにつれて潔癖さと繊細さが強調された——を評価するためのよりよい立場に立てるのだ。

部分

三　飲食とマナー

大部分の人々にとって、食事時間は楽しい社交の機会である。(1) 親族や友人が、食事と娯楽を期待しながら集まるのだ。彼らは仲間たちの間でくつろぎ、連帯感に喜びを見いだすことができる。しかし、ある程度の社会的な階層化が生じている社会では、食事時間は避けがたいストレスの要素も含んでいる。食べることは、生物学的に必要不可欠であるが、動物より地位が高いことを誇りとしている人間は、それを儀式や芸術にすることで自然な行為以上のものにしてしまうのだ。料理の技術や、給仕の形式や、食器の位置や、食べる際のエチケットといったすべてが、人間の尊厳に対する崇高なイメージを支えている。それらは人々に、動物的な欲求や手を加えていない自然との距離だけでなく、彼らの中の地位の違いも思い出させるのである。温かい雰囲気の真っ只中に緊張の一瞬がある。たとえば、客は自分の席が主人から離れすぎていたり、自分の洒落が無視されたり、スプーンで豆を掬うことで無作法を犯したかもしれないと感じることがあるのだ。

高度な文明の特徴の一つは、物事を分類するカテゴリーを、時に新しいパターンを創造するための一段階として、手の込んだものにする傾向である。たとえば料理では、シェフは、ある肉の独特の風味を保つためには、それと合わないほかの肉と混ぜたり、濃いソースにからませたりしてはいけないということを知っている。エチケットはもっと恣意的で、魚用のナイフをバターナイフに使ってはいけないと命じている。食事やテーブルマナーの差異に対するこのような感受性は、結果として温かい集団性を弱め、その代わりに自意識過剰な行動と、食事の準備はまじめな芸術であるという見かたをもたらすのだ。中国と西洋で起こったこのプロセスについて考えてみよう。

中国の状況は、K・C・チャン〔張光直〕と彼の同僚たちによって『中国文化における飲食』という著作に見事にまとめられている。彼らが示したたくさんの詳細な記述の中から、われわれのテーマに関係した部分に焦点をあててみよう。中国の飲食に関する二つの目立った事実とは、その重要性と早熟な発達である。中国人にとって飲食が大きな重要性をもつことを主張するのはいまさら余計なことと思われるかもしれない。確かに、これはすべての人間にあてはまる事実である。そしてもちろんそれは、芸術としてではなく、まして人生の哲学としてなどではなく、単に生存と滋養のために重要なのである。たとえば、古代ギリシア人は食べ物に大騒ぎしたりしなかった。サー・アルフレッド・ツィンメルンの定義によれば、アテネの食事は二種類のコースからなり、「一つは一種のおかゆ、そしてもう一つも一種のおかゆ」である。これではあまりに貧弱過ぎるように思われるが、しかしそれはギリシア人の料理の単純さを説得力をもって正しく言い表わしているのである。[2] 西暦前五世紀の半ばにおいても、夕食（一日で最も重要な食事）を食べるギリシア人のマナーは儀式的なものではなかった。レイ・タナヒルは「文学的な伝統にとって非常に大切なシンポジウム［饗宴］や宴会とは、その晩の真の仕事——酒を飲み語り合うこと——が始まるまでに素早く食べ物を片付けてしまうような類いのディナーパーティであった[3]」と述べている。

　ギリシア人と異なり、中国人はつねに非常に真剣に食物を取り扱う傾向があった。孔子（西暦前五五一年—四七九年）に戦略［軍旅］について尋ねたとき、孔子は「俎豆［まないたとたかつき］の事は則ち嘗つて之れを聞けり。軍旅の事は未だ之れを学ばざる也[4]」と答えたのである。当時は、紳士の最も重要な資格の一つは、飲食に対する知識や料理の腕であった。その理由は飲食が儀式と密接に結び付いていたからである。西暦前五世紀あるいはそれ以前にさかのぼる儒家の古典である『礼記』は、さまざまな場合における正しい食物の種類や、正しいテーブルマナーについての記述で一杯であり、さらにそれには中国の最古の料理法もいくつか含まれている。周代後期（西暦前四八〇年—二二一年）の社会における上流階級のメンバーの間でみられた食器の配列や儀礼の精緻化は『礼記』の次の規則に示されている。

主人が客にすすめたさかずきは左に置き、飲み終わったさかずきは右に置く。客の介添え人のさかずき、客が主人にすすめるさかずき、主人を補佐する者のさかずきは、いずれも右に置く。汁気をもつ魚の料理を出すときは尾を先にして出す。冬には魚の腹を右にして出し、夏には背を右にして出す。……調味料を右手で取り、料理は左手に持って［調味料をそれにかける］。頭の付いた料理は口を先にして出し、食べる人は、まずその耳を神にささげる。さかつぼを扱う人は酌をする人の左側を上位としてさかつぼを設ける。さかつぼやつぼは鼻を前に向けて置く。(5)［張光直著、小南一郎・間瀬収芳訳『中国青銅時代』平凡社より］

この儀式に関する本は、ルネッサンス期ヨーロッパのクルトワジー［儀礼］の本を思い出させるようなテーブルマナーについての単純な規則も含んでいる。たとえば、「食べながら舌を鳴らしてはいけない。骨をかじってはいけない。食べさしの魚や肉を共食の器に戻してはいけない。犬に骨を投げ与えてはいけない。人と料理のとりあいをしてはいけない」というようなものである。(6)しかし、現代の読者はこのような単純な指示そのものよりも、これほど昔に決まりが精緻化されたことに驚くのだ。ときどき、洗練化の度合いが行き過ぎたように思われる場合もある。孔子についての次のような記述がそれである。「割りめ正しからざれば、食らわず。其の醬を得ざれば、食らわず「彼は正しく切られていない肉を食べず、正しいソースをかけずに出されたものも食べなかった」」。食器も高度に特殊化されていた。穀類からできた食べ物は、それぞれに既《き》、盨《しゅ》、簠《ほ》、敦《たい》という特別な名称がつくほど異なったいくつかの種類の容器を必要とした。野菜や肉の料理を盛るのに使われた容器は別にあり、それも豆《とう》、籩《へん》、俎《そ》という種類に分かれていたのだ。『礼記』によれば、周代後期に中国人は薬味と特定の肉料理を手を使って食べていた。そのいっぽうで、西暦前十二世紀には、商の高官はテーブルで食べ物を口へ運ぶためにすでに箸や匙や勺子を使っていたのである。(7)

洗練された文化において、食事だけが単純なままという場合がある。しかし中国人はそれにあてはまらなかった。彼らは宴会を儀式にした。すなわち飲食物を出す過程のあらゆる面を細分化し、それぞれを特徴的なものにしたのだ。儀式によって意識が高まる。特徴づけが差異に対する人の感受性を強めるのである。食事という儀式が主張するのは、最も根本的なレヴェルでは、人間は動物ではない、すなわち野蛮ではなく文明化されているということである。それはまた人に、自分の社会内の地位を思い出させる。古代中国では、座る場所と顔を向ける方位が人の社会的地位をはっきりと表わしていた。夕食時に、さまざまな階層の客たちが互いにどのように振舞うべきかを知っていることが、教養ある人すべてにとっての機知の一部であった。しかしながら、宴会は親交と礼儀の場というよりは、行き過ぎた見せびらかしの機会になってしまうことがあった。そのような場合、地位の不安定な役人は、飲食物用のつぼを含めた自分の所有品によって、経済状態と社会的地位ばかりでなく、自分の趣味はおろか人間としての質までばれてしまうことを心配したのである。行き過ぎた感受性は偽善を促した。それは性格上の欠点とみなされ、公的な譴責が必要なほど広くみられまた押し付けがましいものであった。たとえば、現代の学者である余英時は述べている。「前漢（西暦前二〇二年―西暦九年）の終わり頃に、最高位の役人である唐尊は、［特権に見合った漆器ではなく］瓦器［かわらけ］を使ったという理由で偽善の罪を問われた。後漢の光武帝の治世下には、桓譚が皇帝のための回顧録の中で、大臣の地位にあった偽善的な宮廷の役人を何人か批判した。彼らは飲食に白木杯［漆を塗っていない木製の椀］を使うことで倹約家という評判を手に入れようとしたのである」(8)。

中国人の官僚が込み入ったエチケットの緊張から解き放たれて、楽しく食べたり飲んだりする機会は確かにあった。周代の初期にまでさかのぼる資料を含んだ『詩経』の詩を読むと、そのような印象をもつのだ。もっと下った後漢の時代には、長安郊外の大きな猟場での狩猟旅行に続く宴会は、儀式的なものというよりはくつろいだものだっただろう。猟の後のこのような酒盛りでは、酒は飲み放題で、踊り子や道化や手品師による賑やかな出し物が行なわれたようである(9)。そのいっぽうで、考古学や文学による証拠は、料理と食事の際の中国人の作法が大昔からのものであることを示している。食器の形態と機能は歴史時代以前にさかのぼるし、ほかの国の料理方法と区別される中国料理の特徴はすでに周代までにはっきりと現われているのである。

中国の料理法には二つの基本的な特徴がある。ひとつは、食べ物を釣り合いのとれた二つの種類、すなわち穀類やそのほかのデンプン質食品である飯《ファン》と、野菜や肉である菜《ツァイ》に分けることである。もうひとつの特徴は、野菜と肉をぶつ切りにし、それらを混ぜ合わせて舌触りと香りと味が異なる何百もの料理を作り出すことである。小さなエビやカニ、魚を除いて、儀式的な宴会のテーブルに動物が丸ごと出されることはめったにない。分割によって自然が隠されるのだ。厳選されたひとつひとつの素材を再び結合させることで芸術作品が生まれる。このように食べ物を準備することが、古代中国の伝統だったのである。周の文献では、料理法はしばしば割烹《コーペン》、すなわち「切ることと煮ること」というように呼ばれている。多くの料理用語は、「切る」あるいは「刻む」ということを意味している。漢代の料理は料理法を発展させた。[10] 後漢（西暦二五年―二二〇年）の何人かの著作家は、極めて細かく刻まれたり薄く切られたりした魚と肉が、素晴らしい食べ物の目に見える特徴のひとつであると述べているのである。[11]

肉と野菜が組み合わされた料理は、目を楽しませるばかりでなくおいしかったに違いない。しかし、中国人は食べ物に味覚の喜びや技巧以上の重要性を与えた。食べ物はまた薬でもあったのだ。摂取する食べ物の種類と量は、その人の健康と密接に関係していた。確かに（西洋人を含む）そのほかの人々もこの考え方に賛同しているが、しかし中国人は食べ物の性質を彼らの宇宙の根本的な原理である**陰**と**陽**に結び付けてきたのである。身体の陰と陽の力が調和することで、健康状態は良好なものとなる。それらが釣り合いを欠いていると病気になるのだ。中国人によれば、多くの食べ物に陰と陽の性質がある。したがって、それらを食べることは身体の陰陽の不均衡を中和することになるのである。この信念は周の時代の文献に見られ、現代中国の文化においても生き残っている。[12] 中国の料理法が優れている理由、それはまさに中国文明が優れている理由にほかならないが、その一つは分節化し特殊化する能力であり、もう一つは部分を——その個性を殺すことなく——大きな全体に再結合したり再統合できることにある。すなわち、要素の個々の長所を生かすいっぽうで、微妙で複雑な風味を新しく作り出すことができるのである。

昔儀式とかかわっていたことで優雅な雰囲気をもつようになった中国の宴会と比較すると、西洋世界の宴会ははるかにざっくばらんで騒々しいものだった。もちろん、大宴会には重要な儀式の時間があったが、近代までそれら儀式は粗野な振舞いや、今では食べるという行為と両立できないと思われるような行動と、いっしょくたになっていたのである。ローマ人の饗宴や中世イングランドの大宴会についての本を読むと、その宴会は、宗教的な真面目さと飲めや歌えの狂乱と村人のお祭り騒ぎが混ざり合った雰囲気がにじみ出る、公共行事の一種だったようである。宴会は（客の周囲を動きまわる従僕と芸人の集団による）活動と、色や騒音や音楽や笑い声や骨を争う犬の吠え声の嵐だった。現代の潔癖な目から見ると、食べ方が粗野なだけではなく、食べ物の量も、テーブルに動物を丸ごと出す出し方も、一まとめに出されるほとんど区別がつかない当惑するほどたくさんの料理も、どれも途方もないものなのである。

このように食事は、生活の外見としっかりかみ合った、自己を意識していない昔の世界の豊かな人間性が明らかにされる縮図だった。ところがルネッサンス期以降の食事の歴史とは概ね、両立しない食べ物の味を分離し、上品な食卓という観念に合わない行動を排除するという、単純化と分割化の歴史である。テーブルマナーが次第に発達し、区別の観念に至ったのである。皿に山盛りにされ、肉汁をからめた食べ物が下品であると認識されるようになり、個々の肉と野菜がもつ独自の味が次第にもてはやされるようになったのだ。分割はすべての側面で進行した。たとえば、宴会の場に音楽家は残されたが芸人や奇術師はそうではなかった。客はもはや長いベンチではなく別々の椅子に座るようになった。料理の種類は、その量とともに少なくなったが、しかし食べ物を切ったり分けたりするのに使う器具の種類は極めて多くなった。人と物の周囲に境界がどんどん引かれ、これらの境界を無意識に侵犯してしまうことは、客にとって恥とされるようになったのである。

ローマ人の宴会は、ペトロニウスの生き生きとした文章とハリウッドによる金をかけた再現のおかげで、今でも放縦な馬鹿騒ぎというイメージを喚起している。しかしそれは不当なイメージである。なぜなら古代ローマ人の食事にはたいてい節度があり、食事の際の音と言えば、奴隷による精神を高揚するような散文の朗唱や音楽家による竪琴の演奏ぐらいしかなかったからである。そのいっぽうで、ペトロニウスによるトリマルキオンの宴会についての記述は、風刺がきついものであるけれど、それにもかかわらず放埒な暴飲暴食の雰囲気を良くとらえている。しかもそれは、西暦一世紀のローマの成金たちが催した宴会で普通に見られたことからかけ離れているわけではないのだ(13)。

いくつかの習慣が、ローマ帝国における道徳的な倦怠に色を添えていた。長椅子の使用が無精を促した。食事をする人はそれにもたれ、左腕で体を支え、飲食物をつかむために右腕を使ったのだ。ナイフとスプーンが使われたが、フォークは使われなかった。ローマ人はどんな場合でも自分の指を使うことを好んだので、肉にソースがかかっているときはそれがきたなさの原因となった。そこで、ナプキンが長椅子の端に広げられ、しずくを受けていたのである。丸ごとの動物や、動物の姿に似せた肉の固まりがテーブルに出された。いかがわしい大地主のトリマルキオンは客に、ペガサスのように見える翼で飾られた兎や、腹の中に生きた小鳥を詰めた野生の豚を、それ以外の多少奇抜な肉の彫刻とともに出したのである。現代的な感覚から言って、その食卓にごちゃごちゃと出された料理は吐き気がするほど豊富だった。贅沢の絶頂は、ウィテリウスが女神ミネルバに捧げた食べ物であった。タナヒルによれば、それは「カワカマスの肝臓、キジの脳みそ、クジャクの脳みそ、フラミンゴの舌、ヤツメウナギの白子が入り混じった、まさにうんざりするようなものであった」[14]。陰と陽の性質をもった「冷たい」食べ物と「温かい」食べ物のバランスを取るという中国的な考え方は存在しなかった。また、中国人の「腹七分目」まで食べるという習慣とは対照的に、ローマ人は嘔吐によって満腹を避けようとしていたのである。

混乱した行動や活動が、ローマ人の宴会を特徴づけていた。その家の従僕だけではなく客が連れてきた多数の従僕たちも、自分の主人の要求に従って走り回り、食べ物や、酒や、ねばねばする指を洗うための水を運んだ。食べ残したものを捨てるのが客の習慣だったので、床には貝殻や卵の殻やさくらんぼの種やりんごの芯などが散らばり、[15]それを犬が取ろうとして争っていた。教養のある家では、朗読が客を楽しませた。ローマの学者であったプリニウス（西暦二三年―七九年）は、自分の奴隷が客に大きな声で朗読するときにはいつもノートを取っていた。プリニウスはいつも人生の短さを意識しており、知識を得るどんな機会でも逃すことを嫌っていたのである[16]。しかし彼の態度は、その時代、全く風変わりというわけでもなかった。宴会でもてなされる合間に、客たちはテーブルで手紙を書いたり書き取らせたり、またさいころで遊ぶのが普通であった。あまり教養の高くない家では、裕福な主人は、道化や女っぽい男や踊り子の芸、さらには剣闘士の競技会といった見世物で客を楽しませたようである[17]。

中世の宴会はローマの宴会といくつかの点で似ていた。それもまた騒音と色と動きの嵐であり、儀式と茶番劇の目のくらむような混合物——最も洗練された技巧や儀礼と、動物のような食欲や粗雑さが隣合うものであった。ローマの饗宴と同様に、中世後期の大宴会は狂乱の場であった。客はしばしば自分の家来とともに現われたが、その家来は主人の後ろをうろつき、手の届かない範囲にあるすべての飲食物をすぐにもってこられるように待機していた。その家の召使たちは、家事を担当している責任者の指揮のもとで、食器棚と食卓の間を走って行き来していた。また食事の前後に短い祈りが捧げられ、家来たちは主人にひざまずいて給仕した。祈りや給仕は華麗で非常に真面目なものだった。[18] そのいっぽうで、吟遊詩人や曲芸師や奇術師による芸は騒がしく軽薄であった。美しいタペストリー「つづれ織り」が壁を飾っているのに、床には粗末なむしろだけが敷かれ、エラスムスが「ビールや、脂や、かけらや、骨や、つばや、犬猫のふんなど汚らしいものすべての、昔からの集積」と記述したものをかろうじて隠していた。[19] 豪華なテーブルクロスが食卓を覆っていた。高貴な領主たちは、宝石をちりばめた杯から酒を飲み、銀や金やガラスやサンゴや輝緑岩から作られた食器を見せびらかした。しかし、あまり階級の高くない客はほとんど食器を使わせてもらえず、十五世紀まで木皿で食べていた。木皿はもともと木製の皿ではなく堅くなったパンを薄く切ったものだった。食事が終わる頃には、パン製の皿は汁でふやけていたので、それを客は自分で食べたり、貧しい者に与えたり、犬に投げたりしたのである。[20]

困惑するほどさまざまな食べ物が、はっきりとした順序もなくテーブルに出された。現代のグルメは、彼らの先祖に比べていかにおとなしいものであることか！　十四・十五世紀のプランタジネット朝の王は、翼のあるものはガンからスズメまで、泳ぐものは小魚からイルカまですべて食べた。獲物のリストは驚くほど長く、とっくの昔に好まれなくなっているサギ、シラサギ、アオサギなども含まれていた。野菜と香料に関して言えば、中世の料理人はそれらを大量に見境なく使った。多くの料理が、手に入った青物の切れ端を組み合わせて作られた。ウサギのシチューには、キャベツ、テンサイ、ルリチシャ、スミレ、アオイ、パセリ、カッコウチョロギ、セイヨウネギの白い部分、若いイラクサの頭の部分などが入っていた。このリストにスミレが含まれていることで、花が装飾だけでなく料理にも使われたということがわかる。スミレ以外に、バラやサンザシやサクラソウを含むほかの花も料理に用いられたようである。[21]

夕食は二つか三つのコースからなっていた。これは慎ましやかに聞こえるが、しかしそれぞれのコースには、大皿にうず高く盛られた一ダース以上の種類の食べ物が含まれることがよくあった。客は、ゆでて塩漬にされた雄豚や、脱穀した小麦を牛乳で煮たものとシカ肉や、具の多いシチューや、塩で味付けした雄ジカや、キジや、白鳥や、雄鶏や、ヤツメウナギや、スズキや、ウサギや、羊肉や、焼いたカスタード菓子や、果物入りパイといった大量の食べ物と対決したのである。もし客が食傷して次にサラダや野菜料理が欲しくなったとしても、彼は失望する運命にあった。二番目のコースもまた、最初のものとほとんど区別がつかない、肉と魚が山盛りのオンパレードからなっていたのである。[22]

一連の順序――スープ、魚、肉、デザート――という観念は、十七世紀の終わりまで存在しなかった。近代以前の芸術では、差異ではなく豊饒が鍵となる概念なのだ。料理人は奇妙なことに、なべに入れる材料個々の舌触りと風味に無関心だった。また客たちは、皿に盛られたさまざまな肉の味がぶつかりあうことに、ほとんど気付いていなかった。フランスの批評家であり詩人であるボワロー（一六三六年―一七一一年）は、六羽の鶏、三羽の兎、六羽の鳩が同じ皿の上に出された巨大なミックスグリルについて述べている。何でも焼き過ぎたり煮過ぎてしまうという傾向が、ごちゃごちゃをさらに悪化させた。特に、ルイ十四世と彼の家臣たちが非常に好んだゆで肉とラグー［煮込み］がそうであった。ラグーを作るためには、なべにさまざまな種類の獣肉と鳥肉を入れ、大量のスパイスを加え、その混合物をとろとろ十二時間煮なければならなかったのである。この濃厚な煮汁が現代のグルメの食欲をそそるとは全く思えないし、（W・H・ルイスが言うように）それが「十二時間後にムスク［ジャコウ］や、リュウゼン香や、さまざまな香水をたっぷりかけて仕上げられる」[23]というのはほとんど想像できないことである。

十七世紀以前には、大部分の料理は入念な準備を必要としていなかった。最もはでやかな宴会のパテや肉料理や添え料理であってもそうであった。その後、違いが分かる人々のためのグルメ料理が現われた。十七・十八世紀の間に、グルマンとグルメというフランス語がヨーロッパの都市部で広く使われるようになった。それらは好意的に用いられ、後の時代にみられるような悪い意味をほのめかしてはいなかった。味覚が洗練されたことを示すもう一つのしるしは、数枚の大皿ではなくたくさんの小さな皿で食べ物を出すようになったことである。[24]このようにして両立しない味が分離されたのだ。以前は材料の量や費用が料理の良し悪しのたった一つの規準であったが、一七〇〇年以降、教養のある人々が次第に、個々の料理の質を意識するようになったのである。十八世紀の中頃までに料理に対して見られるようになった気遣いは、ブザンソンの大司教の歓迎会でのメニューに暗示されている。料理のリストの中には、次のようなものがあったのだ。「西洋ザリガニのビスク［スープ］、王女風ポタージュ、カエルのプーレットソース添え、マスのグリル焼き、ウナギの姿料理、カワカマスの片身、西洋ザリガニのポタージュとドゥー川のコイ、コイの白子のパイ包み焼き[25]」。

現代の感覚からみて、昔の食べ物の量の多さと種類の豊富さは、かなり下品である。丸ごとの動物や大きな輪切り肉（ジョイント）を料理して出すというのも粗野な考え方である。ところが中世では、丸ごとの豚や牛の四分の一が広間の中央で串焼きにされたのだ。中世後期の上流階級のメンバーは、丸ごとの魚や鳥（時には背中に羽を刺して生きているかのように見せた）だけではなく、丸ごとのウサギや羊、あるいは子牛の四分の一を食べたのである。十七世紀のイングランドでは、牛肉、羊肉、豚肉がヨーマン〔郷士〕の日常の食事の大部分を占めていた。大きな祝宴や村の祭りの日には、動物を一匹丸ごとあるいは数匹も焼くのが習わしだった。実際、特別な機会でなくても、焼肉料理はそれだけで行なわれることがあった。日曜日には、「腹の中に詰物をした」羊を丸ごと火にかけて料理する間に、客たちはお祈りに行きそれから宴会に戻ってきたのである。そこでは、エール〔ビールの一種〕をたくさん飲んで陽気になった人々が、ファイフ〔フルートの一種〕の音楽で踊り浮かれ騒いだのだ。(26)

中世から十八世紀の始まりにかけて、テーブルで肉を切り分けることは、育ちの良い人々に要求されたひとつの技術であった。しかし十七世紀までに上流階級のフランス人は、狩猟やフェンシングに対する情熱とともにこの血なまぐさい技巧に興味を失い始めていた。フランスとドイツの都市の上流階級が、食卓に動物の姿を見せることを次第に嫌うようになったのもこの時期以降のことである。イングランドの社交界は、この点で反応が遅く寛大なままだった。大きな肉の固まりは現在まで「ジョイント〔関節、輪切り肉〕」という名称で生き残っているのだ。しかしだからといって、ジョイントは丸ごとの動物ではないし、十九世紀中頃のイギリスの味覚の評論家はジョイントでさえいやがったのである。一八五九年に出版された、礼儀に関する一冊の本は次のように主張している。

事実、われわれの空腹が激しくない場合、グレーヴィ〔肉汁〕にまみれた肉の固まりの眺めは食欲をぶち壊すのに十分である。そして大きなジョイントは美食家をうんざりさせるのにとりわけ適っている。いやしくもジョイントを食べるならば、それは見えないようにサイドテーブルに置くべきである。(27)

テーブルマナーと食器の発達は、いわゆる文明というものに対する感受性が次第に強まってきたことを示している。文明人とは、食べ物の種類にしろ人の種類にしろ、とにかく動物性や自然の機能や暴力やきたなさや乱雑な混ざり合いといったものを感じさせるすべてのものと自分との間に、意識的に距離を置こうとする人間のことなのである。この基準から言えば、中世の人々はまだまだであった。大領主であっても不作法な振舞いをすることがあったのだ。とりわけ空腹が抑制を取り払い、好きな料理がテーブルに現われたときにはそうであった。スコットランドの司祭であり詩人でもあったアレクサンダー・バークレー(一四七五?―一五五二年)は、明らかに冷笑的な誇張表現で、次のように書いた。

もし料理がお気に入りのものなら、肉であろうと魚であろうと、
十本の手が一度に群がる。

もし肉ならば、十本のナイフが見えるだろう、
それが肉を引き裂き皿の中で飛びまわる。
そこに手を入れるのは間違いなく危険だ
籠手《こて》やあるいは鎧の手袋なしに。(28)

中世には、農民も貴人も手を使って食べた。十六世紀までに、上品な客は共同の皿に指を三本だけ突っ込むようになった。しかし、これは相変わらずねばねばした作業であった。なにしろ料理の大部分がグレーヴィのかかった肉の塊か、こま切れの肉料理か、シチューのいずれかだったのである。フォークは最初にイタリア、次いでドイツとイングランドで使われ始めた。エリザベス一世は、自分のテーブルにフォークを置いた。したがって、一六〇一年に自分がこの道具をイングランドに紹介したというトーマス・コーリエットの主張は認めるわけにはいかない。しかし、フォークがなかなか受け入れられなかったのは事実である。コーリエットはその気取りを笑われ、神の贈り物は人間の手でさわるのにふさわしくないという考え方を説教師から非難されたのだ。中世を通じて、客はたいてい自分のナイフを持ってテーブルについた。それらは鋭く尖った道具であり、肉を切り突き刺すのにぴったりだった。テーブルナイフの先端が最初に丸くなったのはいつだろうか？　この変化の栄誉は、一六六九年に尖ったナイフの製造、販売、使用を禁止する勅令を公布し

た、リシュリュー枢機卿に与えられるべきであろう。彼は、客としてテーブルについていたセジェール教皇庁尚書院長が、その道具を爪楊枝のように使っているのを見てうんざりしたのである[29]（第1図）。

中世には、分け与えることが理想として極めて賞賛され、テーブルやそれ以外でのすべての振舞いを彩っていた。気前の良い主人は、彼の立派な客だけではなく、戸口の貧しい人々やテーブルの横の犬にも食べ物を与えたのである。同等の者同士で食べ物を分け合うこともまた良いマナーであった。上品な客とは、自分の木皿から食べ物を分けることで仲間に思いやりを示す人のことであった。テーブル上の数少ない食器は、共同で使われることが多かった。同じ道具を使うために、騎士は従者の隣に座り、近縁の者たちはときに一緒に腰掛けたのである。同じ理由から、ジェントルマンは愛する女性の横に座ったのだ。ナイフ、ひしゃく、スプーン、木皿、カップのすべてが共用されていたと思われる。十六世紀になると、この習慣は潔癖な人々をいらだたせるようになった。モンテーニュは、テーブルマナーについての論評で、ひとりの年老いた軍人の酒の飲み方が自分専用のカップだけを使うほど非常に洗練されたものであるということをわざわざ記しているのだ。モンテーニュ自身も、共用のグラスから飲んだり卑しい手で給仕されたりすることが好きではないと告白しているのである[30]。

テーブルマナーが次第に繊細になった経過は、スープの適切な飲み方の変容を通じて跡

［第１図］　アーサー王と円卓の騎士の宴会を描いた十六世紀の版画．テーブルに共用の杯が一つしかなく，またフォークやスプーンがないことに注意．Ettore Camesasca 編，*History of the House*（New York: G. P. Putnam's Sons, 1971），p. 384からの引用．

づけることができる。最初は、スープは単純に共用の鉢から飲まれるか、手から手へと渡されるひしゃくで飲まれた。しかし、もっと繊細な客は自分自身のスプーンを使ったと思われる。それはおそらく、ナイフと一緒に忘れずに持ち歩いていた、洗礼式の贈り物としてもらった銀のスプーンだっただろう。サミュエル・ピープスが市長のテーブルで食事をしたとき、彼は自分の用具で食べたのだ。洗練化の次の段階は、十七世紀後半のクルトワジー文献の記録によれば、スープを共有の鉢から口へ直接運ぶのを控えることであった。正確に言えば、最初に自分の皿にいくらか取るようになったのだ。そして共用の皿に一旦使ったスプーンを突っ込むのは無礼なことと考えられるようになったのである。まずナプキンできれいに拭くべきなのだ。そして最終的には、きれいなスプーンだけが使われるようになったのである(31)。

十九世紀には、用具とその機能の数は増加して、それ以上はないピークに達した。たとえば、一八〇〇年以降、きちんと整えられたテーブルには、魚用のナイフとフォークのみならず果物用のナイフとフォークも並んでいたのである。これらの道具は銀で作られたり銀メッキをされていた。なぜなら潔癖な客たちは果物や魚の繊細な風味が、鉄と接触することでだめになってしまうと信じていたからである。十七世紀末期には、客は数種類のワインが出される場合でもワイングラスをひとつしか使うことが許されなかった。十九世紀中に、ワイングラスの数は、飲まれるワインの数や種類と同様、非常に増加した。一八九〇年代までに客は、「食堂に入るとそれぞれの席の前のテーブル上に、シェリー、ボルドーの赤と白、バーガンディの赤と白、モーゼルやホック、シャンパンのために一つずつワイングラスがあるのに気付いただろう。そしておそらく、甘いものと一緒に飲むトーケーのようなワインのためのグラスがひとつ、それにポートやマディラのようなデザートワインのためのグラスもひとつあっただろう」[32]。

ヴィクトリア朝の上流階級の宴会(とりわけ一八五〇年代以降)に特徴的だったのは、食べ物の純然たる量ではなかった。量は、古代や中世の盛大な行事に出されたものにかなわなかったのだ。実はその特徴とは、飲食物を個々の容器で運び、特殊な道具で食べるという洗練されたこまやかさだったのである。客ひとりひとりの皿のまわりに、クリスタルガラス製品や銀製品がきらめきながら並んでいた。最初の料理がテーブルの上に置かれる前でさえ、すでにそれは積みすぎのように見えた。テーブルは食欲を満たすための食べ物の重さのためにではなく、高度に発達した切断用の道具と容器でつぶれそうだったのである[33](**第2図**)。

西洋世界における自意識の成長の証拠として、われわれは中世後半に現われ始めたエチケットに関する本を取り上げよう。中世後半の社会は、野心にあふれた人々にある程度の地理的・社会的移動を許すぐらいに大きくまた柔軟であった。出世して王宮に仕えようとした野心的な廷臣たちは、ふさわしいマナーを身につける必要性をすぐに認識した。そこ

A.

B.

［第２図］　十九世紀における食器の洗練化．（A）テーブルグラス，1851年．（B）ヴィクトリア朝イングランドの公式晩餐会．第２図Aは，G. M. Young編 *Early Victorian England*（London: Oxford University Press, 1934），p. 114より．第２図Bは，W. J. Reader, *Life in Victorian England*（New York: Capricorn Books, 1964），p. 153より．

で、入門書が必要になったのだ。ある人気のあった入門書、タンホイザーの『ホーフッフト（宮廷礼式）』は、十三世紀にまでさかのぼる。タンホイザーは次のような規則を示した。「食事の間に鼻をほじってはいけない」、なぜなら、共用の皿から食べ物を取るのに手を使わなければならないからである。「多くの人は骨をしゃぶってから、それを皿に戻す――これは極めて無作法である」。そして「テーブルクロスで鼻をかむ人は育ちが悪い。これは間違いない」[34]。フランス語の韻文で書かれた十四世紀の『コントナンス・ド・ターブル〔テーブルでの態度〕』では、良いマナーとして、食事時にテーブルの上に唾を吐いてはいけないと述べられていた。しても良いことは、床に唾を吐くことなのである。また、テーブルで口をすすぐ時、他の客が使いたいと思うかもしれないので、ボウルに水を吐き出してはいけないのだ。ここでも水を床に吐き出すべきなのである。[35]

しかし、マナーについての本が増加し始め、大きな影響力をもつようになったのは、近代初頭の十六・十七世紀のことだった。これらの需要が増加したのは、この時期に社会階層の厳格さがかなりなくなり、社会上層へのはしごを登ることが大部分の人々にとって可能なことになっていたからである。これらの入門書の中で断然影響力が強かったのは、エラスムスの短い著作である『デ・シビリターテ・モルム・プエリリウム（子どもの礼儀について）』であった。これは一五二六年に初版が出て以来、上層へ移動しつつあるヨーロッパの家庭に急速に普及した。[36] エラスムスの論文と中世の先人たちとの違いは、規則自体にはなかった。それは初期のものとほとんど一致していたのだ。そうではなく、（ノルベルト・エリアスの指摘によれば）心理学的な物の見方が異なっていたのである。それは、はるかに自意識的な精神を反映した著作だったのだ。エラスムスの規則は、中世のそれとは違って、彼自身の経験と内省的な観察から生まれたものであるという印象を与える。彼は単純に「がつがつ食べてはいけない」と主張しているのではない。彼は、あたかも監獄へ連れていかれるかのように、また奪った物を平らげる盗っ人のように、むさぼり食う人がいると述べたのである。またエラスムスは、衣服を含む外面的なマナーが人間——つまりは精神を明らかにすると記した。彼は精神のいろいろな状態に対応した衣服の種類の実例を挙げたのである。礼儀とは、彼がこの言葉を理解し、それをヨーロッパの意識に植え付けた限りでは、見るということに対する心理学的なマナーと密接に結び付いていた。真に礼儀正しい人は（エリアスによるエラスムスの解釈によれば）「観察すること、自分自身の周囲を見て人々とその動機に注意を払うこと」を義務づけられていたのだ[37]。

テーブルマナーは疑い無く、ヨーロッパの生活において心暖まる群集性を避けようとする傾向が次第に強まったことを反映しており、またその傾向を促してもいた。差異化や、秩序や、控え目な上品さや、異常なほど尊重された人間の尊厳という観念が好まれ、それは自然だけではなくほかの人間からも——たとえテーブルを囲むほかの客であっても——距離を置く必要性を意味していたのである。対照的に、中国人はそれほどまでに至らなかった。中国人はその歴史の初期には、ヨーロッパ人と異なり宴会に高度な儀礼的要素を取り入れていた。その理由は、飲食物が宇宙における陰と陽の原理に密接に結び付いていると考えていたからである。適切な振舞いで正しく食べることは、人間とその社会が属している自然の調和を強める方法なのである。エチケットの規則は、分離のためではなく義務を課すことを意図したものであった。中国人は早くからテーブルマナーを持っていたが、それを客が自意識過剰になるほど精緻化する道は選ばなかったのだ。ヨーロッパ人はそうではなかった。十九世紀の中国人の食事は、食器の並べ方が凄まじいヨーロッパの正式な晩餐会と比べても、さらには長いテーブルの両端に主人と奥方が堅苦しく座る、裕福な中産階級の家庭における普通の食事と比べても、くつろいだものだったのである。

料理の準備と食事は、家の中での活動である。ここでわれわれは家というもっと大きな舞台に目を向け、建築の歴史とともに家族構成の歴史によって、次第に進む空間の分節化と自意識の高まり――あるいは自己への没入――との関係に光を当ててみよう。

四　家屋と家庭

空間は、自分の世界や家になるためには、はっきりと限定されなければならない。すべての人間は、空間を限定するために何らかの意識的な努力をしている。それは、必ずしも物質的な家屋の建設とは限らない。しかし物質的な家屋こそ、人間世界の特徴を感覚や精神にはっきりと示してくれる最高のものである。閉空間には人間の心理が含まれ、濃縮され、集中しているのである。住まいの中でひとりで、あるいは友人と火のそばに座っているると、広々として何もない空間の中よりも、自己や人間社会の現実に対する意識が高まるように思われる。防護壁の内側では、注意を払い、感じ、考えるという能力が、理解も制御もできない出来事による破壊的な一撃から守られているのだ。閉空間はわれわれの存在の核を包んでいる。そしてもっと広い世界とかかわるために、われわれは自己や家屋や親密な世界という中心核から思い切って外に出ているのである。(1)

閉空間と人間社会の現実との間のこのような個人的・心理学的な関係に加えて、家屋は社会的な構造や価値を建築的に具現化したものである。たとえば、大きさや調度がさまざまな部屋がたくさんある家は、次のようなことを暗示している。まずそこには社会的地位の異なる人々が住んでいる。また、彼らはそれぞれの部屋に何がふさわしいかあるいはふさわしくないかを知っている。そして彼らの自意識は、複雑な舞台でさまざまな役割を演じるときに強まる。さらに、ときどき彼らは自分の個性に対する感覚を取り戻すために、ひとりで引きこもる必要性を感じるかもしれないのだ。

あらゆる文明において、家屋の歴史とは拡大化と分割化の歴史である。新石器時代の最も初期の住居は、部屋がひとつで、形は円形か楕円形であり、半地下式だった。母なる大地からの分離はまだ完全ではなかったのだ。時がたつにつれて、円形の半地下式住居は、方形で、内部が分割され、地上に建てられた、もっと大きな家に取って代わられた。商代（およそ西暦前一五〇〇年）の中国では、高貴な人の家は壇の上に立っていた。その壇と切妻屋根は天への憧れを暗示している（**第3図**）。新石器時代の円形住居が野営地に円状に配置されたように、高度な文明を特徴づける方形の建物はしばしば中庭を作るように配置された。中庭と半地下式の住居が隣合う場所では、前者は儀式的な機能をもち、権力者のもので、後者は民衆の住まいや作業場だった。考古学者たちは、古代の近東や、インダス河谷や、中国北部や、中央アメリカで中庭の複合体を発見している。中庭は、世界のさま

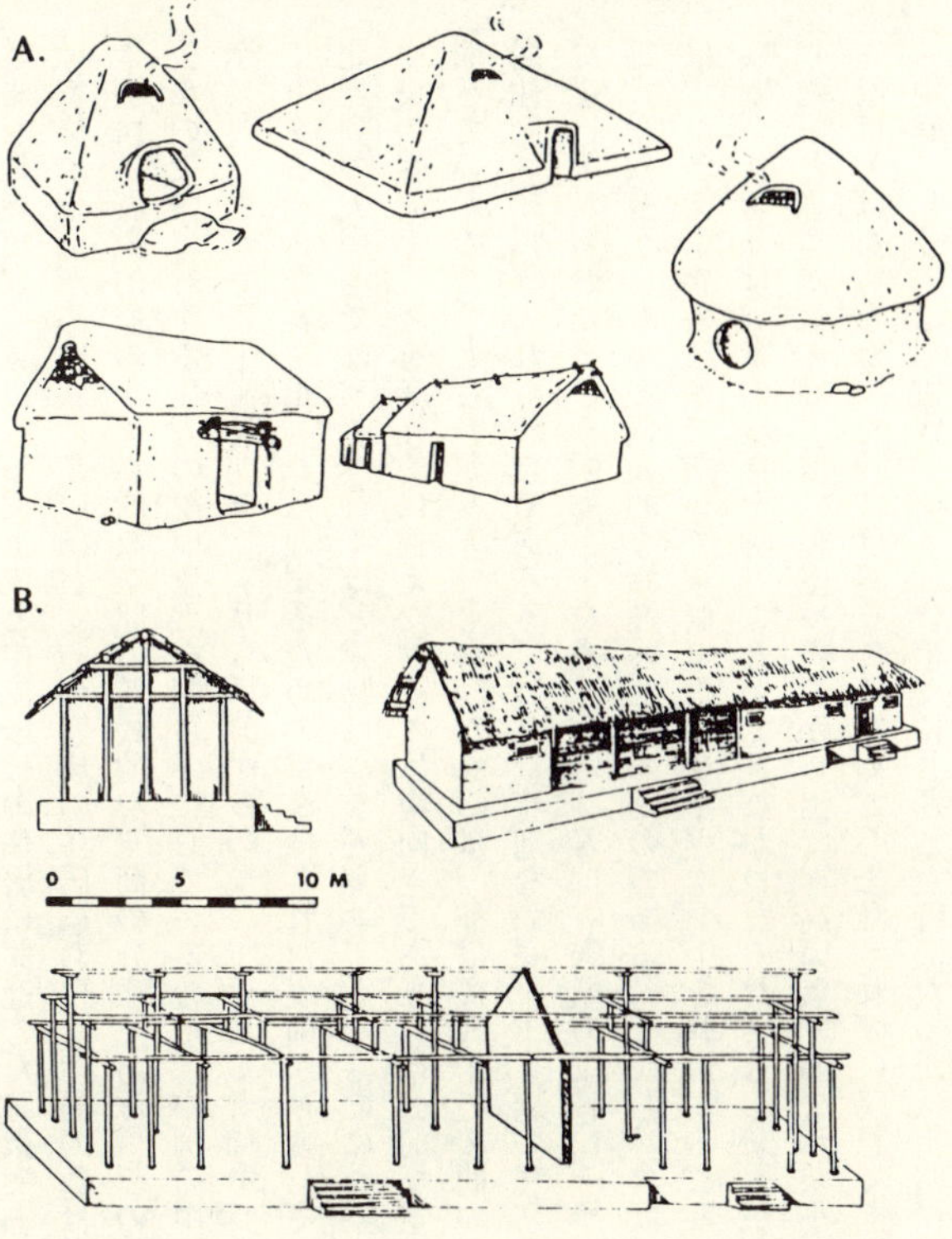

［第３図］　中国における（A）新石器時代の仰韶文化（6000－3000年 B. C.）から（B）商文化（1300年 B. C.）に至る家屋の発達．周の家屋は，安陽の小屯にあるもの．変化は空間の拡大と分割に向かっている．『考古学報』1975年，１期と，石璋如『中央研究院院刊』第１輯，1954年，276頁．K. C. Chang, *The Archaeology of Ancient China*（New Haven: Yale University Press, 1977), pp. 107, 249［張光直著，量博満訳『考古学よりみた古代中国』（雄山閣出版，1980年），pp. 114, 252］より．

ざまな地域で広く見られる、上流と中流階級の住居に共通した特徴である[2]。

家族の地位が高ければ高いほど、その家族の住居における中庭の数は多くなる。中庭付き住居に特徴的なのが、私的な空間と儀式的な空間の分離である。その物理的な配置は、公私の役割に対する住人の鋭い意識を明らかにしているのだ。中国の中庭付き住居は、前漢（西暦前二〇七年―西暦九年）よりも以前からあった。そして当時すでに、個人的な友人でもある高貴な客を正しく歓迎するための、洗練された規則が存在していた。伝統的な南北配列の大邸宅では、北へ行くほど建物はプライヴェートなものになっていた。主人は、中央の客間で、客を儀礼的に迎えた。そこは南向きであり、準公的な空間としての中庭に面していたのだ。もし客が友人でもあったならば、彼は儀式用の広間の背後にある家族の居住区域に招き入れられたであろう。これは特別な栄誉――家族の親密な世界の一員として受け入れられたという栄誉――を意味した。客は、家屋の主軸にそって移動するにつれ、正式な歓迎からもっと個人的な歓迎へと進んだのである。しかし、典型的な中国の住宅では、たとえ家族の部屋であっても個々のプライヴァシーを確保することは難しかった。薄い壁や仕切りは、家の雑音を防ぐことができなかったのだ。もし家長が本当にひとりになりたいと思ったならば、彼は寝室や書斎から出て、高い壁で囲まれた小さな庭に引きこもらなければならなかった。彼は、そこで初めて心を乱されずに瞑想できたのである[3]。

中庭付き住宅は、古代アテネとローマに共通した特徴だった。街路に面したその何もない壁は、プライヴァシーへの欲求を暗示していたが、しかし実際には都市の住宅では個人的なプライヴァシーを見いだすことはほとんどできなかった。［前］五世紀のアテネ市民は、私的な建物よりも公的な建物を建造することに情熱を注いでいた。住宅は、少数の例外を除いて、小さく設備も質素であり、部屋はひとつあるいは複数の中庭のまわりに配置されていた。街路に面した窓のない部屋の中で、アテネ市民は外部世界の侵入から逃れて、ある程度のプライヴァシーを楽しんでいた。しかし、それは家庭内のメンバーの視線を逃れてはいなかった。なぜならすべての部屋の内部は共同の中庭から見えたからである。都市の住宅は狭すぎて、個人のプライヴァシーを許すことはできなかったが、しかし日没後に瞑想や勉強のためにひとりになることは可能だった。大部分のアテネ市民は早く寝てしまったが、遅くまで起きて静かな時間を利用した人もいたのだ。デモステネスがほとんどすべての演説を夜に準備したことはよく知られている。もっと長時間静かに隠遁したい場合には、裕福なアテネ市民は田園の別荘へ引きこもったのである。(4)

古代ローマの住宅には大きく分けて、インスラとドムスという二種類があった。大部分の人々はインスラに住んでいたが、そこにはプライヴァシーがほとんど、あるいは全くなかった。なぜならこの数階建ての建物の戸口や窓は、街路に向かって開けっ放しだったからである。それと対照的に、裕福なローマ人は一階建ての中庭付き住宅であるドムスに住んでいた。それは何もない連続した壁を街路に向けており、窓と戸口は中庭に向かって開いていた。建築学的に見て、私的な空間と公的な空間ははっきり分かれていたようである。街路の耳ざわりな喧騒はできる限り締め出されていたのだ。(5)しかし、住宅内部ではさまざまな活動が行なわれたのであり、その意味では今のわれわれにとって私的とは言えない。共和政時代のしきたりの一つは、朝の訪問だった。その間に、上流家庭では非公式の用事が処理されたのだ。それは、平民が貴族の助言や援助を請う機会であり、政治家が次の選挙の立候補者を援護するための政治的な策略に関係する機会であり、外交問題で告発された外国人がその問題に影響力のある元老院議員の同情を獲得する機会だったのである。帝政時代までに、朝の訪問はその仕事としての性質を失い、退屈な社交的つきあいか、あるいは居候たちへの決まり切った施しといったものになってしまった。(6)しかし、行なわれていることが政治的で真剣なものであっても、単なる社交的なものであっても、ローマの上流市民は自分のドムスにプライヴァシーがほとんどないことを明らかに楽しんでいた。孤独は、都市の中ではなく、田園の別荘の静かな環境の中で見いだされるものだった。ラウレンティーナのウィラ［別荘］で、小プリニウスはくつろぐことができた。「何も聞こえないし、何もしゃべらない……誰かが批判されたり悪口を言われたりしている間、私は何も聞く必要がないのだ。私は誰も批判しない——たまにへたなことを書いた時の自分自身を除いて」。そしてトスカナの別荘では、彼には考える時間があった。「私は自分の好きな時に起きる。……私は鎧戸を閉めたままにしておく。見たことについて考える代わりに、静けさと暗闇の中、邪魔されず、自由に、じっくりと、私は自分が現在考えていることをしっかり見つめるのだ。それは見えるものがほかに何もない時に、目にとって可能なことなのである」[7]。

西洋の人間は、ほかの社会の人々以上に、個人やプライヴァシーという観念に高い価値を置いてきた。自己に対するこのような高尚な見方は、家屋の歴史の中でどのように発達してきたのだろうか？　われわれは、中世から現代に至る家屋——部屋の配列や調度、社会的機能や意味——の変遷に焦点をあてることでこの問題に答えるつもりである。

中世初頭の家屋は、領主のものであっても農民のものであっても、中央に炉床があり屋根まで吹き抜けという、基本的には納屋のような構造だった。時がたつにつれて、ホール（広間）と呼ばれたこの中心的な要素に、部屋が次々と付け加えられた（第4図）。言うまでもなく、このような建て増しができたのは、当初は権力者や金持ちだけであった。プライヴァシーや自己の探求は、社会のエリート層だけの贅沢だったのである。

中世の大部分の時期を通じて、大きく、簡素で、分割されていなかった広間は、出入り自由のほとんど公的な活動場所として使われた。そこでは、あらゆる種類の人々が集まり、仕事をしたり、つかの間の歓待を受けたりしていたのだ。けたたましく騒がしい雰囲気作りに貢献していたのが動物だった。祭りの際に広間へ足を踏み入れた客の目に入るのは、賑やかな人ごみの真ん中にいる、手首にお気に入りの鳥をのせた狩猟好きの貴族たちだっ

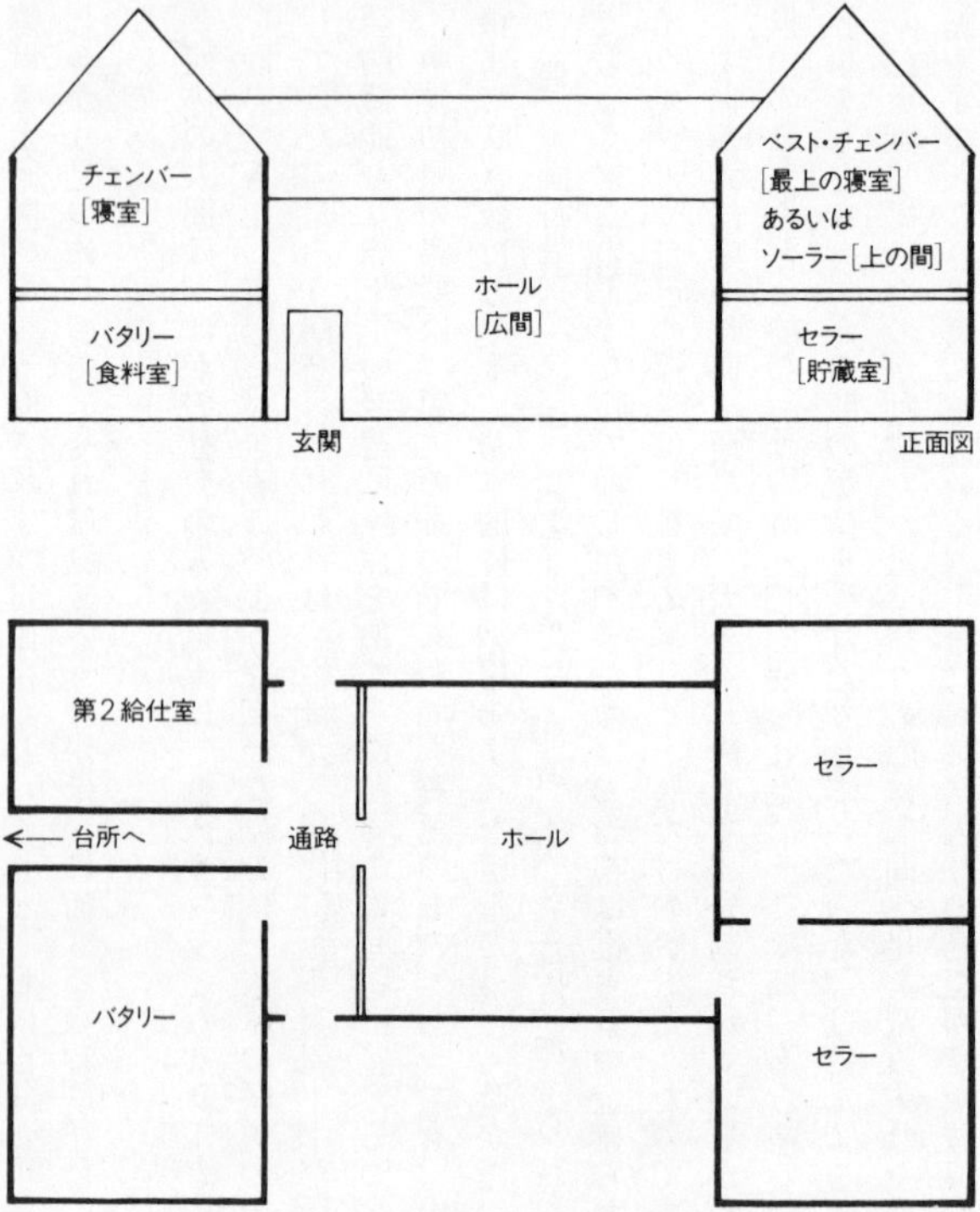

[第4図]　中世後期の家屋の断面と平面にみられる構成要素．本質的な特徴は，屋根まで吹き抜けで，側面を階層化した区画と接しているホール［広間］である．中世の終わりまでに，ホールの一方の端にある一階の部屋（一つあるいは複数の部屋）は時にパーラー［応接室］として使われるようになった．M. W. Barley, *The House and Home*（Greenwich, CT: New York Graphic Society Ltd., 1971），p. 23 より．

た。これらの鳥のうちの何羽かは、床に立てられたT字形の止まり木に置かれていた。そこで鳥たちは翼をばたばたさせ、ときどき広間をさっと横切って飛び、自分の主人たちの会話を邪魔していたのだ。狩猟用の鳥以外に、中東からのオウムや、ときにはワタリガラスが鳥類の仲間に加わっていた。しつけのしっかりしていない犬が、主人について回り、イグサが敷かれた床でとびはねていた。猿が数匹いたのはほとんど確実であり、馴れたアナグマやイタチもいたであろう。このように動物の一座が人間の中に交ざりあっていたが、人間も彼らなりに華やかで異様だった(8)。

食事が出されている間、壇上の高いテーブルでは儀式が行なわれていたかもしれないが、ときおり飢えた客が食べ物に手を伸ばし、粗野な従僕と大声で議論していたために、広間の大部分は静寂とはかけはなれた雰囲気であった。守衛の仕事は決して閑職ではなかった。静かな状態を維持するという任務を受けて、守衛は「静かにしゃべって下さい、ご主人様」と叫びながら通路をゆっくり行ったり来たりしていたのだ。客が種々雑多なので、ある程度の騒がしさはやむを得なかった。ほとんどどんな旅人も、領主の歓待を要求できたのである。実際、ありとあらゆる人に家を解放していることを誇りとした貴族もいた。十三世紀の極端な例が、ウィッティントンのフィッツ゠ワーリン家に残る古いシュロップシャー州史に見られる。それによれば、フルク・フィッツ゠ワーリンは、天下の公道をアレストンにある自分の別荘の広間の真ん中を通るようにつけかえたのだ。彼は、旅人たちが自分の気前の良さに与からずに通り過ぎることに対して、どんな言い訳もできないようにするためにこのようなことをしたのである。(9) サクソン人の時代でさえ、すべての権力者が雑然とした広間を好んだわけではない。夕食のあとそこを退いて、ほかの場所で静かにくつろぎたいと思う者もいた。しかし、そのような退出(たとえばウェセックスのエドウィ王はそうしたがった)は、男らしくないとしていい顔をされなかったのだ。十三世紀には、広間の扉(ユイ)を閉めてプライヴェートな階上の寝室や個室に引き下がる人は、無礼で強欲なけちん坊とみなされた。当時の詩は次のように歌っている。

また、私は大いに排斥する
自分の扉を閉めている金持ちを
そして寝室にいる卑しい食客も。(10)

リンカーンのグロステスト主教(一一七五年頃―一二五三年)は、ヘンリー三世の妹であるレスター伯爵夫人に対して、家の者たちと広間で夕食することの重要性を指摘した。そして彼女はその指示にちゃんと従ったのである。しかしそのいっぽうで、このような指示が出されなければならなかったということは、当時すでに領主夫妻だけで食事をすることがかなり普通になっていたことを意味している。『農夫ピアズ』(一三六二年)の中で、ウイリアム・ラングランドは次のように歌っている。

何曜日であろうと……広間は荒れ果てている
そこには領主夫妻も座りたくないのだ。
いまや金持ちは自分たちだけで食事をすることにしている
貧乏人のためを思い……奥まった居間で、
あるいは煙突の付いた寝室で、そして大広間は放って置かれるのだ
そこは食事のための場所、食客のための場所だったのだが。[11]

王室の著名人は、その下っ端の家来と同様、プライヴァシーのないことに悩まされていた。ヘンリー八世は結局、「祈禱用チェンバー」や奥まったロッジングス〔私室群〕にときどきひきこもらなければならない理由を説明する命令を出さざるを得なかった。

清潔できれいに片付いている「祈禱用チェンバー」の中ゆえ、その正しい秩序が、王の平穏や、休息や、くつろぎや、健康維持の大部分をもたらすのである。ただし、同様にほかのあらゆることも重要であり、大いに考慮されるべきである。そして、下々の者が

快適さのために、個別に引きこもっていることを考慮し、チェンバーの健全さのために、同じところに長期間あるいは頻繁にこもることを慎むこととする。[12]

引きこもるということは、私的な区画が存在することを意味する。大きな住宅は、住人が社交のために集まれるように、そして親交を深めたりひとりになるために引きこもれるように、分割されているのだ。しかし明らかに、いつの時代でも貧しい人々にはこの選択権がなかった。混雑はあまりに日常的な経験であり、また生きていくうえでやむをえないことでもあったので、ひとりになりたいという欲望さえ消滅していたようなのである。十八世紀フランスのオーベルニュの村では、部屋が一つしかない小屋に、少なくとも二〇人が詰め込まれていた。一つの小屋に十人というのは普通だった。兄弟、姉妹、いとこたちは、二〇平方メートルの小さなスペースで縮こまって眠り、三世代が同じベッドに寝ることもあったのだ。ブルターニュでは実際に、家畜が家族と部屋を共有していた。そうでないところでも、両者は動物の温かさが伝わってくるほど薄い仕切りで分けられていたのである。[13]農村の極端な混雑は、フランスや、ドイツや、スイスでは少なくとも次の世紀でもそのままだった。都市でも、貧しい人々が狭い地域に押し込まれていた。一八八〇年代には、ベルリンの人口の四九パーセント、ドレスデンの五五パーセント、ブレスラウの六二パーセント、ケムニッツの七〇パーセントが、部屋が一つしかない家に住んでいたのである。[14]

農村の住居の改築は、フランスではようやく十九世紀に始まった。この時期に、貯蔵室が出現し、二階が作られ、屋根は防火タイルで作り直されたのだ。[15] イングランドでは、農村の住まいの改築はもっと早く、テューダー朝の時代に始まった。一五六〇年から一六五〇年の間に、部屋が三つか四つある農業労働者の家の割合は、五六パーセントから七九パーセントまで上昇した。[16] 三部屋の住宅には、日常利用する居間のほかに、イングランド南部でチェンバーと呼ばれミッドランドではパーラーと呼ばれた寝室、およびバタリーと呼ばれた貯蔵室があった。「チェンバー」、「パーラー」、「バタリー」はいずれも、十七世紀までに富裕な農業労働者の世界に広まっていた上流階級の用語だった。[17]

農業労働者よりもはるかに暮らし向きがよかった小作人や自由土地保有者――ハズバンドマン［農夫］やヨーマン［独立自営農民］――は、部屋が平均で三つから六つある家に住んでいた。裕福なヨーマンの家には部屋が八つから十というものまであり、彼らの生活スタイルは二流のジェントリ［郷紳］とほとんど見分けがつかなかった。エリザベス朝のヨーマンの家には、ホール［広間］、二つか三つの寝室、パーラー［応接間］、バタリー［貯蔵室］、そして召使のチェンバー［私室］があった。広間は大きな居間であり、時に「家の本体」や単に「家（ハウス）」と呼ばれた。それは昔の広間の重要性を雄弁に証言している。改築が修理程度に限られた場合には、以前は垂木まで吹き抜けだった中世のホールに天井がはめ込まれ、天井の上に寝室、一階に居間と応接間が作られた。大きな部屋を小さく分割することで、プライヴァシーの確保がさらに容易になった。出入りするドアが一つしかない主寝室を作ったり、召使たちのための部屋を設けたことも、同じ効果があった[18]。

ジェントリと異なり、ヨーマン階級の人々は畑や家で働いた。ヨーマンの夫婦は、男女数人の召使に住み込みで手伝ってもらうことが多かった。そのうえ彼らは、教区にある養育院の子どもたち数人を育てる義務を引き受けていた。子どもたちは見習いとして農作業をしたのだ[19]。このように多くの人間や経済的・社会的活動がみられたので、たとえ部屋が六つある家であっても狭苦しく感じられただろう。したがってヨーマンには、もっと広い用途別の空間、ある程度の私生活が可能な一つか二つの部屋に対するはっきりとした欲望があった。エリザベス朝とステュアート朝の暮らし向きの良い小作人や自由土地保有者には、自分たちの欲望を、部分的にではあっても現実化するだけの財力があった。今度は、引きこもるための場所が限られている家での生活経験が、もっと大きなプライヴァシーへの要求を刺激したのである。

職人や商人の家は、所有者の財産や都市の重要度に応じて、形も大きさもきわめてさまざまであった。たとえばレスターとエクセターを比べてみよう。エリザベス一世の治世のレスターは、小さな田舎町だった。家の多くは、広間とパーラーすなわち寝室の二部屋しかなかった。三番目の部屋がある場合、それはバタリー〔貯蔵室〕だった。広間はおそらく、さまざまな社会的・経済的機能を果たしていたであろう。職人はそこで働き、商店主はそこを利用して商品を展示することができたのだ。少数の家には二階あるいは三階さえあった。これらの狭く背の高い建造物には、六から十二程度の部屋があったようである。レスターの富裕階級で最も顕著な例は、一五三〇年代のある商人の家だった。その十七の部屋、中庭、礼拝堂、納屋、裏庭は、町の大通りから外れた地価の高い土地に広がっていた。[20]

テューダー朝後期には、エクセターの富と政治的重要度はレスターのそれをはるかに凌いでいた。エクセターの商人の家はたいてい三階から四階建てで、少なくとも一ダースの部屋があった。典型的な家は、幅六メートルぐらいしかない狭い正面を通りに向けていた。しかし大小の中庭を含めた奥行き全体は、場合によってはその六倍もあったのだ（第5図）。部屋の多くは用途別にされており、広間、客間、主人の寝室、男女の召使のための区画、店、台所、貯蔵室、倉庫、会計室、馬小屋があった。一五七六年に建てられた当時のプレストウッド邸から判断するならば、最も重要な部屋が通りに面していた。一階には通りに向かって店があり、二階には広間があったのだ。そして三階にはフォア・チェンバーと呼ばれた主寝室があり、マリオン［縦仕切り］で仕切られたみごとな窓から通りを見下ろすことができたのである。フォア・チェンバーの後ろは中庭に面したブロード・チェンバーだった。

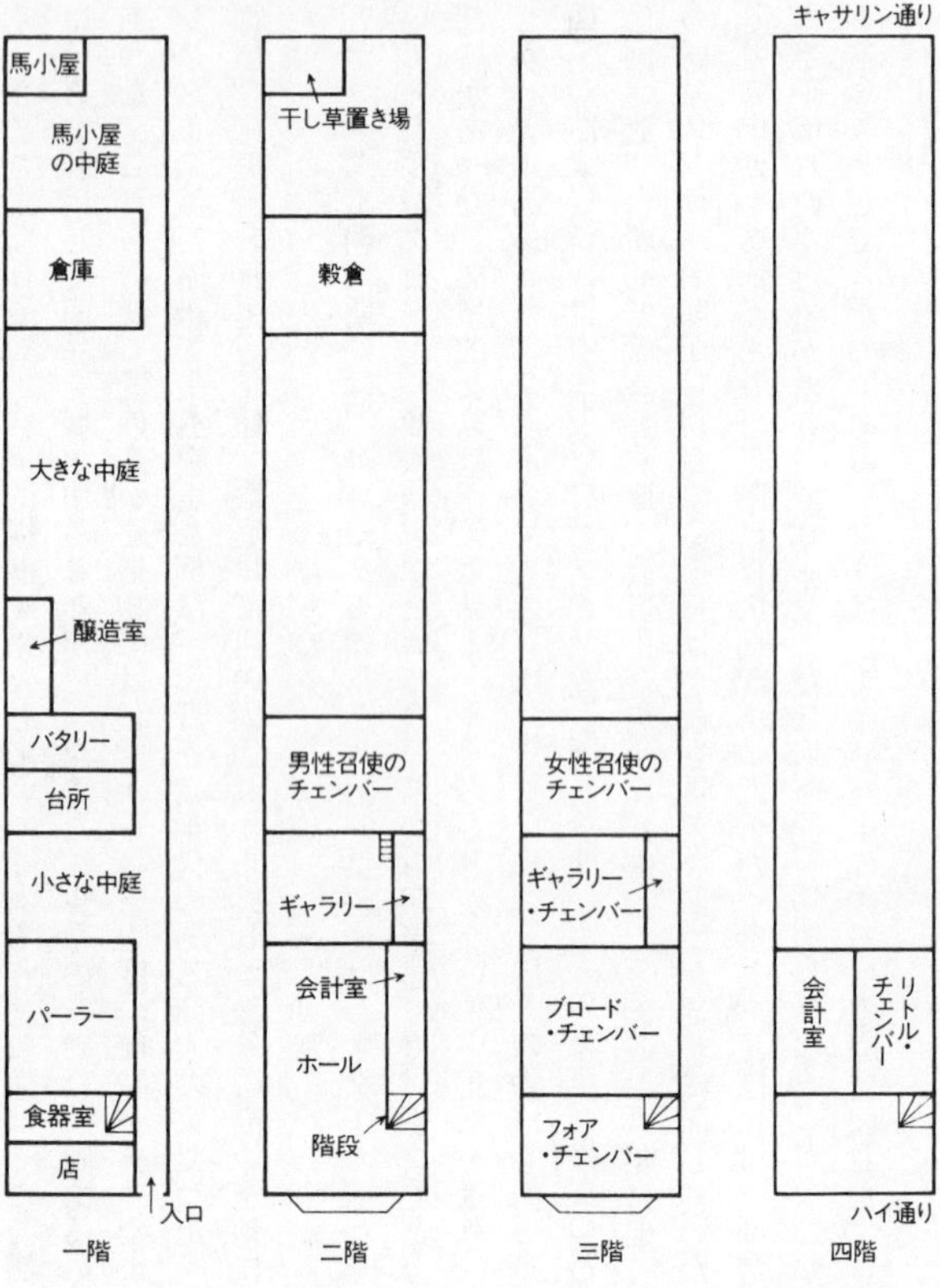

［第5図］プレストウッド邸――1576年に作られたエリザベス朝期の商人の家――の平面図（縮尺は不正確）．*Elizabethan Government and Society* (London: The Athlone Press, 1961) の中の，W. G. Hoskins, "The Elizabethan merchants of Exeter," p. 181による．

このような家ではプライヴァシーが十分だっただろうか？　少なくともいくつかの部屋が特別な用途のために確保されたということは、空間が差異化されたこと、およびプライヴァシーがあったことを示している。そのいっぽうで、多くの家は一部屋分の幅しかなかった。すべての部屋が面する独立した廊下がないということは、縦方向に家の中を移動する際に人のいる寝室を横切らなければならないということを意味していた。一ダース以上の部屋がある大きな建物であっても、真のプライヴァシーを享受していたのは一つか二つの主寝室だけだったのだ。それ以外の部屋は、広間や客間のような共用の空間であるか、台所や会計室や穀倉や馬小屋のような特殊な業務や倉庫のための場所だったのである。ひとりでいる機会は、ほとんどなかったに違いない。この結論は、家族の大きさを考慮するならば納得できるものである。両親、五、六人の子ども、二人の徒弟、そして二人かそれ以上の女中というように、家族のメンバーが一ダースもいることはよくあったのだ。

エクセターの商人たちは公共活動において指導的な役割を演じただろうか？　言い換えれば、街頭の人々や町に関する事柄が家の中に入ってくることを、どの程度まで許したのだろうか？　店や重要な部屋が街路に面する位置にあったということは、商人の家族が街路の生活の騒音や喧騒を嫌ってはいなかったことを示唆している。そのうえ、町の主な役人は商人階級のメンバーから選ばれていた。そのために、大きな家の豪華な室内が、町の娯楽場所であるという理由で正当化されたのだ。いっぽうで、エクセターの町の高官は、免許を持つ商人の数と比べるとほんのわずかであった。商人の大部分は、仕事の上での付き合いから離れると、いやおうなくプライヴェートな生活を送らなければならなかったのである。[21]

フランスの都市では、状況はどのようなものだっただろうか？　一五九〇年から一六三七年の間に、パリの人口は二二万人から四一万五千人へと急速に増加した。この時期に多くの建造物が作られた。地割りが狭くごみごみした中世以来の区域では、隣接の土地を買い上げる余裕のない人々が、一部屋分の幅で二、三階建ての小さな家を建て、そこに住んでいた。人口の圧力が原因で、六、七階建てになった住宅もいくつかあった。幅が二、三部屋分ある中産階級の家は、サン・ルイ島内のようなパリの裕福な地域の街路に面していた。

アンリ四世とルイ十三世の治世に、パリの富裕な商人や職人の必要を満たすための家は、いくつかの構造上の特徴においてイギリスの商人の家と似たものになった。まず形は細長く、街路に面した狭い正面から後ろへと延びていた。そして三階から四階建てであった。さらに、一階に店があり、庭も一つか二つあったのだ。しかし、内部の配置は異なっていた。パリ市民の家で最も重要な一階（店の隣）の部屋は、サル（広間）と台所であった。サルは街路か中庭のどちらかに面していた。それは、人々が集まり、食事をし、遊ぶ、多目的用の部屋だった。夜には、客のためにベッドが置かれることもあったのだ。上階にはそれぞれ、シャンブルと呼ばれる主要な部屋と一つか二つの付属的な部屋があった（第6図）。このような内部配置は、一つの家族が住むためにこの家が作られたということを暗示している。実際に、イギリスやオランダの繁栄した都市では、この種の家は中産階級の家族が単独で住むためのものだった。[22] しかしパリでは、同じ建物に数家族が住むことはかなりありふれたことだった。家主や主要な借家人は、多少は用途別になっている一階と二階の部屋をひとそろいすべて使い、ほかの借家人は残りの部屋に詰め込まれていた。一つの家族は同じ階の一つか二つの部屋に住んでいたようであり、人数が増えたときには、ほかの階の部屋を借りることがあった。その結果、生活空間は複数の階へと広がり、分断されたほかの家族集団の生活空間とからみ合うようになっていたのである。

この状況下では、家族にはほとんどプライヴァシーがなかった。個人のプライヴァシーを確保するのはいっそう難しかった。なぜなら二、三の部屋にあまりに多くの人が詰め込まれていたからである。十七世紀の文書には、妻と五人の小さな子どもたちが一緒に二部屋に住んでいた仕立屋の親方についての記述や、グルネー連隊の少佐というしっかりとした地位があり、妻と二人の子どもがいる男性が、リシュリュー通り沿いにたった二部屋の住まいしか持っていなかったという記述がみられる。[23] 空間の多角的な利用は、プライヴァシーの妨げとなった。たとえば、主寝室であったチェンバーは台所としても用いられたのだ。大部分のアパートには独立の台所がなく、ちゃんとした台所を持っていたのは一階で

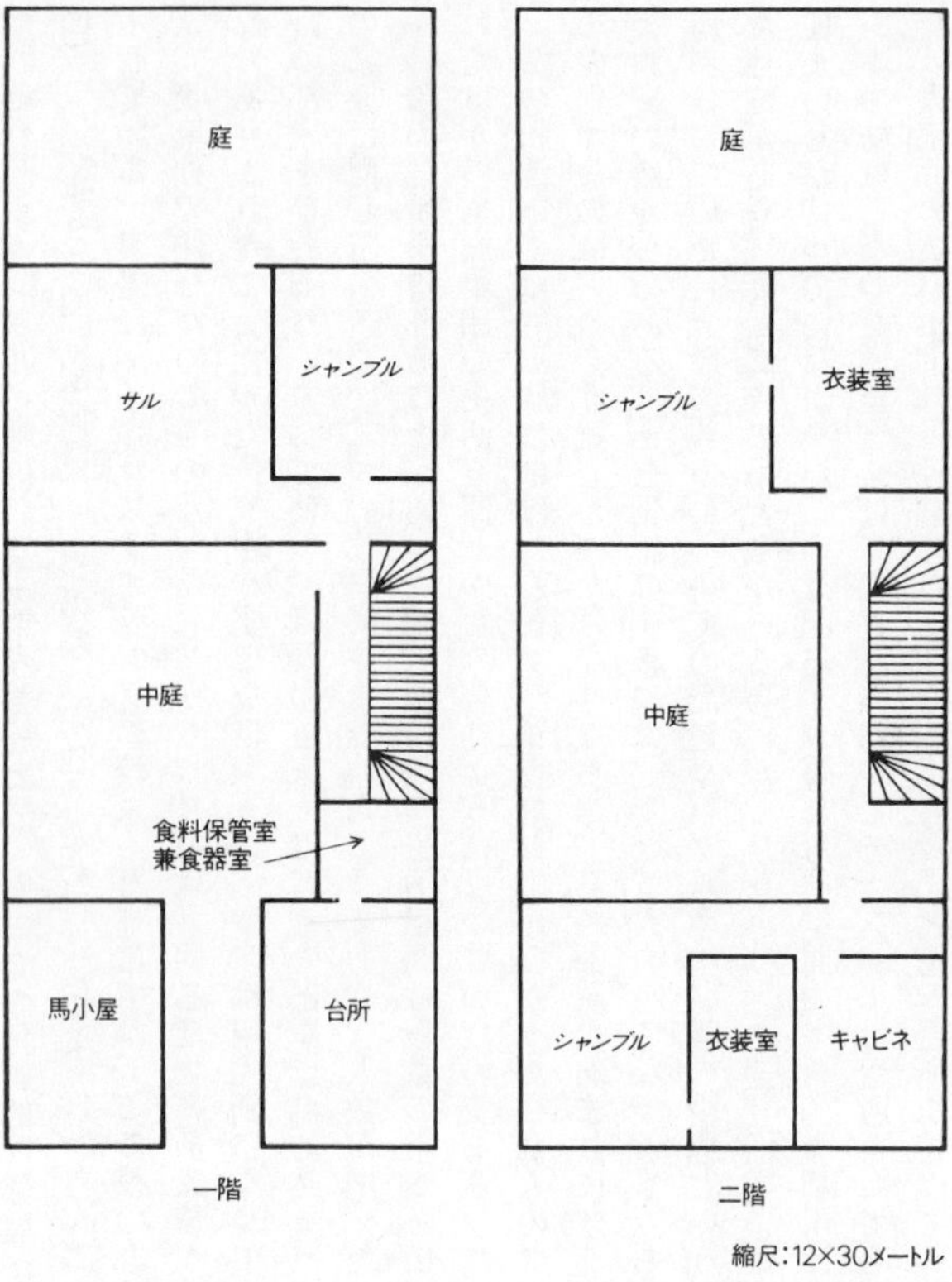

［第6図］ Le Muet（1623）の平面図によるパリの二階建ての私邸．このような邸宅は単独の所有者のために作られたが，実際には所有者が一階を占め，二階は貧しい人に貸すことが多かった．彼らは台所なしで何とか暮らさなければならなかったのだ．衣装室は子どもや召使の寝室として使用される場合もあった．Jean-Pierre Babelon, *Demeures Parisiennes sous Henri IV et Louis XIII*（Paris: Le Temps, 1965），p. 104 の図をもとにした．

複数の部屋を占めていた家主だけだったので、人々は煙突のあるチェンバーの暖炉で料理をしたのである。チェンバーはそれ以外の用途にも使われた。家族のメンバーや客は、そこで座ったり、食べたり、親しく交わったりしたのだ。二階以上のそれぞれの階には、いま述べたようなチェンバーと、一つか二つの小さな部屋があった。もし二つある場合には、一つはギャルド・ローブであり、もう一つはキャビネであった。ギャルド・ローブには食器棚やたんすが置かれていたが、暖炉が付いて召使や小さな子どもたちのための寝室として使われることもあった。キャビネは物置として使用された小さな部屋であったが、たとえそれが日の光が差し込まない場所にあっても、客が多いときにはベッドが置かれることがあった(24)。

われわれは、イングランドの町とパリの中産階級の家を概観してきたが、ここでフィレンツェに目を転じる必要がある。なぜなら、プライヴェートな住居が早い時期に開花し、一四〇〇年までに都市の風景の顕著な特徴となったのは、まさにここだったからである。また、プライヴェートな家族生活が早く発達したのもこの都市だった。もっとも、家族生活が西ヨーロッパのほかの地域で重要性を獲得しはじめたおよそ二百年後に、それは結局衰退してしまったのであるが。リチャード・ゴールドスウェイトによって語られるこの歴史は、われわれにとって興味深い関係、すなわち分節化された空間と場所のアイデンティティとの関係や、プライヴァシーと自意識との関係について見事に例証している(25)。

中世後期には、フィレンツェの指導者階級の家族はまだ、まわりに職人や商人が店を構える中庭を見下ろす、壁で仕切られた家と要塞化された塔が組み合わさった防衛用の住宅群に集団で住んでいた（**第7図**）。これらの住宅群のそとには、個人的に所有されていた建物（パラッツォ）があった。これも、住宅群の中の建物同様に、用途別の部屋割や建築的なアイデンティティを欠いていた。公的な世界と私的な世界は自由に浸透し合っていた。街路と同じ高さにある店は、現代のパラッツォのように直接階段によって居住用のアパートにつながっていた。たとえ貴族の私邸であっても、建物全体を占めてはいなかったようである。「大金持ちだったメッセル・パリオ・ディ・バクチョ・ヴェトリ（一三三二年―一三七七年）が、自分の家の現状を日記に詳しく書き上げたとき、彼はそれが構造的に隣の家と全くごちゃごちゃであることを見いだしたのだ。壁は共有され、ロッジア［涼み廊下］も一緒であり、床が家の境界だったのである[26]」。

十四世紀の後半までに、貴族たちはごちゃまぜの建築を捨て始め、自分の住宅に記念建造物的なアイデンティティと明確さを求めて懸命になっていた。第一段階として、彼らは隣の家と審美的な観点から区別されるような個性的なファサード（正面）を作ろうとした。街路に面した複数の入口の代わりに、主要な入口が一つ作られた。店舗は次第に取り除かれた。十五世紀のフィレンツェの裕福な商人たちは、絹や羊毛製品のために倉庫や店舗を必要としていたが、しかし自分の家に商業活動用の部屋を作るよりは、どこかほかで金を

［第7図］　西暦1200—1300年のフィレンツェの塔状家屋．ここにみられる家屋はすべて一家族のものであり，中庭の周囲に一つの塔あるいは一棟の建物を形成するように寄せ集められている．外側のギャラリー［回廊］は敵の攻撃を防ぐために使われた．Leonardo Benevolo, *The History of the City*（London: Scolar Press, 1980），p. 438［レオナルド・ベネーヴォロ著，佐野敬彦・林寛治訳『図説都市の世界史』（相模書房，1983年）］による．

払って場所を借りる方を選んだのである。このような態度は、テューダー朝初期のイングランドの裕福な商人の態度と極めて対照的であった。彼らは王族にふさわしいほど豪壮な邸宅を建てることができたが、しかし街路に面した場所を店舗や借家として貸すことを当然のことと思っていたのだ。

ルネッサンス期のフィレンツェの貴族は、世間に対して熱心に富や権力や個性を見せびらかそうとしており、この目的は邸宅の様式や記念碑的性質によって達成されていた。そのいっぽうで、邸宅はまた世間を外に締め出すように設計されていた。家族の部屋は造景された中庭に面していたのである。家の内部から街路や公共の広場を見ることは、特別な努力を必要とした。なぜなら窓は壁の上の方にあったので、窓枠ごしに外を覗くためにははしごを登らなければならなかったからである。

ルネッサンス期のフィレンツェの銀行家や商人の邸宅は、街路から見たときには大きく高い印象を与えたが、たいてい三階しかなく、一ダースかそこらの居住用の部屋があるだけだった。大邸宅には、小さな邸宅と比べれば広い部屋があったが、そうでない部屋も多かった。邸宅の設計を見ると、それは広大な土地に小さな家族が住むことを意図していたようである。そのような家族のメンバーには、所有者、その夫人、子どもたち、そして場合によっては、結婚していない親族が含まれていた。その家族は、少なくとももともとは触手のようにつながった一族ではなかった。父が息子のために邸宅を建てる場合でも、建物は適当な数の独立した部分に分けられた。ゴールドスウェイトが述べるように、「家のプライヴァシーとは、公的な生活からの引きこもりだけではなく、家族の直系のメンバーではない大多数の親族たちから離れるということも意味していたのである」。召使たちも邪魔になることはなかった。なぜなら大きな家に住む裕福な家庭であっても、召使は二人か三人しか雇わなかったと思われるからである(27)。

残念なことに、このような家庭の生活について知られていることはほとんどない。しかしながら、プライヴァシーや内密さを追求していくという傾向は推測することができる。十五世紀までに部屋は、家庭内の特定の機能を担い始め、家族のメンバーひとりひとりのための空間として認識されるようになった。ルネッサンス文化において、女性と子どもが注目されるようになったのだ。女性の地位は向上し、両親は子どもを育てる正しいやり方や、きちんと教育するための正しい方法に次第に関心を示すようになったのである。この時期の美術作品を見ると、家庭生活や、子どもらしさや、女らしさを理想化する傾向が明らかである。価値という観点で言うならば、私的な価値の重要性は公的な価値に匹敵するようになったのだ。個性は、男性の特質としてだけではなく、女性や、さらには子どもの特質としても認識されたのである(28)。

しかしながら、中産階級的な生活様式のこのような急速な発展は長続きしなかった。それはフィレンツェでは十六世紀後半頃に色あせ始めたのだ。ルネッサンス期の家は、バロック期のもっと貴族的な家庭の要求を満たすように変化した。居住用の部屋と公的なチェンバーが、この新しい時代の豪華な生活の要求を満たすために付け加えられたのである。

われわれはここまで、近代以前のヨーロッパ社会において、下層および中流階級がプライヴァシーを確保したり一人になることができる可能性を調べてきたが、ここで最初の主題であった支配階級に戻ってみよう。指導者や領主は、相互依存の関係を保ちつつ伝統的に領民の間を移動し、その中で生活していた。権力と特権は人目に触れることを必要としていたのだ。領主は、自分の特権や効力を維持するために、人から見られなければならなかったのである。商人と異なり、彼は個人的に自分とほとんど共通性を持たないような人々の輪からも自由に引き下がることはできなかった。しかしすでに述べたように、サクソン族が侵入した時代であっても、引きこもりたいという欲望は存在していた。そして、決して容易な道ではなかったようであるが、引きこもりを可能にするために住居は大きくなり、部屋の数は多くなったのである。最初に見捨てられた部屋は広間だった。イングランドでは十四世紀の後半以降、特別な機会を除いて高貴な人はもはやそこで食事をしなかったのだ。一五〇〇年までに、王の宮殿と私邸の両方で、広間は下層の召使の食堂となっていた。君主や貴族たち自身は階上に移動し、グレート・チェンバーで、彼らの地位に近い人々に囲まれ、私的にではなく、儀式的に食事をしていたのである。

しかしグレート・チェンバーは全盛期の広間と同様、特殊な用途を担ってはいなかった。遅くとも一五〇〇年までには、寝台がその中の主要な場所を占めていたようである。またグレート・チェンバーでの食事は十六世紀後期にはごく普通になっていたので、そこはときどきダイニング・チェンバーと呼ばれた。そのいっぽうで、そこは音楽や、ダンスや、カードゲームや、家族の礼拝や、芝居や仮面劇の上演にも使用されることがあったのだ。グレート・チェンバーは明らかに、ヘンリー八世やその時代のほかの有力者たちが心の平和を見いだせるような場所ではなかった。私生活のために、彼らは自分たちの屋敷で、一続きの部屋の軸に沿って引きこもらなければならなかった。それらの部屋は、奥へ進むにつれてどんどん排他的になり、より内密な生活の可能性を提供していたのだ（**第8図**）。エリザベス朝やジェームズ一世時代のイングランドでは、ウイズドローイング［退出用］・チェンバーがグレート・チェンバーの背後にあった。それは家族が私的に食事をしたり、座ったり、客を接待する部屋だった。個人的な召使は夜にそこで寝たようである。ウイズドローイング・チェンバーの奥はベッド・チェンバーだった。ここでついに住人は、外部の侵入から解放された。ただし従者や個人的な女中は依然、自分たちが受け持つ必要不可欠な仕事のおかげで、そこに近づくことができた。最後に、家の中で真に私的な部屋であるクロゼット［私室］があった。一五〇〇年までに、そこは主に、私的な礼拝と私的な勉強や仕事のための場所として使われていた。シェイクスピアが描いたように、ハムレット

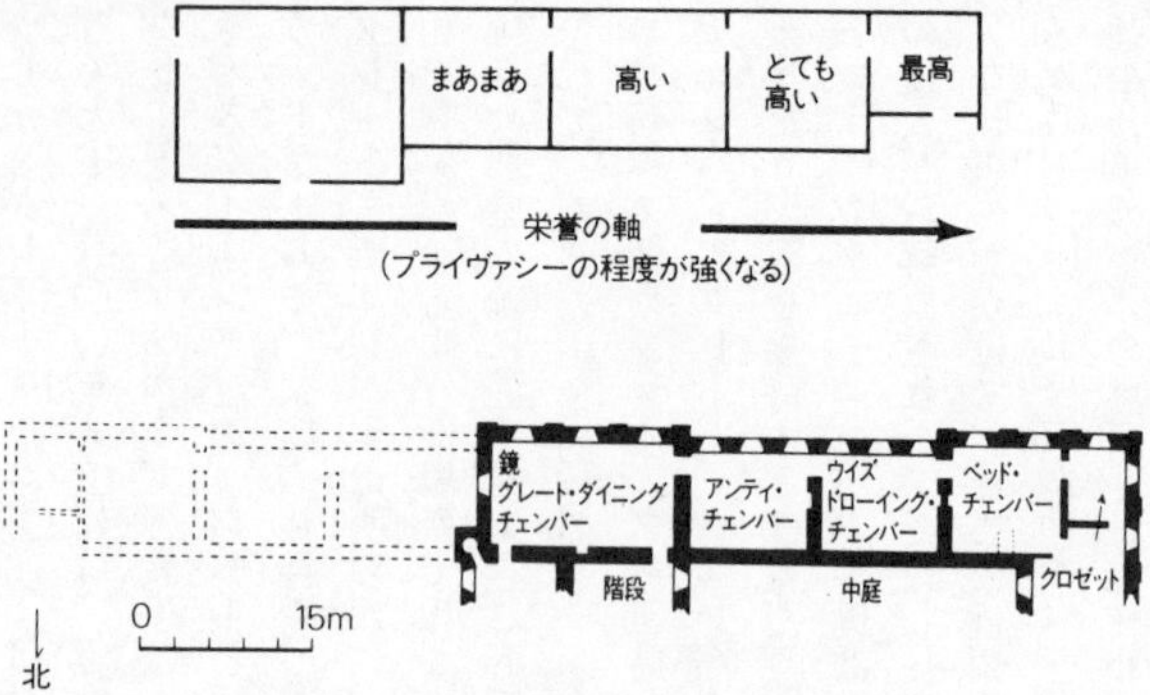

［第8図］ 定型的な家屋における栄誉の軸．下の図は，公式の儀式用邸宅である，ダービーシャーのチャッツワース邸（1687－1688年）の三階南側を示す．Mark Girouard, *Life in the English Country House*（New Haven: Yale University Press, 1978）の p. 144 と p. 145 による．

が無礼にもオフェリアのクロゼットに侵入してきたとき、彼女が危険を感じたのはもっともなことだったのだ。またガートルード女王が自分のクロゼットでハムレットと話をすることを望んだとき、彼女は自分たちが二人きりになるだろうということを伝えようとしていたのである。クロゼットのプライヴァシーは、エリザベス朝の人々にとって贅沢なものだった。そこは、男女の個性が表現を見いだすことのできるたった一つの場所だったのだ。クロゼットからかび臭さを取り除くために香炉で香が焚かれたが、それはまた、特別な香りを選ぶことで個性を示すためでもあったのである。

イングランドとフランスの家屋建築

は、広間（ホールとサル）と寝室（チェンバーとシャンブル）からなる基本的なシステムによってその歴史が始まった。しかし、その後の発展は、二つの国でかなり異なったものになっている。フランスでの変化は、プライヴァシーへの関心が比較的低かったことを示している。中世末期にイングランドで起こったように、サルを召使へ明け渡すことはなかったのだ。その代わりに、召使が引き下がった。すなわち（少なくとも地位の低い従者は）そこで食べたり寝たりする権利を失ったのである。そのいっぽうで、十七世紀に入ってかなり経つまで、サルは依然としてあらゆる人々に開かれた騒がしい場所だった。フィリップ・アリエスが指摘したように、一六〇〇年以前のヨーロッパ社会には、中流および上流階級のメンバーが集まって打ち解けた付き合いをしたり仕事をしたりするような、居酒屋や隠れ場所がなかったのである。当時はカフェもパブも存在しなかったのだ。居酒屋は込み合い、いやな臭いがし、労働者やみすぼらしい風来坊で一杯だった。必然的に大きな屋敷の広間が、イングランドよりもフランスのほうがそうであったが、集合という目的にたいするこのような要求を満たしていたのである。

混雑や外の世界への開放性は、大邸宅に普通の特徴だった。一五〇〇年から一七〇〇年にかけての時代、パリの小貴族には二五人余りの人々と一緒に住んでいる者もいたのだ。その中には、自分の家族、従者、牧師、事務員、召使、小売商人、徒弟などが含まれていた。ルイ十四世の治世に、ある独身のシニャール［封建君主］が牧師を含む三七人の召使に取り巻かれていたという記録がある。この居住人口に加えて、大邸宅にはほとんどひっきりなしに客が訪れていた。人々は二四時間やってきて、日常の家事を中断させたのである。しかし、ドアを通される人はほとんどいなかった[29]。フランスの王もまた、イギリスの王と比べてより公的な生活を送っていた。外国人はしばしば気楽に意見を述べ、下層階級の人々もフランスの王宮に入ることができたのだ。王が寝室を後にした途端、見物者は群がってその内部に入り込んだ。アンリ三世のようにたいへん内気で堅苦しい王でさえ、公衆の面前で食事をする時、王に声をかけたがっている人から誰彼なく話しかけられたのである。ルイ十四世もこの習慣を守り、できるかぎり人目に触れるようにしていた。彼がヴェルサイユで衆人環視のなか食事をする時には、遠くはパリからやって来た見物人たちがなだれ込み、王室の食事風景にぽかんと見とれたのである[30]。

フランスの邸宅では、サルの背後に、アンティ・シャンブルおよびシャンブルと呼ばれる二つの部屋が延びていた（**第9図**）。用途別にしようとするイギリスの傾向とは異なり、十七世紀の中頃までフランスのシャンブルは基本的に居間を兼ねたままだった。そこは眠り、私的な食事をするために使われたが、同時に選りすぐりの客のための応接間でもあったのだ。アンティ・シャンブルは、寝室に入れてもらおうとする客の待合室に用いられた。したがってそこには、イギリスの私的な部屋に見られるような個人的な特徴が欠けていた。いっぽう、イギリス人が寝室の背後にクロゼットを持ったのと同様に、フランス人もキャ

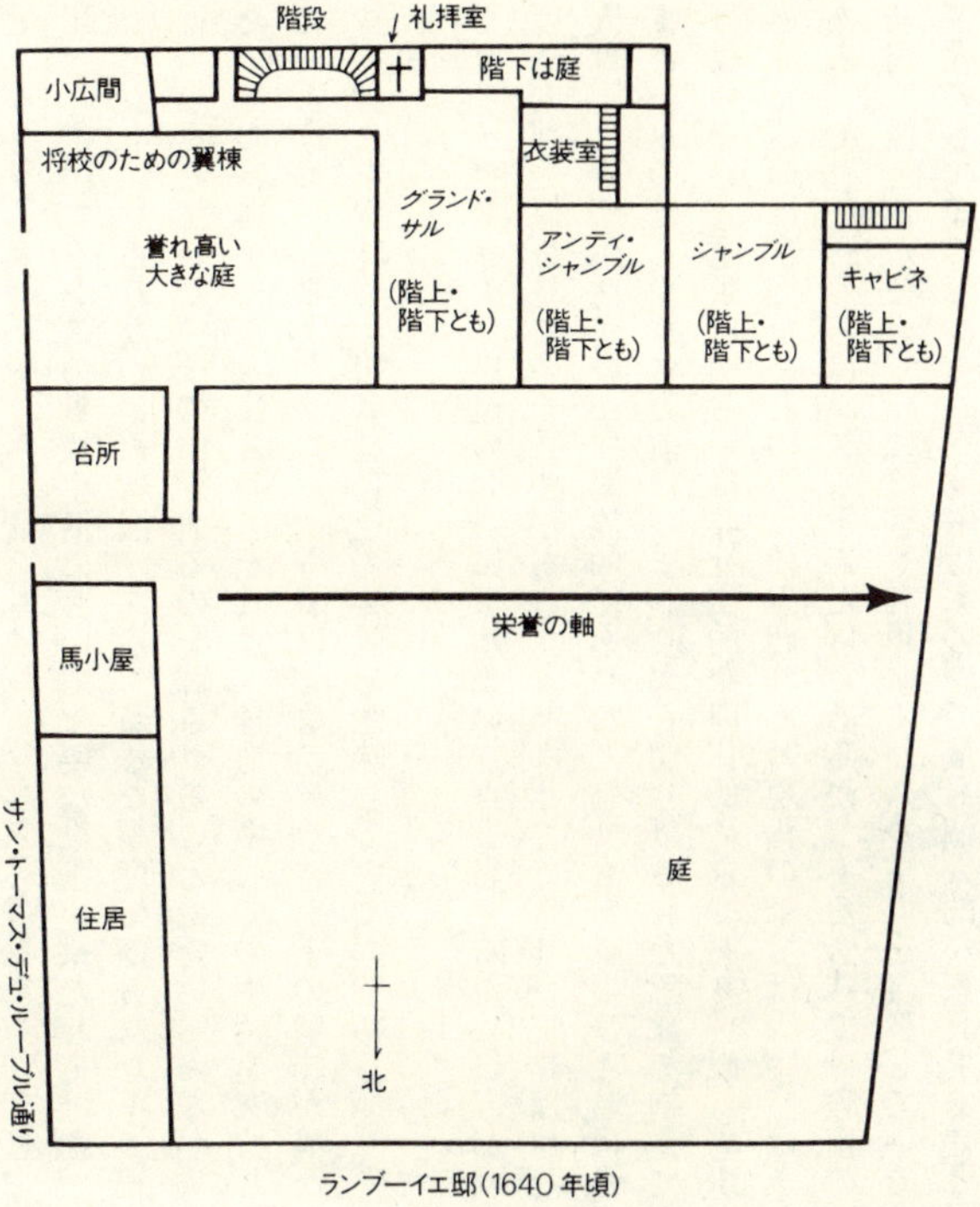

[第9図]　ランブーイエ邸の，誉れ高い大きな庭から，*グランド・サル*，*アンティ・シャンブル*［控えの間］，*シャンブル*を経て，キャビネ［私室］に至る栄誉の軸．ランブーイエやランバートの大邸宅では，階下の一続きの部屋は主人のためのものであり，階上の一続きは女主人のためのものであった．Jean-Pierre Babelon, *Demeures Parisiennes sous Henri IV et Louis XIII*（Paris: Le Temps, 1965），p. 185 の図をもとにした．

ビネ［私室］を持っていた。キャビネは、フランスの邸宅や住宅における唯一の私的な部屋として、フランスの貴族生活において重要な役割を果たしていた。これはイギリスのクロゼットに見られなかった特徴である。豪華な調度で飾られたキャビネは、真の偉大さと権力を示していた。その中へ入るのを許されることはたいへんな名誉と考えられていたのだ。その特典を得た人にとってそれは、権力の中心での生活を楽しむ機会だったのである。このようにキャビネとクロゼットでは、プライヴァシーの意味が異なっていた。前者は特権の独占を意味し、後者は自己の秘匿を意味していたのである。(31)

プライヴァシーと自己の問題により鋭い焦点を当てるために、われわれは生活空間の調度や内部配置を見ていく必要がある。人々はどこで眠り、寝具は何だったのだろうか？　人は、日中の生活がいかに開放的であったとしても、夜のひと時は世界から引きこもり、まどろみでぼんやりする前に、まわりから切り離された意識を抱えてひとりにならなければならない。睡眠は明らかに非社交的な肉体的欲求であり、眠る場所が私的なものであると考えるのは自然なことのように思われる。現代の家では、寝室はきわめて私的な場所である。それに勝るのはバスルームだけであるが、ある意味では寝室のプライヴァシーは、結局家族全員が使い、時には客も利用するバスルームを凌駕しているのだ。寝室は夫婦か個人のものなのである。ベッドは家の中で最も個人的な家具であると言ってもよいであろう。

他人と寝室を共にするのは、現代人にとって気分の悪いことである。しかし昔の人々は、高貴な人であっても卑しい人であっても、睡眠に別々の部屋が必要であるとは感じていなかった。中世をさかのぼればさかのぼるほど、人々が個別には寝ていなかったことがわかる（**第10図**）。十二世紀の領主の邸宅では従者や召使は、広間や台所や貯蔵室で——実際には、比較的乾いていて暖かく快適な場所ならどこででも——寝たのだ。領主とその家族は、そしておそらく地位の高い客も、階上のチェンバーを占めていた。しかしそこにも個人的なプライヴァシーはほとんどなかった。なぜなら、その部屋は睡眠以外の目的にも使われたからであり、また数人が同じ部屋や、さらには同じベッドで寝ることが習慣だったからである。[32]

十三世紀フランスのある話は、貴族の若い女性の親戚たちとその待女たちが同じ部屋で一緒に寝ていた寝室の情景を描写している。若い女性の一人は内気であり、明かりが消えるまでシュミーズを脱ぎたがらなかった。そこで彼女と同じベッドに寝ていた貴族の娘が、蠟燭を吹き消したのである。[33] 十六、十七世紀には、同性のメンバーが一つのベッドを共用するのは珍しいことではなかった。ミケランジェロ（一四七五—一五六四年）は彼の職工たちと、一つのベッドに四人で寝ていた。また植民地時代のニューイングランドでは、プリマスのジョン・コットン師が、彼のいとこであったコットン・マザーに「先日ベッドの中

［第 10 図］ 十五世紀の宿屋の外観と内部．寝室の様子から，同じ部屋に多くの人が泊まる習慣だけでなく，全裸で寝る習慣もあったことが明らかである．Thomas Wright, *The Homes of Other Days* (London: Trübner and Co., 1871), p. 345 より．

で御親切にも楽しませてくれたことに感謝致します」と書いているのだ。[34] 個人的な召使は、主人や女主人と同じ部屋に寝ていた。主人のベッドの下に折りたたんだり丸めたりできるコット［簡易ベッド］が、このために用いられた。ルイ十四世は、一二歳の若い男性であるにもかかわらず、寝室を乳母と共有していた。威厳に満ちた中年になってからも、太陽王は、毎朝八時十五分に王を起こすことが仕事である第一従者と寝室を共有していたのである。[35]

十七世紀の終わりまで、相互につながった部屋はプライヴァシーの確保を不可能か、あるいはそうでない場合でも困難なものにしていた。アリエスは、「他の部屋へ行くのに、何組かの夫婦や一群の少年少女たち（主人のそば近くで眠らなければならなかった一部の召使を含め、召使たちを数に入れないで）が休んでいる部屋を通り抜けなければならない間取りになっていて、食事をとり、友人や客をもてなし、時には乞食に施し物を配るために人々が集まる、一人きりになれないこうした部屋の[36]」混住状態を想像してみなさいと書いている。このかなり混沌とした情景は、いくらか和らげないとイングランドの貴族生活の現実には当てはまらない。イギリス人はより大きなプライヴァシーを求めており、それが、部屋の数を増やし、その用途を制限したことにはっきり示されていたのだ。しかしそれにもかかわらず十七世紀の後半には、イギリス人のやり方はフランス人に近づいた。チャールズ二世が、亡命先から帰国した際に範を示して大陸の特定の習慣を採用したのだ。

その習慣には、居住空間をもっと開放的かつ無差別に利用することが含まれていたのである。

大西洋の彼方、ニューイングランドの初期の植民者は大きな家を建てる資材を欠いていた。しかし彼らは、複数の部屋をもつ住居に住むという伝統を引き継いでいた。新大陸への移民の多くは、イースト・アングリア［グレートブリテン島南東部］や南東部の州の出身であり、そこでは一六四〇年にはすでに農業労働者でさえ最低三部屋ある小屋に住んでいたのである。植民地時代初期のニューイングランドの平均的な家には、おそらく部屋が四つあったと思われる。家族は大きいことが多く、彼らと一緒に住む召使や農場労働者や徒弟がいる家は極めて少なかった。清教徒たちは、家族の結び付きを尊重していたのだ。家庭生活は完全に共同体的なものだったのである。しかしそれにもかかわらず、大きな部屋を分割することが次第に普通になっていった。仕切りはしっかりした壁の場合もあれば、梁から吊り下げることができる毛布のような一時的な仕掛けの場合もあった。だがいずれにせよ、植民地様式の住宅は、視覚的・聴覚的なプライヴァシーを欠いていた。木製の仕切りは、床も壁も一枚板の厚さしかないことが多かった。音は、無数の節穴や割れ目から容易に漏れたし、それらは好奇心の強い人用の覗き穴にもなったのだ。デヴィッド・フラハティは、客間や本来の寝室である階上のチェンバーから、共同寝室として用いられた屋根裏部屋にいたるまで、家のあちこちにベッドが置かれた状態について述べている。「両親が客間の最上のベッドに寝ているいっぽうで、召使や子どもたちは時折、暖炉の前の藁布団や動物の革の上で一緒に寝たのである」[37]。十八世紀の大きな家に廊下が作られるまで、人はあいだにある部屋を通り抜けることなしにある場所からほかの場所へ移動することができなかった。このような理由で、「セイレム〔マサチューセッツ州北東部の港市〕にあったニコラス・マニングの家で一六八〇年に、夫人が留守をしているときに三人の召使の少女が次のような経験をしたのである。ある朝早く彼女たちが階下に降り、台所へ行くために主人の寝室を通り抜けたとき、彼が妹と一緒にベッドにいるところを見てしまったのだ」[38]。

数世紀かけてベッド自体も変化し、次第にプライヴァシーが確保できるようになった。サクソン族が侵入してきた時代には、それは長いすや板の上に置くことのできた藁の詰まった単なる袋だった。しかしながら、地位のある人々はベッドのための特別な枠組みや場所を持っていた。それが「ベッドステッド〔寝台の骨組み〕」という言葉で意味されるものである。十二世紀までに、天蓋付きベッドが出現した。天蓋とは、天井から吊り下げられるか壁から突き出されたひさしのことである。その下にベッドの頭部が収まったのである。十五世紀の前半までに天蓋のひさしの部分はベッドと同じ長さになった。天蓋のまわりにあるカーテンを引くと、ベッドは囲い込まれ快適な個人的空間となった。四柱式のベッドステッドが十六世紀に出現し、続く百年間で贅沢な小寝室へと発展した[39]。四柱式ベッドは当時の最も重要な家具であり、遺書や証書に特別に記入されるほど高価な財産だった。天蓋付きベッドと異なり、四柱式ベッドは独立したユニットだった。それは寝室のどこにでも置くことができ、そこでカーテンが引かれると内部は一転して私的な世界になった（第11図）。十七世紀フランスの寝室は、居住者が多かれ少なかれ自由に通り抜け、またさまざまな活動が行なわれるほとんど公共の場所だった。その内部にはこれら四柱式ベッドが並び、分離された私的領域を作り出していたのだ。寝室内で人々が食事をしたりおしゃべりをしているとき、カーテンで囲われた内部では夫婦が眠ったり愛しあったりしていることがあったのである。(40)

椅子や座席配置の発展もまた、自己が強く意識されるようになったこと、およびプライヴァシーや快適さが評価されるようになったことに対する一連の証拠を示している。中世の広間の調度はかなり貧弱だった。公共の広場にいるように、人々は座らずにぼんやり立っていたり、おしゃべりや挨拶や仕事をするために歩き回っていたのだ。夕食時には、テーブルが準備され、ベンチや椅子が運び込まれた。これらは食事が終わると取り除かれ片付けられた。ベンチはもっともありふれた種類の椅子であった。人々は食卓のベンチや、寝室兼用の居間で普通ベッドの足元に置かれていたベンチを共用したのだ。「フランス、カロリング朝のロマンス［物語］では」とトーマス・ライトは書いている。「十二世紀の社会を描いていると考えられるような初期のものを見ると、王や大貴族でさえたいていべ

A.

B.

［第 11 図］（A）宙吊りの天蓋が付いた十五世紀の寝台．天蓋がどのように天井から吊り下げられているかに注意．Elizabeth Burton, *The Early Tudors at Home*（London: Allen Lane, 1976），p. 124 より．（B）壮麗な様式の四柱式寝台．1680 年頃．Elizabeth Burton, *The Pageant of Stuart England*（New York: Charles Scribner's, 1962），p. 119 より．イラストはフェリックス・ケリーによる．

ンチに座っていた。たとえばボルドーのユアンのロマンスで、シャルルマーニュは、自分を訪ねて宮殿にやってきた若い族長であるユアンに対し、ベンチに座って自分のワインを飲むように勧めているのだ」[41]。

高い背もたれとひじ掛けがついたベンチは、アングロサクソンの言葉で「セトル」と呼ばれた。古い版画をみると、セトルには父と母と子、あるいは熱心に議論している一群の修道士が座っている場合が多い（**第12図**）。椅子はノルマン時代には「貴人の椅子」であり、身分の高い人々のものであった。豪華な布で飾られたそれには、玉座の雰囲気が備わっていたのだ。エリザベス朝の住まいにおいても、椅子はまだ栄誉ある座であり、主人や、女主人や、著名な人物のためのものであった。座る場所は、十四世紀の終わり頃に当時の家屋の特徴になり始めていた張り出し窓のそばが普通だった。張り出し窓のそばのベンチは、騒がしく混雑したグレート・チェンバーの中の静かなアルコーヴ［小部屋］だったのだ。そこで人々は休んだり内密の会話を交わすことができたのである[42]。衣類や家庭用品の入れ物であったチェスト［収納箱］もまた、家中で座席として利用された。エリザベス一世の治世には、クッションがそこら中――チェストや窓のベンチや床の上――に置かれたので、表面が硬い所でも何とか快適に座ったり、しゃがんだり、もたれたりすることができた。ときには、女王自身が控えの間の床に置かれたクッションに座り、彼女が呼び寄せたさまざまな人々と話し合ったりしたのだ。もっとも彼らは女王の前ではつねにひざまず

［第 12 図］（A）二人の人物が座る十二世紀の椅子．（B）ノルマン征服時代のイギリスの長椅子に座って会話をしているグループ．（C）十四世紀の長椅子に座る家族．（D）十四世紀の分割された椅子．Thomas Wright, *The Homes of Other Days*（London: Trübner and Co., 1871）の p. 108, p. 109, p. 380, p. 381 による．

いていなければならなかった(43)。女王が椅子に座ると、廷臣たちは詰め物の入っていない腰掛けに座ることが許されたのである。ジェームズ一世の時代でさえも、椅子は充分にはなかった(44)。しかしながら、十六世紀の中頃には、詰め物の入った椅子が出現した。そして数十年後には、窓際のベンチにも詰め物が入れられたのだ。ひとりひとりのための柔らかく快適な腰掛けの採用はかなりゆっくりとしたものだったが、ひとたび使われ始めるとそのプロセスは不可逆的に進行したのである。

家屋の物理的な特徴の変化は、社会や社会文化的価値の新しい趨勢を反映したものだった。社会組織の柱であった家族は、急速な変化を経験した。十四、十五世紀を通じて、家族と家庭という概念は、あらゆる意味において重なり合っていた。貴族の家庭は、主人、女主人、子どもたちから、最底辺の従者までを含んでいた。彼らは共に強い階層的なつながりを作り上げ、その結びつきは広間での共同の宴会に象徴されていた。君主制の組織が相対的に弱まった中世末期には、貴族たちは従者の大集団を維持しようとした。なぜならその規模の大小が権力の大小を意味したからである。しかしながらテューダー朝末期までに、大領主にとっての権力とは、多数の従者を養うことではなく宮廷での寵愛を意味するようになっていた。そのために貴族の家庭の規模が小さくなり始めた。家庭の性質もまた変化した。社会の上と下の階級が結合しているという昔の感覚は、上流階級の従者がいなくなり、下層階級の構成が変化することによって失われたのだ。十七世紀には、従者は古い名門の家からではなく、商人や牧師や将校の息子――中流階級の若者――の中から選ばれるようになった。労働者階級出身の女性も、テューダー朝以降次第に女中として働きに来るようになった。このようにして、指揮官と部下の間にみられた古くからの戦士の結びつきはついに崩壊したのである。召使は、身のまわりの世話をする従者と個人的な女中を除いて、家族の視野と意識からどんどん遠ざけられていった。家族という言葉はいまや血のつながりだけを意味するようになったのである。

家屋の空間的な構造は、社会のこれらの変化に適応していた。十六世紀末期には、まずフランスで、次にイギリスで、建築家が家事用に裏階段と地下室を取り入れた。召使は、日中暗い地下室で働いたあと、陰鬱な屋根裏部屋の寝床にたどり着くために暗い裏階段をいくつか登らなければならなくなったのだ[45]。このように分離された配置は、家族にとって好都合だった。携帯用の便器（シェイズ・ペルセ）が広く使われた一五〇〇年から一七〇〇年までの間、表の階段を登る紳士や淑女は上から運ばれてくる前の晩の排泄物と出会う恐れがあったからである。十八世紀の終わり頃、新しい流行によって家の主要な部屋は地面と同じ高さになり、自然すなわち庭に対して開放的になった。主要な部屋が地面の高さまで降りてきたために、マーク・ジルアードによれば、「その下の召使の部屋はさらに地下へと追いやられた。十八世紀の終わりまでに、それらはあまりに深く沈められたために、家の周囲に穴や空堀を掘って光を入れなければならなくなった。その堀が今度は、景観から主要な部屋を孤立させたのである」[46]。

十八世紀のもうひとつの新機軸は召使にとってもっと喜ばしいものであったが、しかしそれによって彼らと雇い主との距離がこれまで以上に遠くなる傾向があった。その新機軸とは、家族のメンバーがひもを引けば家のどこからでも自分たちの従者や女中を呼び出せる、ベルのシステムだった。このような仕組みのおかげで、召使は地下室から、地上にある自分たち専用の独立した翼棟に移動することができたのだ。十九世紀までに、二つのタイプの大邸宅が西ヨーロッパ全域にみられるようになった。いっぽうのタイプは垂直的な構造を示し、家族の領域を挟むように上と下に召使の部屋があった。もうひとつはどちらかというと農村に普通にみられたものであり、水平に広がった二つの翼棟からなっていた。これら二つの翼棟の居住者同士の付き合いは、最低限度のものだった。十七世紀には召使たちは主人や女主人と冗談を言うこともあり、ルイ十四世はヴェルサイユの廊下で出会うすべての雑役婦に対して丁重に帽子を脱いだのに対して、十九世紀には掃除のために家族の翼棟に入る召使は雇い主に見られないようにしなければならなかったのだ。複雑に組み合わされた裏の階段や廊下が、このような芸当を可能にしたのである[47]。

中世末期にみられた、公共的な広間からの退出や社会的な付き合いの範囲の制限は、当初は個人のプライヴァシーはもちろん家族のプライヴァシーさえ意味していなかった。生活の大部分はグレート・チェンバー〔主寝室〕やパーラー〔客間〕やロング・ギャラリー〔長い歩廊〕において、依然として集団の中で営まれていたのだ。ロング・ギャラリーは一五五〇年代の建築に新しく出現したものであり、初期の広間の機能をいくらか受け継いでいた。(48) それは基本的には家の異なった部分を結びつける屋根付きの通路であったが、隣人をもてなしたり、ダンスをしたり、音楽を演奏したり、天気が悪い時には歩いたりといったいろいろな用途のための広い部屋として使われたのである。そこでは、いつでもさまざまな活動が行なわれていたようである。ある場所では子どもたちが九柱戯や目隠し鬼で遊び、若者たちは互いにいちゃつき、年配の人々は司祭や従者が聖書あるいはもっとおもしろい文学作品の一部を朗読するのを聞きながら運動のために歩いていた。また別の場所には、重要な訪問客と軽いあるいは真剣な会話を交わすことに忙しい人々がいた。家の主人が、客とぶらぶら歩きながら、窓を通して見える我が家の壮麗さを事細かに指し示すこともあっただろう(49)(**第13図**)。

この光景は、祭りの騒々しさと儀式が混ざり合った中世の広間のそれとはかなり違っていた。ロング・ギャラリーでは多くの社交的活動が行なわれたが、しかしそれは同じ階級の人々の間で行なわれたのだ。貴族にとって、いろいろな人の寄せ集めだった封建時代の大家族における忠誠という理念の代わりに、家族のきずなや近親者との親密さが次第に重要になったのである。われわれは既にルネッサンス期のフィレンツェにおける家族のプラ

［第 13 図］　ダービーシャーのハッドンホールにおけるロング・ギャラリー［長い歩廊］のさまざまな使われ方．1600 年頃．Christina Hole, *English Home-Life 1500－1800*（London: B. T. Batsford. 1947），p. 10 の反対側のページに引用されたジョセフ・ナッシュのリトグラフ．

イヴァシーの出現について見てきた。上層中流階級におけるその発達は時期が早すぎたため、フィレンツェの外には広がらなかったし、一六〇〇年過ぎまでもたなかった。それと対照的に、十六世紀末期までに西ヨーロッパにおいて明白となり貴族の間でさえ見られるようになった家族集団への引きこもりの傾向は、空間的・時間的な広がりをもつ社会的な趨勢として始まったのである。

この趨勢の証拠として、エリザベス朝とステュアート朝初期の家屋における注目すべき新しい特徴——家族の肖像画——について述べてみよう。[50]この時期から大陸でもイングランドでも、広間や食堂が家族とその個々のメンバーの肖像画で飾られ始めたのだ。これらの肖像画は家系だけではなく、個人的な特徴や業績に対する誇りも示していた。また、家庭生活を描いた版画や絵画は、一五〇〇年以前はまれであったが、十七世紀にはありふれたものになったのである。この家庭生活や私生活に対する新しい関心の一部として、子どもが道徳家や教育者や親の大きな注意を引くようになった。おとなは、子どもが単なる小さなおとなではなく、独自の感じ方や見方や考え方、そして独自の欲求をもつという事実に対して、次第に敏感になったのだ。実際には、この新しい意識がすぐに、子どもとあらゆるおとなとの接触の減少という結果に結び付いたわけではない。貴族の家庭の子どもは相変わらず乳母や召使たちとごちゃ混ぜの状態で暮らしており、そのために卑猥な話や、性的なからかいや、虐待にさらされていたのだ。しかし十八世紀になると、子どもへの態度は次第に道徳主義によって彩られるようになった。教育者と親は子どもの無邪気さや親子関係の特別な純粋さを強調し始めたのである。これらの傷つきやすい性質は社会から十分に守る必要があると考えられた[51]。責任ある人々は、子どものために新しい種類の道徳と物理的な環境が作られなければならないと信じたのだ。一八〇〇年以前は、子どもたちは普通、女中が使っていた部屋と同じ種類の最上階の部屋に入れられていた。十九世紀の間に大きな家では、親の部屋の近くに位置する、特別に子ども用の家具が備えられた部屋が好まれるようになったのである[52]。

およそ三百年前に始まった内面化は、家族の親密さや、室内風景や、詰め物の入った椅子の快適さへの引きこもりによって特徴づけられるが、それとともに自己への引きこもりや自意識の強まりによっても特徴づけられる。壁掛けの鏡は十七世紀の終わり頃普及し始めた。十八世紀の初期には、勉強と内省のための静かな場所である図書室が、ますます多くのジェントリや貴族の家の特徴となっていた。もっとも、本そのものは（おそらく公共の目にさらすには余りに私的なものだったため）長い間ガラスの仕切りやカーテンの背後に隠されていたけれども。この時期に、読み書きのできる人々は文章に「私」を頻繁に使うようになった。また、「自己愛」「自己認識」「自己憐憫」「自我」「性格」「良心」「憂鬱」「当惑」といった言葉が、イギリスやフランスの文学に出現し、現代と同じ意味で使われるようになったのである。

一七〇〇年以前は、大都市の中流階級の家は狭かったために家具でぎっしりだったかもしれないが、宮殿や大邸宅では家具がまばらにしか置かれていなかった。しかしその後、大きな家でも家具や装飾品がどんどん増えた(53)(**第14図**)。必要性ではなく明らかに欲望によって生じた乱雑さは、十九世紀後半の中産階級の家で頂点に達した。オスカー・ワイルドはおぞましい「マダガスカル・ジャスミン、毛糸のクロスステッチの惨状、果てしない椅子の掛け布」にお手上げであった。エドモン・ド・ゴンクールはひとつの壁に「けばけばしく人目を引くあらゆる種類の物、金メッキの壺、日本の刺繡、りっぱな木の枝、さらには見る人を斬新さと異国情緒で驚かせる見知らぬ物(54)」があるのを見たのだ。快適さへの欲求と家の乱雑さは、心の仕組みについて医学の専門家のみならず教育のある素人も強い関心を示した時期に同時に出現した。そして精神分析家が、ほとんど予定されたように生まれたのである。「家の内部の調度［ファニチャー］は、心の内部の知識［ファニチャー］とともに現われたのだ」とジョン・ルカクスは述べている(55)。どちらの現象も内面への転向を意味していた。すなわち、個人の情緒的な生活に見られる複雑さが強く意識されるようになり、同時にそれを探求しようという姿勢が生じたのである。

家とその内部を人間の身体と精神に対応させる傾向は、人間の心理に深く根差しているようである。はっきりとした観念としてのそれは、西暦二世紀の人であるアルテミドロス・ダリアヌスの夢判断において見いだされる。しかし、この結びつきに対するわれわれ

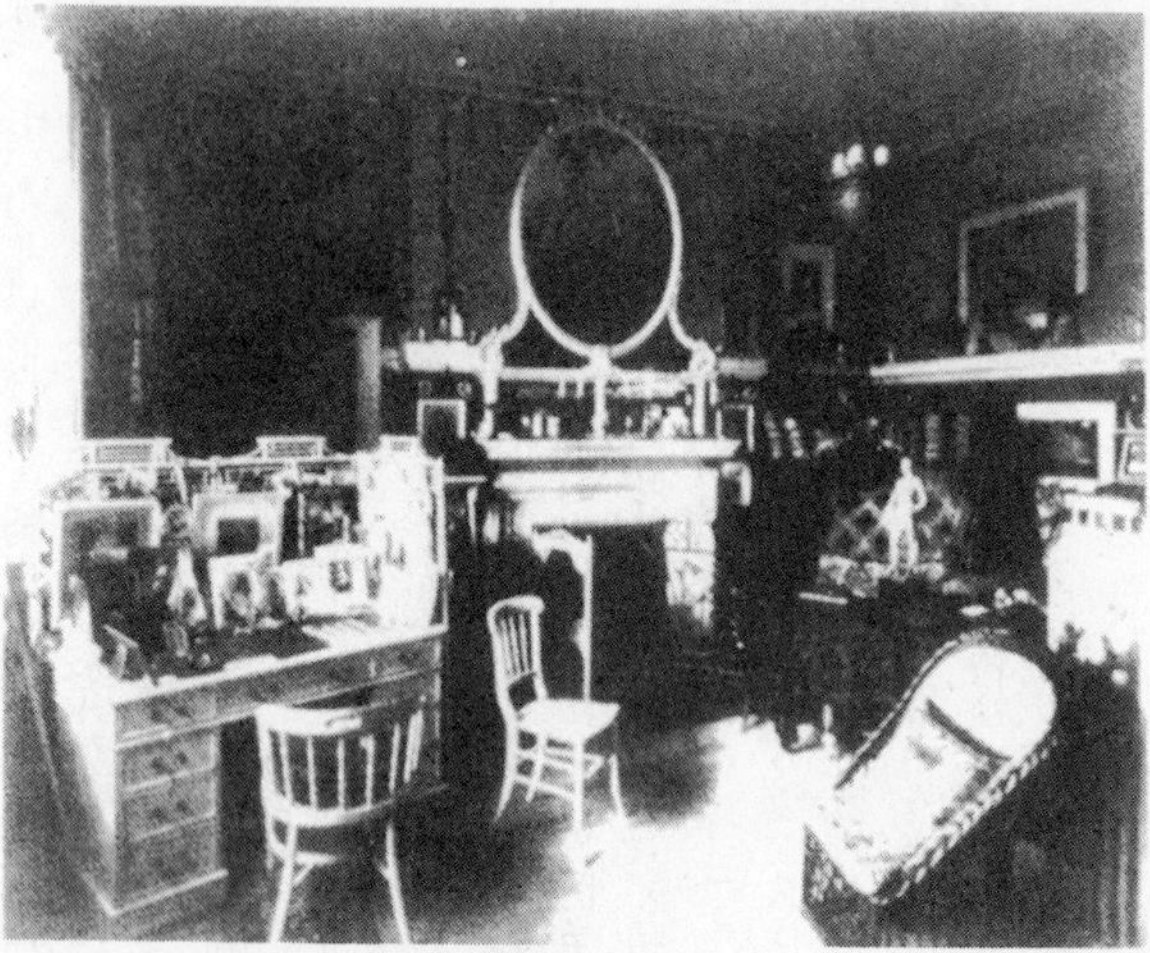

［第 14 図］　上流階級の家でも乱雑な状態は普通であった．サリー州リッチモンドパークのホワイトロッジ．1892 年のテック公爵夫人の私室．Mark Girouard, *Life in the English Country House* (New Haven: Yale University Press, 1978), p. 228 より．

自身の意識は、その遠い起源が何であれ、フロイトやユングのような近代の思索家の広く知られた著作に負うところがかなり大きい[56]。フロイトの人格の概念は中産階級の家の構造を基にしているように思われる。つまり、貯蔵室はイドであり、存在の暗黒の基盤、熱情を煽るかまどの場所である。居間はエゴ、すなわち公的・社会的自我である。屋根裏部屋はスーパーエゴであり、詩人や内向的な子どものための夢の場所なのである。それといくらか似たやり方で、ユングは自分の夢に出てきた典型的な中流階級の家の垂直断面を自分の心理の表現として取り上げ、家の階層を自分の意識の水準と見なしたのだ。フロイトはかなり計画的に、自分の家の診療室を子宮に見立てた。自己への引きこもりと自己の超克はどちらも乱雑な子宮のような部屋で可能だったのだ。フロイトのオフィスでは敷物が何枚も重ねられていた。「いくつかの敷物がテーブルを覆い、ある敷物はソファーの近くの壁に掛けられていた。そのソファーは別の敷物や、毛布や、クッションの下にあった。患者の足の位置にあたるソファーのいっぽうの端には、水を通す管のついたタイル製のストーヴがあり、湿り気を供給していた。頭の位置には、積み上げられた枕の後ろにあたる部屋の隅に、フロイトが座って患者の話を聞いた野暮ったい大きな安楽椅子があった[57]」。

中世末期の家は、社会の縮図だった。十九世紀の中産階級の家は、それと対照的に家族の安息所であり、自己の心理的な次元を象徴的に具現化したものであった。ある観点から見れば領域は縮んだ。しかし別の観点から見れば大きく広がった。失われたものは、さまざまな社会階層を横断する相互扶助や義務の精神だった。この精神は、宇宙の垂直的な構造という一貫した概念によって支えられていた。それに対して得られたものは、自然に対する評価だった。一六〇〇年以降の、家の内部の分割と、プライヴァシーや自己の性質に対する関心が、前者の変化の方向を示していた。後者の方向は、地理的な視野の拡大と、高度な教養に裏付けられたこの世界の自然に対する興味をもたらした。家の内部を描いた絵の人気の高まりは、風景画のそれと同時だった。十七世紀の広間と客間は、家族の肖像画だけでなく風景画やさらには州の地図で飾られた。啓蒙主義の時代には、自然を研究することがジェントリの間で流行した娯楽だった。海岸の散歩は、自然の動物相や植物相を同定したり分類したりしなければ完全なものではないと思われていたのだ。(58)ヴィクトリア朝の人々が家族の安息所に引きこもったのと同じ時期に、彼らはアルフレッド・ラッセル・ウォレスやトーマス・ハックスレーといった著名人によって行なわれた科学の講演会に群がった。それほど有名ではない話し手でも、都市や田舎町の目の肥えた聴衆を引き付けることができたのだ。自己の探究は、外部の自然の探究と手を携えて進行した。ジェラード・マンリー・ホプキンズの「インスケープ(内風景)」を評価したヴィクトリア朝の人々は同時にダーウィンを読み、望遠鏡を覗くことを楽しんだようである。好奇心は、ひとたび生まれると簡単には収まらない。人々は専門化する——ある人は自己の性質の方に興味をもち、ある人は外的な現実の性質の方に興味をもつ――けれども、いっぽうの探究を促すような社会では、もういっぽうの探究も進むように思われるのである。[59]

五　劇場と社会

「世界全体はひとつの舞台である」。そして舞台は世界を表現する。それは世界のモデルであり、世界の鏡なのだ。文学的・建築的な作品と異なり、劇場は二つの重要な方法で世界を映し出す。ひとつは劇が伝えるメッセージであり、もうひとつは舞台や劇場全体の物理的配置である。空間的な分節が自意識の深化にどのように関係しているのかというわれわれの疑問は、劇場の歴史において実証され、解明されるのだ。その歴史のあらましとは、本質的には、コスモス［宇宙］からランドスケープ［景観］への変化であり、公共の広場から応接間への変化であり、参加から見物への変化であり、罪と救済に関する内容の公共の儀式から、社交関係を題材にした悲劇や笑劇を経て、触れ合いの欠乏や、自己の孤立や、私的な絶望へと至る変化である。もちろん、演劇の伝統が化石化して、宇宙的な主題に固執したり、参加の度合いが大きいものから純粋な見世物へと発展しない場合もある。しかし、現代の意図的な実験の成果を除けば、逆のプロセスが起こったことは知られていないのである。そして、公共の儀式から、分節世界の舞台内への投影に至る一連の変化全体を見わたすことができるのは、西洋の歴史だけなのだ。

ドラマ〔劇〕という言葉は、「する」あるいは「作る」という意味のギリシア語に由来している。そのギリシア語は、行為と名の付くものならすべてというわけではなく、**効果的な行為**――普通の行動と区別される力強い行動を指している。演技の目的は、普通の生活を可能にすることである。ドラマの起源は、多くの研究者が指摘しているように、自然や社会を若返らせるために行なわれる公共の儀式なのだ。古代社会や原始社会では、儀式的な活動（たいてい歌や踊りが含まれる）は必ずしも成人男子に限られているわけではない。老人や子ども、そして時には女性もそれに参加することがある。そして踊りの主人公たちは仮面を着けていることが多い。それは大きさやデザインで畏怖の念を集め、精霊の世界との合一という幻想を作り出すのだ。仮面を着けた人物は神の代理ではないし、神を演じようとさえしていない。超人的な存在を人為的に演じるという意味での演技の観念は、儀式的な踊りの目的とは相容れないのである。踊っている仮面の人物は、精霊の力を具現化しているのだ。この聖なる機会に、共同体は神と人間の両者を包み込む。普段、人をいらいらさせ、孤立させ、欲求不満や摩擦の原因となっている個々の人間の違いは、ドラマの中で――効果的な行為の中で、集団による合唱やめまいを催すような動きの中で――消えてしまうのである。儀式的な演技をする人物の重要性は、どれも同じというわけではない。ある者はほかの者よりも人目を引く仮面を着けるし、仮面を着けない者がいるかもしれない。さらに脇役は、時がたつにつれて観客になってしまうのである。このような役割の違いや、あるいはまた舞台における空間的な差異によって、共同体の儀式から演劇が出現する可能性がある。そのうえ、儀式の効果が信じられなくなる場合もある。そうなると、参加するよりもまわりに立って見物する共同体のメンバーがどんどん増えてくるのである。**ドロメノン**（為されること）は彼らによってではなく彼らのために行なわれ、そして**ドラマ**となるのだ。

ギルバート・マレーによれば、ギリシア悲劇の素材は神話から取られたが、その形式は新年の神に対する儀式にさかのぼる。それは一部族の神であり、その神自身の復活が生命の再生を保証していたのだ(1)。また一部の研究者が信じるところによれば、アテネの喜劇は儀式的な戦いを起源としており、その戦いの当事者のいっぽうは冬とその手下であり、もういっぽうは新しい生命とその仲間だった。ここでも隠されたテーマは、戦い、苦痛、死、そして復活なのだ。このようにギリシア劇は、生存への欲求に根差したものなのである。神の奸計が次々と準備される宇宙的な舞台で、人間の問題が演じられた。アイスキュロスの劇中の人物は、超人的であり宇宙の争いを具現化していた。彼の劇は、贅沢な衣装、大コーラス、馬の引く戦車、そして時には神話上の驚くべき人物を登場させる、壮大な見世物であることが多かった。それに比べて、アイスキュロスと同時代の若いソフォクレスは当時すでに個々の人物を強調し、ギリシア劇において役者と観客を媒介する公共的・客観的な解説者として用いられることの多かったコーラスを減らしていた。

しかしながら、舞台が宇宙や社会から家の中へと狭くなっていく過程が最もはっきりしているのは喜劇の歴史である。悲劇は、たとえ家の中が舞台でも、もっと大きな運命を暗示している。しかしそれは喜劇ではあまり必要ないのである。喜劇的なものを求める衝動はまず、ディオニュソス祭の豊饒の儀式における騒々しいコーラスや対話に表現を見いだした。ここに、喜劇と宗教との初期の結び付きが現われている。[2] のちに、演劇史の専門家が「古喜劇」と呼ぶものにおいて、政治的な大事件やペロポネソス戦争の中の挿話のようなものが、ゆるやかに結び付いた場面の連続からなり最後は大団円で終わる笑劇や風刺劇に仕立てられた。しかしアリストファネスの死とともに、毒舌は辛らつさを失い始めた。そのうえ、劇は政治的・社会的な大問題を避けて、個人的な愛や、財政的な経営の失敗や、家の争いといった問題を扱うようになったのだ。西暦前三三六年以降に人気を博した「新喜劇」は、最初からアテネの中流市民の家庭的な出来事に関心を持っていたのである。[3]

古典的な劇場は、公共のものであり、共同体のものであった（第15図）。その公共的な性格は、屋根のない野外の観客席や舞台によって象徴されている。神が降りてくるアーチ状の空は、場面の一部である。場面はたいてい野外であり、そこは神殿や宮殿の前の広場、

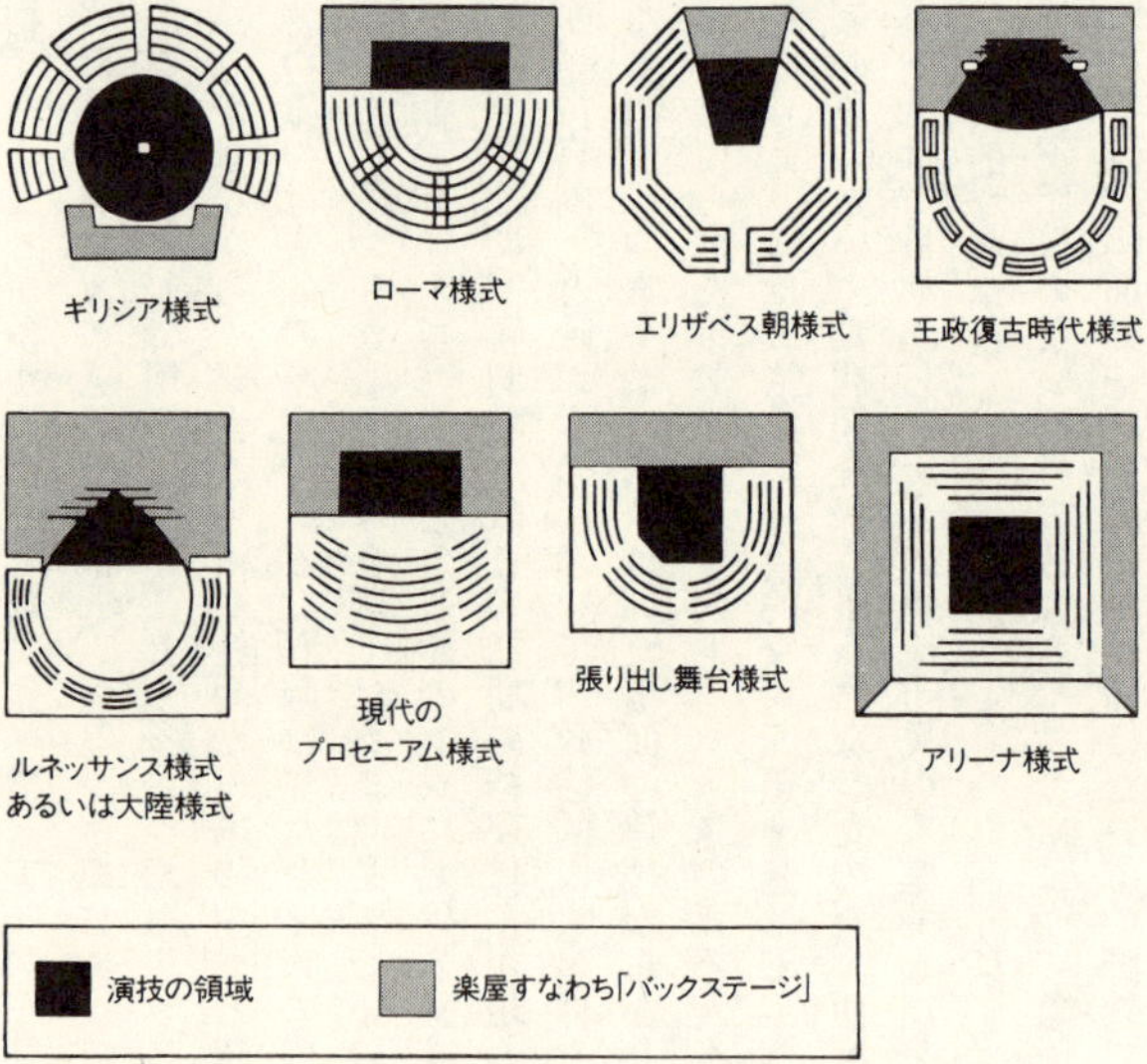

［第 15 図］　包囲（全体）から，分離（部分）を経て，包囲（理想的な全体）へと至る劇場の変化のサイクル．Vera Mowry Roberts, *The Nature of Theatre* (New York: Harper & Row, 1971)，p. 332 より．

公共の広場や街路、そして稀には軍隊の野営地や森なのだ。劇場の共同体的な性格の起源は祭礼にある。祭礼はあらゆる身分の男女を巻き込む。それは、一年の特定の時期に行なわれ、たいてい一日がかりである。そしてそこには荘厳さと楽しさが入り交じった活気がある。これらの特徴は古代の劇場にもぴったりあてはまるのだ。五世紀のアテネにあった石造の観客席は、男性や女性や少年や奴隷が混ざり合ったおよそ一万五千人の大観衆を収容できた。いくつかの劇が連続で演じられることが多かったので、上演は朝から夕暮れまで続くことがあった。見にくる人々は、気兼ねせず自由に出たり入ったり、食べたり飲んだりしていたはずである。しかも人々はあまり礼儀正しくはなかった。幕あい狂言に夢中になってというのなら想像できるが、それ以外でも観客の面々は大声で意見を言い、役者を舞台から追い払うことさえあったのである。(4)

ローマでは、国家が後援した上演は無料だった。そのため、あらゆる階級の人々がやってきた。喜劇詩人プラウトゥス（西暦前二五四年頃―一八四年）の描写によれば、その中には、子どもとその乳母、執政官の従者、女性、奴隷、そして売春婦が含まれていた。秩序維持のために役人もいたが、場所取りの争いは多発し、人々は遠慮なく演技の最中に出入りしていたのである。帝国の治世下に、深刻な劇はさまざまな見世物に道を譲った。劇場は次第に、気晴しの場になったのだ。人々は、あらゆる種類の新奇さ――スペクタクル、セックス、暴力、流血――を期待し、劇場はそれに答えたのである。ローマの劇場におけることのような光景はよく知られている。それは騒々しく猥雑なローマ世界——その飲めや歌えの宴会や、公衆浴場や、共同便所——についてのわれわれの認識と重なり合うのだ。しかしそれにもかかわらずわれわれが知っておかなければならないのは、少なくとも国家が主催する出し物は、さまざまな神を崇拝する宗教的な祭礼すなわちルードゥスとのつながりを完全には失っていなかったということである。演劇や見世物は、それが宗教的な儀式の一部である限りにおいて、公式の祭日に行なわれたのだ。もし儀式の執行において規則違反や間違いが認められたならば、ルードゥス・スカエニクス［舞台の演技］すなわち演劇を含め、祭り全体をやり直さなければならなかったようである。しかし見世物や笑劇が異常に増加することで、深刻さは埋没してしまったのである。(5)

現代劇の系図をまっすぐさかのぼると、中世教会の儀式にたどりつく。キリスト教の宇宙をはっきりと象徴していた大建築の内部における共同体的な礼拝から、時がたつにつれて、われわれの時代の親密な小劇場が生まれたのである。そこでは、観客が暗い館内のプライヴァシーの中で、孤独な自己の内面的な苦悩を眺めることができるのだ。このような変化がどのようにして起こったのだろうか？　その中間の段階はどのようなものだったのだろうか？　まず、キリスト教の儀式はもともと歌や踊りと密接な関係があり、その基本的な筋立てが俳優の才能の発達を促したということを指摘しなければならない。早くも四世紀にはアタナシウスが、神をおそれぬパントマイムで神聖な儀式を執り行なったという理由でアリウスを非難した。六九二年のトルーラン公会議において頂点に達する、審議機関による告発の繰り返しは、異教的な要素や豊かな人間的表現を根絶することがいかに難しかったかを示しているのだ。

それにもかかわらず、劇は宗教の本質に関係のないこのような見世物から直接成長したわけではない。それはむしろキリスト教の儀式を構成する要素全体から生まれたのである。十世紀には、復活祭入祭唱の**ウィジタティオ・セプルクレ**［聖体安置所の訪問］の場面での歌による対話は、長くなり劇的な身振りが付け加えられた。ウインチェスターの聖エセルウッド（九七〇年頃）は、祭壇の一部を聖体安置所のように作り、二人の助祭が布に包まれた十字架をあたかも遺体を埋めるかのように横たえたりしたことに対して弁明している。(6) 聖エセルウッドが述べるところによれば、儀式の後半には三人の修道士（三人のマリアの代わり）が、まるで墓の中の何かを探すように祭壇に近付いたりしたのであった。しかしこのような演劇的な要素の付加にもかかわらず、十世紀の復活祭入祭唱は**ルードゥス**（劇やゲーム）ではなく**オフィチウム**（聖務）と見なされていた。修道士は修道士の衣装を着ていたのであり、女性の格好をしていたわけではないのだ。しかしながら十一世紀の間に、語りの部分は長くなり、儀式の中の模倣的な要素は宗教的というよりは審美的な価値を持つようになったようである。十三世紀のフランスでは、**レプレゼンタティオ**（もはやオフィチウムではなかった）の中の人物は、自分の役割に対応した衣装を着始めていた。

この時期までに教会劇は、ローマ人がルードゥスと呼んでいたもの、そしてわれわれが演劇と呼ぶものに近付いたのである。[7]

聖なる務めにおけるこのような変化の影響によって、もともと一体だった礼拝者（司祭と会衆）が、演技者と観客とに分かれることとなった。この分割は、劇が独立した芸術になるために通過しなければならない道だった。十二世紀に宗教劇が教会の外へ移動し始めた時、役者と観客の分離はもっとはっきりしたものになった。観客は、役者が教会のどんな聖務とも無関係であることを知ったのだ。演技は、その宗教的なメッセージにもかかわらず、教会の務めの一部を構成するとみなされていた教会内での経験とは異なる種類の経験を提供していたのである。儀式の純粋さよりも演出上の緊迫感が優先され、また信者の献身を喚起するのに必要な限度を越えてまで神託が潤色されたのだ。十二世紀の終わりまでに聖なる劇は、夏の野外で行なわれるさまざまな世俗的な見世物と組み合わされるようになっていた。牧師はそれでも聖なる劇の脚本を書き、時には演じたりもしていたが、しかし明らかに上演の実行は、町当局や市民の手に委ねられつつあったのだ。教会の内部では相変わらず礼拝用の劇がラテン語で行なわれていたが、その外ではさまざまな舞台や儀式で日常語が使われ、それが十三世紀以降大群衆を引き付けはじめていたのである。

雄大な規模をもち、背景の広がりが宇宙的な日常語の劇の発達において、大きな力となったのがおよそ一三〇〇年から一六〇〇年にかけて盛んになった聖体（コーパス・クリスティ）祭だった。聖体を中心としたこの新しい劇は、キリストの聖なる任務の人間性、すなわち彼の埋葬や復活ではなく苦悩や受難を強調していたのだ[8]。復活祭の礼拝式での中心的な観念である死と再生は、文化的に豊かなすべての儀式に共通の信仰である。冬至や春の生命の再生を祝うのに執着しているのは、決してキリスト教徒だけではない。あらゆる人が豊饒と、もし可能ならば不死の保証を望んでいたのである。しかしながら、聖餐式は世界を救済するための唯一無二の個人による唯一無二の犠牲に焦点を当てていた。したがってクリスマスや復活祭と異なり、聖体祭を祝う時期は自然の季節に従う必要はなかった。祭は夏にやってきたが、それはたまたま野外に集まり劇を見るのに快適な時期だったからなのだ。そして、その劇の背景となっている宇宙は、星やその動きによって限定された自然の宇宙ではなかった。むしろその枠組みは、天国と地獄という神話的な空間であり、堕罪に始まり最後の審判で終わりを迎える直線的・普遍的な時間の概念だったのである。

当初から聖体祭の新しい劇は、儀式的というよりは教訓的なものだった。それをオフィチウム［聖務］とみなしていた者はいなかった。最初からそれはキリスト教世界の日常語で書かれ、ルードゥスすなわちゲームや演劇と考えられていたのである。その主なメッセージは道徳的で深刻なものであったが、それは同時に人を楽しませようともしていた。ゲーム［劇］の中にゲーム［遊び］の描写があった。兵隊たちはさいころでキリストの聖衣を取り合ったのだ。またそこには言葉遊びがあり、セビリヤの聖体祭アウトで演じられたザラバンダのような羽目を外したダンスがあり、空飛ぶ天使や地獄の入口から噴き出す炎のような機械仕掛けの驚異があったのである。

舞台装置や機械仕掛けの驚異は劇の小道具に過ぎず、現実的な幻影を作り出そうとしたものではなかった。子どもが馬の代わりに棒を使って遊ぶように、おとなはノアの箱舟の代わりにベンチを使ったり、紅海の代わりに色を着けたキャンバス布を使ったりしたのだ。見物人にとって、そのような装置はそれ自体楽しいものであったし、同時にそれらは劇の真剣なメッセージをはっきりと伝えていたのである。中世の劇場では、役者と観客の双方にとって、疑うことの一時中断が必要不可欠だった。長い衣をまとい紙の翼をつけた人間は明らかに天使ではなかった。しかしもし幻影を作り出すことが目的ならば、いったい誰が神を演じられるだろう? V・A・コルヴは述べている。「神を演じた人は、神になることを……目指していたわけではないし、神の心に入り込もうとしたわけでもない。そのような考えは、彼らにとって冒瀆的でばかげたことに思われていたのだ。彼らは神の性格ではなく神の特定の行為を演じたのである」。キリストの役は、それらしく見えることが要求されたかもしれない。しかし、一回の上演期間中に一ダース以上の役者がキリストを演じることが普通だったので、キリストを一人の人格として演じる努力がなされなかったのは明らかである。[9] このような、他者の心の中に入り込もうという衝動の欠如――象徴的な姿や外からはっきり見える行為の強調――が原因で、役者は自分の役をまじめくさった見せ掛けのゲームとして扱うようになっていったのだ。

イングランドの聖体祭や大陸の受難劇を実施するには、聖職者と市当局と市民が十分協力することが必要だった。典型的な上演場所は、町の広場だった。観客は劇の舞台を取り巻いて、建物の窓から身を乗り出し、臨時の足場に鈴なりになったのだ。中世の群衆にとって、正面だけから演技を見るというのは極めて狭い考え方だと思われていたのである。上演の前に労働の数か月があった。舞台を準備し、いけにえの祭壇や、井戸や、庭や、食事ができるテーブルとベンチや、ラザロが埋められ、はりつけにされた六人の魂が蘇ることになる場所などの舞台装置を地面に設置するために、時間と労働力が必要だったのだ。上演の二日目には、初日に地上の楽園に充てられ、りんごの実った知識の木が立てられていた場所に、職人が三本の十字架を立てたのである[10]（第16図）。

当時、上演は数日続くことがあった。一五四七年には、チェスターで丸三日、ロンドンで一週間、そしてヴァランシエンヌでは二五日間も続いたのだ。市民は否応無くその行事に巻き込まれた。劇自体が始まる前に、祭りは行列と荘厳ミサによって幕を開けた。信徒団体や、同業組合や、商人ギルドの代表者たちは、旗や美しい装身具を持った徒弟や見習いを引き連れて行列に参加した。そして祭りは、全体に対する感謝の儀式と宴会で幕を閉じたのだ。劇の上演中、観客たちがやたらと動き回ったことは想像できる。人々は道化のわき芝居に笑い、やじを浴びせた。その時の騒々しさは疑うまでもない。なにしろ教会は

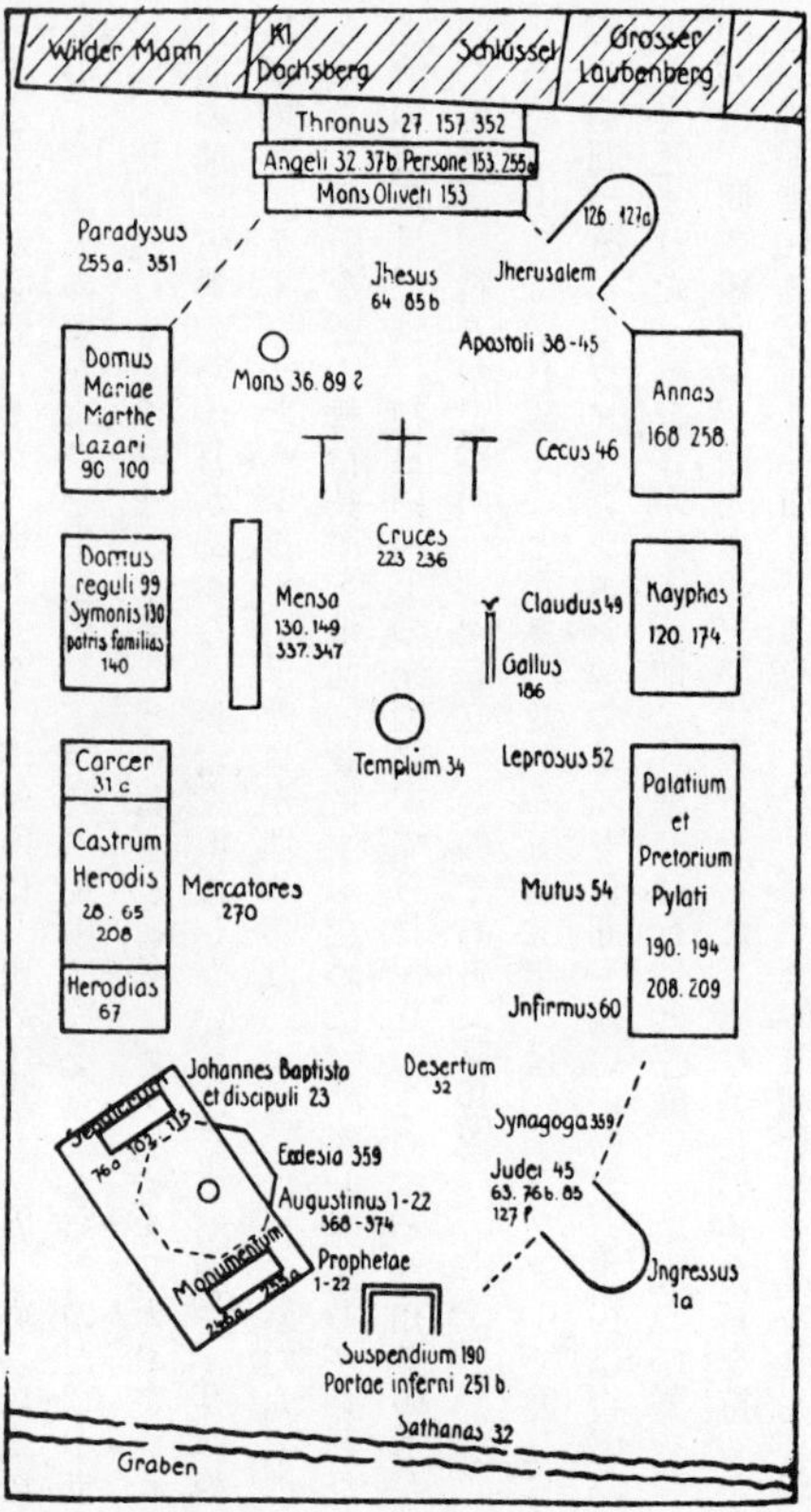

［第 16 図］　フランクフルトのキリスト受難劇（1450 年頃）．フランクフルトのザムスタークベルク．ユリウス・ペーターセンの復元図による．“Aufführungen und Bühnenplan des älteren Frankfurter Passionsspiel,” *Zeitshrift für deutsche Altertum* 59（1921—22），p. 122 より．

行儀良くさせるために、煉獄の場面を減らそうとしたほどだったのである。

祭りが騒然としはじめる時がいつかを判断することは可能だろうか？　あるいは誰が誰を見ているのかを判断することは可能だろうか？　行列が始まる前であっても、職人が劇の上演場所に到着するとともに、お祭り気分が満ち溢れることがあった。彼らが町の広場に舞台装置を設置する際には、見物人が集まり、その内の何人かが手伝いを申し出ることもあったのだ。行列は確実に祭りの一部であった。代表となった市民はその中を歩き、ほかの市民に見られた。行列者は本番の劇が始まると、今度は座って見物した。百人以上いることさえあった役者も、同時に観客だった。舞台となった広場の中で場面が移動すると、前の場面に出演していた役者が見物するために舞台装置の中に残ったり、足場によじ登ったりしたのだ。(11)

復活祭やクリスマスの劇は、生命の再生を祈ったり太陽を崇拝するために昔から続く儀式の要素を保持していた。聖体祭が盛んになった時代に、演出の中心は太陽から神の化身へと、人類を救済するための彼の地上での苦悩へと移ったのだ。早くも十二世紀には上演されていたミラキュラと呼ばれた野外の宗教劇では、人々を感化するためにキリストではなくむしろ処女マリアや聖人や殉教者を登場させていた。奇跡劇に続いて、十四世紀の後半には北海沿岸の低地帯やフランスやイングランドで、道徳劇や短い道徳的な幕あい劇が現われ始めた。グリン・ウィッカムは次のように書いている。「道徳劇は、その儀式的なパターンを王たるキリストの劇やキリスト磔刑の劇から受け継いだ」。しかし、「その儀式において強調されたのは、もはや物語を語ることではなく議論を展開することであり、それにともなって、人間は誰でも自分自身の救済や堕落に責任があるということが重視されるようになった。もし不幸がある人を襲ったならば、その原因はおそらくその人の本性のなかにある。しかし、過ちを認め、悔い改めて、神の恵みを祈る時間はまだあるのだ[12]」。

聖体劇と比べると、道徳劇には善行や美徳や名声や慈悲といった寓意的な人物が多く登場した。それと同様に目立ったのが、「万人」の弱さによって肥え太る七つの大罪であった。美徳の役には威厳が必要だったのに対して、他の役——例えば放縦な生活や、貪欲や、悪魔そのものの役——にはユーモアや、それどころか下品さが求められた。道徳劇は、その宗教的なテーマと相まって必ず教訓的だった。しかし十六世紀前半までに、それらはまたセミプロの役者の一座が演じる世俗的な見世物にもなっていた。舞台上での役者の演技は、アルコールが溢れる宴会用広間や市《いち》の観客たちに受け入れられる程度に軽く、おもしろいものだったのである。

道徳劇を上演するために建てられた公共の劇場は、中世のコスモスや社会のさまざまな面をとらえている。ラウンド〔円形舞台〕と呼ばれた野外舞台での上演について考えてみよう。それは一種の劇場であり、コーンウォールにあるものが最も良く研究されているが、イギリスの他の地域や、中世ヨーロッパの他の国にも存在したことが知られている。リチヤード・サザーンによれば、ラウンドは土手によって囲まれた演技の領域（「プレイス（場所）」）からなっていた。土手の上には見物人が座ることができ、特定の舞台背景を設けるための足場も立てられていた。土手の外には、水を溜めた円形の溝がある場合もあった（**第17図**）。演技の領域は、特定の場所を示してはいなかった、それは宇宙全体だったのだ。たとえば『堅忍の城』（一四二五年頃）という劇では、四方位に置かれた四つの足場が、神、悪魔、世界、人間に充てられていた。円形の中心は人類の塔だった。劇そのものは雄大な規模で、生から死へ、そして魂の最後の審判へと続く人間の進歩を描いていた。これらは中世の人々にとって関心の高い事柄だったのである。しかしこの時代のもうひとつの特徴は、抑制のない下品さへの傾向であった。偉大な神の舞台の横に七番目の罪である愚かな貪欲の舞台が立つ『堅忍の城』のように、荘厳と軽率が隣合って現われることがあったのだ。

これまで見てきたように、中世の都市では社会空間は明確に区切られてはいなかった。富者と貧者が隣合って住み、混雑した通りでは肩を触れ合っていたのだ。同様に、野外で劇が上演されている間、富裕な客と貧乏な客はいっしょくたにされていた。役者と観客を分ける境界もはっきりしたものではなく、劇の進行につれて動いた。観客は土手を占めていたが、真ん中にある舞台の一角に入り込むこともあったのだ。サザーンが復元した円形劇場は、満員になった劇場でのダイナミックな動きを想像させてくれる。開演とともに

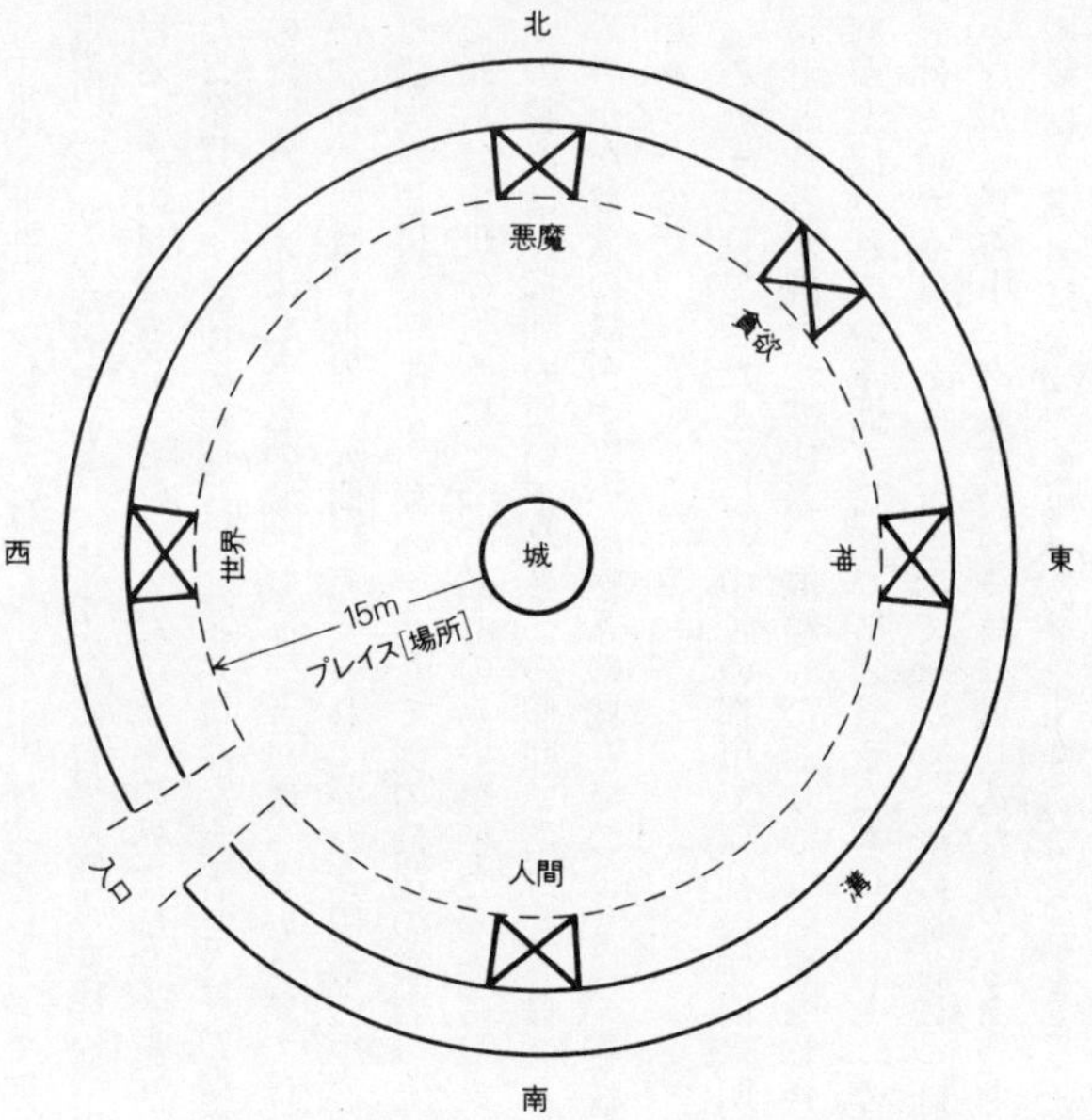

［第 17 図］　道徳劇『堅忍の城』上演のための円形劇場の平面図（1425 年頃）．Faber and Faber Ltd の許可により，Richard Southern, *The Medieval Theater in the Round*（London: Faber & Faber, 1975），p. 77 より転載．

「世界」が自分の足場から話しかけ、それに反応して、ラウンドを埋めた群衆は西を向くのだ。「世界のせりふはおそらく二分ほど続き、次いで悪魔が北から話しかける。すると今度は群衆は北を向くのだ。このようなことが繰り返されるのである」。役者たちは必要な時には足場から降りてきて、ラウンドの中央で演技をしたり、そこを横切ったりした。したがって、われわれは次のような状況を想像しなければならないのだ。「観客の頭で役者の動きが見えなくなることがよくあった。その結果、「プレイス」を占める群衆は……揺れ動き、立ち上がり、歩き回り、別の場所に落ち着いたりしたのだ。群衆は退却し、押し寄せた。それは紅海のように分かれ、洪水の川のように溢れ返ったのである」[13]。

役者と見物人がこれほど接触していたとすると、群衆がどのようにして出し物を邪魔せずにいられたのだろうかという疑問が出てくる。役人を置いて、ある程度の秩序を維持するというのが、ひとつの解決策だった。それにもかかわらず、上演の間の雰囲気はかなり混沌としたものだったに違いない。人々はよく見えるように足場に登り、役者は半分開いた幕の後ろで自分の出番を待ったのだ。また、一四五二年から一四六〇年に描かれた細密画（フーケの細密画）から判断すると、「プレイス」を囲む円形の足場のいくつかは観客によって占められていた。彼らは中央の劇を見たり聞いたりするだけでなく、自分たちの出し物を上演したり、おしゃべりしたり、感激して抱き合ったりしていたのである[14]。

中世の劇場は、**テアトゥルム・ムンディ**——世界劇場——という概念によって知られていた。当時もまだ舞台は、特定の場所ではなく、天国や地獄を含む神の創造物全体を表わそうとしていたのだ。同じことがエリザベス朝とジェームズ一世の時代のロンドンの劇場についても言えるであろう。そこでは、ローマ時代以降おそらく初めて、劇の上演という特殊な目的のために半ダースばかりの建物が作られた。建物の形態は、主に円形か六角形であり、円形や多角形に対するルネッサンスの趣味の影響を受けていたようである。しかし、いずれの形態も、ミクロコスモスとしての人間がその中で自分の役割を演じる、マクロコスモスとしての劇場を適切に象徴していたのである（**第18図**）。コスモスに対する象徴性は、「天」を表わすために星が描かれ、舞台内部の上を覆っていた幕によって強調されていた。舞台の下は地獄であり悪魔の領域だった。当然、テーマは宗教的なものが多かった。ジョン・ダンビーは次のように述べている。「エリザベス朝期に演劇が普及したのは、その宗教的な内容に負うところが大きかったようである。劇によってエリザベス朝の人々は、日常や俗世が非日常や永遠、つまり神や審判者の目から見た「時」と隣合っているのを見ることができたのだ」[15]。エリザベス朝の演劇は道徳劇の本質であった真剣さと、抽象的な観念への関心を保持していた。しかしこれに、人間の性格に対する深い興味が付け加わっていた。シェイクスピア劇の主要登場人物は、典型的な人物や寓意的な人物とは全く異なり、自意識をもち、成長することができ、曖昧な情況や運命に苦しむことのできる生身の男であり女だったのである[16]。

A.

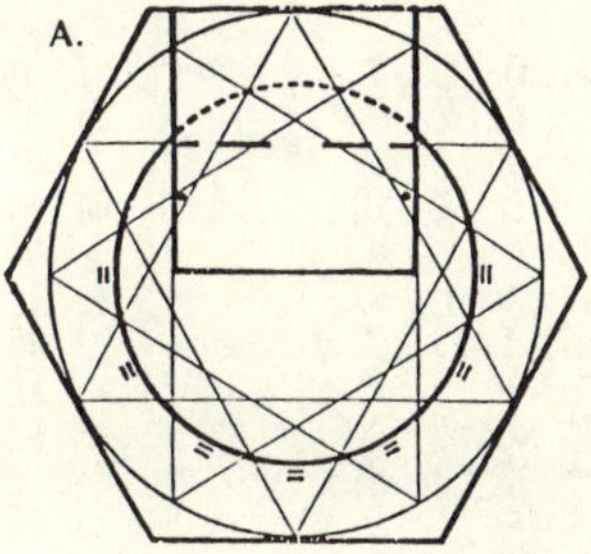

B.

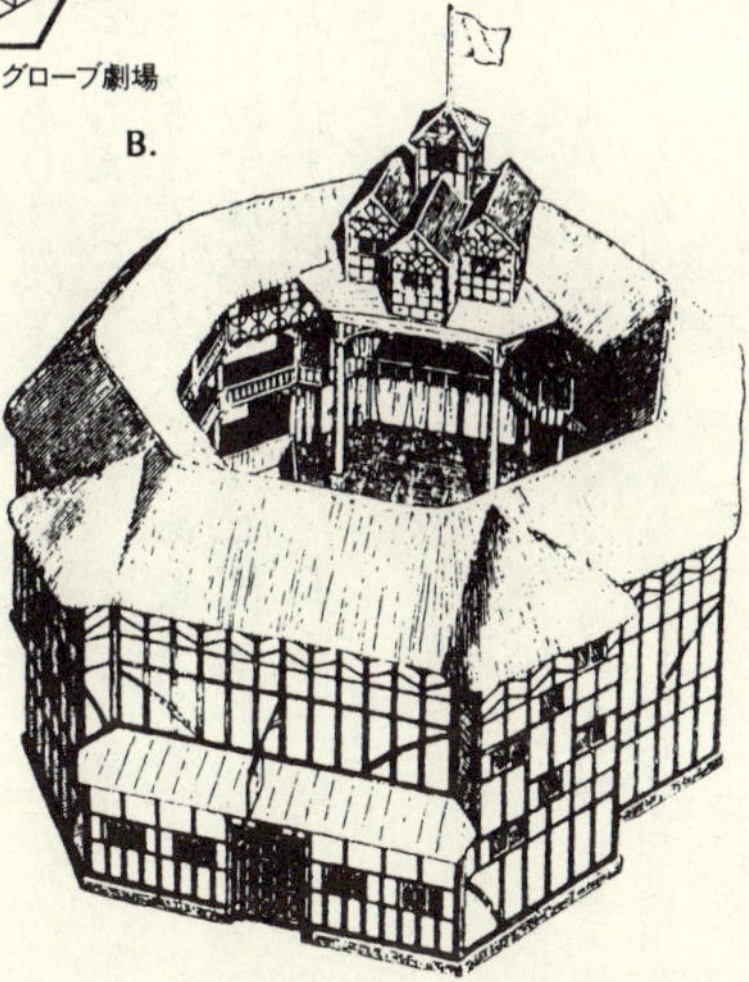

[第18図]（A）ミクロコスモス――グローブ劇場――の基本的な図形としての六角形・円・三角形. Frances A. Yates, *Theatre of the World*（London: Routledge & Kegan Paul, 1969), p. 132［フランセス・イエイツ著, 藤田実訳『世界劇場』（晶文社, 1978年)］による.（B）グローブ劇場. Irwin Smith, *Shakespeare's Globe Playhouse*（New York: Charles Scribner's, 1956）の口絵による.

中世の劇場と同様に、シェイクスピアの時代の公共劇場は場面を本物らしく見せるための努力を何もしていなかった。シェイクスピア自身も率直に、舞台が本物らしく見える可能性を否定していた。『ヘンリー五世』のプロローグにおいて、彼は次のように述べている。

この闘鶏場のごとき小屋に、はたしてフランスの大戦場を
収めうるでしょうか？　この０字型の木造小屋に
かのアジンコートの空をふるえおののかせた
おびただしい冑《かぶと》を詰めこみうるでしょうか？　ああ、
どうかお許しを！　この０の字は数字で言えばゼロですが、
末尾につけば百万をもあらわすことができます。そして
百万にたいしてゼロのごときわれらは、ひとえに
皆様の想像力におすがりするほかありません（小田島雄志訳）

エリザベス朝の劇のスケールが、本物らしい場面作りを不可能にしていた。劇のテーマはもはや堕落や人類の救済ではなかったようであるが、しかしそれは相変わらず広い公共の世界での出来事を扱っていたのだ。そして、戦場や宮殿や海洋を、「０字型の木造小

屋」に詰め込むことはできなかったのである。

場面が劇場主の注意を引くことはなかったが、声はそうではなかった。古典時代の劇場のように、よく響く発声が最も重要だったのだ。フランセス・イエイツが述べるように、「大舞台から、役者の声は平土間や桟敷にいる観客の耳に届いたのだ。『ジュリアス・シーザー』の中で、マーカス・アントーニアスは〈耳を貸してくれ〉と叫んでいるのである」[17]。役者たちは観客に呼びかけ、昔の修道士が華やかな説教で見せたような直接的な方法でその注意を引き付けようとした。しかし、スペクタクルもまた豊富だった。耳が響き渡る詩劇の美辞をとらえるいっぽうで、目は王や女王や戦士のきらびやかな衣装を満喫していたのである。劇場外の世界と同様に、スペクタクルは社会的かつ個人的なものであった。人々は地位や富を自分の姿で見せびらかしており、自分がたまたま居る公共の場所の性質を利用して自分を引き立てようという衝動は感じていなかったのだ。

十六世紀の最後の四分の一世紀にロンドンに出現した公共劇場は、広く、屋根のない建物で、それぞれに千人以上収容できた。座席は、野外舞台が設置された中央の平土間を囲む桟敷(ギャラリー)に並んでいた。芝居好きは一ペニーで平土間に入り、立ち見することができた。もう一ペニーで桟敷の座席に座ることができ、一シリングで、ジェントルマンや領主のための個室を使えたのだ。社会のさまざまな階層の人々が集まり、建物の狭いドアから中に入る時も、劇が終わり群がって出ていく時も、押し合いへし合いしていた。

劇場内部では、商人が領主と並んで桟敷の前列にある良い座席に座っていた。役者と観客がつねに別々の領域に分かれているとは限らなかった。何人かの高貴な観客には、楽屋出入口から劇場に入り、役者の楽屋（タイアリング・ハウス）の二階から演技を見る権利があったのだ。このように、特権的な客は舞台の後ろにいたのであるが、それでも彼らは十分良く見ることができた。なぜなら、前方に向かって演技する現代の劇場と異なり、当時の演技は「ラウンド［円形舞台］で」行なわれたからである。役者が劇の筋の都合で舞台の端や外で演技をしなければならない時には、役者と、観客の中の貧しい連中が平土間で押し合いになることさえあったのだ。(18)

祭りの和やかな雰囲気は、白昼午後二時頃に始まる見世物の時間に盛り上がった。さまざまな商品——ワイン、ビール、エール［ビールの一種］、木の実、りんご、トランプ、パンフレット——の売り子が劇場の中を自由に歩き回っていた。木の実を割る音が、神経質でまじめな常連客をいらだたせた。観客が金をだましとられたと感じる場合には、大混乱が発生する可能性があり、また実際に発生することもあったが、それはまれだった。観客はへたな弁舌に対してはやじったが、満足すると温かく拍手し、大声で称賛したのだ。(19)彼らはあたりはばかることなく、英雄の運命に泣き、道化のおどけた仕草に笑ったのである。

エリザベス朝の公共劇場は実際に公共的なものであったが、それにもかかわらず貧者——安い入場料を払えない人々——を差別していた。中世と異なり、劇の上演は共同体の仕事ではなくなっていたのだ。内部の空間がさまざまに区切られた建物の存在そのものが、人々や活動は区別されなければならないという感情や、自己を表現するのは衣装ばかりでなく周囲の環境でもあるという意識が存在したことを暗示しているのである。

フランスでは、教会後援の劇から世俗的な劇が出現した経過はいくらか違っていた。[20] フランスには、道徳劇の宗教的な伝統の中で仕事をすることができ、しかも静的な人物の代わりに生き生きとした人格を導入することでそれを極めて豊かなものにすることができたシェイクスピアのような天才的な劇作家がいなかったのだ。フランスでは、劇を演じる際にユーモアが大きな役割を果たしていたので、道徳劇（モラリテ）、茶番劇（ソティ）、笑劇（ファルス）、無言劇（アントルメ）を区別するのが難しい場合が多かった。街路の大道芸とセミプロの演劇の違いも曖昧なものだった。パリの街路、特に中央市場の中や周辺では、さまざまな芸人たちが、最小限度の道具で演技を見せ、人を引き付けることができた。これらの芸人たちは、治療の効果を大袈裟に語る薬草商人や薬売りと手を結ぶことが多かった。このような大道芸人による笑劇は、長く重たい奇跡劇や、十六、十七世紀の牧歌劇や悲喜劇の合間に息抜きの喜劇として行なわれたのと同じ種類のものだった。中央市場から二ブロックちょっと離れて、セミプロの劇団――キリスト受難劇団（コンフレリ・デ・ラ・パッション）――のために建てられた（一五四八年）最初の公共劇場があったが、そこで頑張っている役者も大道芸人と同様、中央市場の古着屋から衣装を買っていたのである。

十六世紀の後半になり、奇跡劇や宗教劇がパリ市民の観客にあまり受けなくなると、劇団（コンフレリ）は劇場――ブルゴーニュ座――を、牧歌劇や、悲喜劇や、昔からの頼りである笑劇を上演し始めていたプロの劇団に貸すのがよいと考えるようになった。笑劇の本質は素早い演技ときわどいせりふであり、舞台背景はあまり重要ではなかった。しかし、悲喜劇や牧歌劇は装飾者の仕事を必要としていた。そこで初期の公共劇場では、中世の舞台装置や「マンション〔屋台〕」と呼ばれた大道具とともに、絵を描いたキャンヴァスが用いられた。典型的な舞台場面とは、単一の場所ではなく、何マイルも離れているようないくつかの場所を集めたものだった。同じ舞台の上に、宮殿や、海岸沿いの船や、市役所や、泉や、テントの「マンション」が見られる場合もあったのだ。観客ばかりでなく役者もこのごちゃまぜの背景に混乱することがあった。最も荘厳な劇の最中に、意図せざる笑劇が演じられたりしたのである。[21]

屋内で行なわれる劇の最大の問題点は、いかに広告し、そして予定の時間に出し物が始められるようにいかに客を劇場内に集めるかということだった。中世には、奇跡劇の素人の役者たちが、派手な衣装をまとい、上演プログラムを大声で告げながら街路を行進した。このような手段のいくつかが、十六世紀後半のプロの劇団にも受け継がれた。その中のいずれかの方法で演目が宣伝されたのである。時間になると、常連客からなる群衆が劇場内部に集まり、座席のない一階（パルテール）をぐるぐる歩き回った。[22] 劇団の役員は、収容可能な範囲でできるだけ多くの人を劇場内に入れるために上演開始を遅らせようとするのがつねであった。その時すでに、早く入場した人は一、二時間待たされていることもあった。彼らは次第にいらいらし、叫んだり喧嘩をしたり、あるいはさいころで遊んだり、いちゃついたり、食べたり飲んだりしていた。彼らの気を紛れさせるために、前口上が述べられることもあった。ひとたび演技が始まると、観客たちはどうにも静かにしていられなかった。パルテールの彼らは、盛んにおしゃべりをし、足を踏みならしたのである。裕福な客は桟敷に座っていたが、その仕切り席も比較的騒がしくないという程度であった。時々、役者は役割から抜け出て、もう少し静かにするように観客に頼まなければならなかったのだ。「しかし」とW・L・ワイリーは述べている。「このような観客を満足させるために、コルネイユやモリエールやラシーヌの洗練された作品が現われたのである[23]」。

フランスの公共劇場は、パリ市内にあるものも市外にあるものも、細長い形をしていた。なぜなら、それらの大部分は一六〇〇年頃まで球戯場としても使われていたからである。イギリスの円形の公共劇場と異なる細長い形態は、観客が舞台の役者に感情移入することを妨げる傾向があった。観客はみな同じ方向を向かなければならなかったし、劇場の後ろに立っていた人は、目の前に頭があってほとんど見えなかったのである。後ろの桟敷は高い位置にあったため、そこに座っていた人は良い眺めを自分のものにしていたが、彼らが見ていたものは本質的に、遠くにある一枚の絵にすぎなかったのだ[24]。

屋根にさえ、舞台から観客席を分離する間接的な効果があった。曇りの日には、屋根のある劇場の内部は薄暗かった。蠟燭は、高価だったため、劇が始まる直前ぎりぎりになってようやく点けられた。興行がうまくいかない年には、舞台だけが照らされた。そのため細長い劇場の二つの領域のコントラストが強調されたのである。

役者と観客を分離するのに寄与したもうひとつの要因は、劇の登場人物の変化だった。中世から一六〇〇年頃まで、宗教劇は人間の日常の経験とかみ合った問題や事柄を描いていた。それは観客に参加を促していたのだ。この時期の大道芸——演劇界の最底辺——も、見物人の積極的な参加を必要としていた。芸人たちは聴衆の注意を引こうとした——万能薬を買わざるを得なくなるようにまじないをかけようとしたのである。しかし一六三〇年代以降、劇は洗練化され、また次第に世俗的になったうえに、観客自身も洗練化されたために、観客は劇に対していくらかよそよそしい態度をとるようになった。観客は、宗教や薬が満たしてくれる生活の差し迫った必要性を忘れ、劇を動く絵画として見るようになったのだ。舞台上の出来事は「向こう」にあり、観客が立ったり座ったりしている世界と連続したものではなくなったのである。公共劇場にプロセニアム・アーチ〔舞台前面のアーチ〕とカーテンが設置されたとき、役者と観客の分離は完全なものになったと言えるであろう。しかし、パリではまだこの最終段階にまで至っていなかった。ある出来事が、その機先を制したのだ。一六三八年にマレー劇場で上演されたコルネイユの『ル・シッド』は観客を異常に熱狂させ、コルネイユが生んだ若いヒーローとヒロインの会話を聞こうと、著名人たちが舞台脇に押しかけたのである。(25)この出来事により、特権的な客には、役者の世界に入り込める権利が与えられることになった。その権利は結局百年間も維持されたのだ。

シェイクスピアの登場人物は生き生きとしている。そのなまなましい存在感のひとつの理由としては、彼らがしばしば特定の場所と強く結び付いていることが挙げられる。言葉という手段だけで、シェイクスピアは場所の感覚を喚起できるのだ。同時代の他の作家と異なり、シェイクスピアは主役たちに特定の物理的背景を与える必要性を感じていたようである。(26)彼の場所に対する感受性は、時代を先取りしていたのだ。しかし、西洋社会で自意識が成長するにつれ、場所や景観が——会話や身振りや衣装に劣らず——個人の性格を明らかにするというシェイクスピアの見方が多くの人々に共有されるようになったのである。舞台背景の写実主義への変化は、現実世界と劇場における自己の観念の掘り下げに並行していた。舞台がコスモス全体であった頃は、演じられる役は必然的に寓意的な人物や、紋切り型の人物であり、万人ということさえあった。しかし、舞台に普遍的な背景とはっきり区別された特定の背景が使われるようになった頃には、劇中人物自身も強い個性を身につけていたのである。

個人と舞台背景との間、すなわち知覚するものと知覚されるものとの間にはかなり密接な関係がある。特権的な視点がひとつもなかった中世やエリザベス朝の円形劇場と異なり、細長い劇場の遠近法的な舞台背景は、理想的には観客席の一点からしか見ることができなかった。背景は、特定の場所にいる特定の人物の眺めを意味するようになったのだ。この遠近法的な錯覚の強調は、現実に対する個人的・主観的概念が強くなっていたことを示しているのである。

舞台背景の発達は、一五〇〇年頃に始まるイタリアの宮廷劇場に源を発している。設計の着想は主に、一四一四年に手稿のかたちで発見されたウィトルウィウスの著作『デ・アルキテクトゥラ［建築書］』からもたらされた。ウィトルウィウスによれば、背景には三つの種類がある。

ひとつは悲劇的背景と呼ばれ、二つめは喜劇的背景、三つめはサテュロス的背景と呼ばれる。これらの装飾はそれぞれ設計が異なる。悲劇的背景には、王にふさわしい列柱や破風や彫像などが描かれる。喜劇的背景に示されるのは、普通の住宅の様式を模した私的な住まいである。そこにはバルコニーがあり、並んだ窓に風景が描かれている。サテュロス的背景は、樹木や洞窟や山などが描かれた田園風景で飾られているのである。[27]

ウィトルウィウスの観念は、手を加えられ、さまざまなものが付け加えられて、レオン・バッティスタ・アルベルティ（一四〇四―一四七二年）とセバスティアーノ・セルリオ（一四七五―一五五四年）の作品に再び現われ、それが強い影響を与えた。ルネッサンスの建築家は彼らの気前の良い後援者のために、中世の断片的な舞台背景とは明確に異なる、統一的な舞台場面を設計したのだ。しかしこれらの場面は、演技が進行する間変化することのない規範どおりのものだった。登場人物と背景の組み合わせには、悲劇的、喜劇的、サテュロス的という三つの一般的なカテゴリーしかなかったのである。ローマ時代のウィトルウィウス自身、場面転換には小さな役割しか与えていなかった。彼にとっては、役者の声の音楽的な質のほうがもっと重要だったのだ。同様に、ルネッサンス期およびそれ以降を通じて、公共劇場でも私的な劇場でも音が視覚に対して優先的な地位を占めていた。男優も女優も、せりふ朗詠の技巧によって自分の力を示したのである。それにもかかわらず、ルネッサンス劇場の新しい勢いと魅力は、視覚的な面にあった。音声を仲立ちとして喚起される心理的な世界の代わりに、プロセニアム・アーチ［舞台前面のアーチ］の背後で繰り広げられる大スペクタクルが大衆に徐々に好まれるようになったのである。

絵画的・幻想的な舞台は、デザインの芸術性を要求した。舞台背景を遠近法的な絵画と見なす考えは、アイスキュロスが生きていた時代からすでに存在していたが、この種のデザインが強迫観念のようになったのは、はるかに遅いルネッサンス期になってからなのだ。遠近法に基づいた不思議な芸術は、幾何学と光学の知識が急速に広がるにつれてようやく支持されるようになったのである。絵画的な錯覚は、その時代の最も優れた人物の心もとらえることができた。たとえば、レオナルド・ダ・ヴィンチ（一五一九年没）は死後に出版された著書で「空気遠近法」について議論している。彼は、距離感を作り出すためには、大気の厚さを想像する必要があると述べている。もしある建物が他より五倍遠くにあるならば、その建物は、近い建物と比べて青を五倍多く混ぜた色で塗らなければならないのだ。[28]二次元のキャンヴァスに適用された観念は、次に三次元的な舞台の性質に合わせて変えられなければならなかった。舞台設定の初期のテクニックのひとつは（すでに一四八〇年代に使われていた）、舞台を建築的な単位に分割し、次にそれらを観客席の一点から見て一枚の絵の要素になるように再構成するというものだった。絵画的な奥行きの錯覚は、舞台の周囲に置かれた枠によってさらに強調された。十七世紀前半に、この枠（プロセニアム・アーチ）は、宮廷劇場の固定的・標準的な特徴となったのだ。舞台を細長くすることも、奥行きの感覚を強める工夫のひとつだった。ブルゴーニュ座の全長は三三メートルで、そのうち五・五メートルだけが狭い舞台として使われていた。これと対照的なのが、イタリアの舞台設計家ヴィガラーニ（一五八六―一六六三年）によってテュイルリー宮殿の翼棟に作られたサル・ド・マシーヌ［機械仕掛けのホール］である。幅は一六メートルしかなかったが、長さは七一メートルもあり、そのうち二八メートルだけが観客席で、残りの四三メートルは舞台のための奥行きだったのである。[29]

劇場で遠近法がもてはやされたのは、文化全体の傾向の一部だった。ジョン・エヴリンの『日記』が明らかにしているように、十七世紀の人々は、庭園に遠近法を利用した歩道を作り、また部屋の窓に遠近法的な絵を描くことで実在しない偽の眺めを作り出したのである。このような文化的な嗜好は何を意味するのだろうか？　それは、人間の自信の増大を意味し、また世界を操る自分の力への信頼を意味しているのだ。見晴らし窓のそばに立つことで、人は眺めを支配する。人は世界に所属しているというよりは、むしろ円の中心点から世界を組織し秩序づけているのだ。世界を遠近法的な風景として見るようになった人は誰でも、少なくとも幻の権力を享受している。なぜなら、単にその人がそこにいるというだけで、その人の目の前にある景観の要素はすべて一枚の統一的な絵にまとめられているからである。いっぽう世界の現実性は、その現われ方が見る人の位置や見晴らしのよさに左右されるということが認識されたとき、確固たる所与性と安定性をいくらか失ってしまう。数歩進むだけで、世界は微妙に変化するのだ。このように、遠近法的な眺めを個人的に経験することで、認識――たった数メートル離れて立っている他者とも正確には共有できない認識――の唯一の源としての自意識は否応なく強化されるのである。

ルネッサンス期には宮廷と権力は同義語だったので、宮廷劇場が、遠近法を極端に利用した舞台背景を奨励したのは驚くことではない。遠近法的な錯覚に基づいた舞台を理想的に鑑賞できるのは、観客席の中の一カ所だけであり、そこには支配者が座ったのだ。現実には、宮廷劇場の観客は二つに分けられた。いっぽうは君主であり、唯一無二の位置から自分が命じた出し物を楽しんだ。もういっぽうは廷臣たちであり、彼らにとっては高い座を占める君主自身が見世物の一部だったのだ。(30) 公共劇場に関して言えば、錯覚を利用した背景は十七世紀後半までほとんど利用されなかった。その主な理由は、華やかな出し物「スペクタクル」を上演するだけの金も技術もなかったということである。遠近法的な背景を交換するのには、複雑で高価な機械が必要だったのだ。産業革命以降、人々は機械という言葉によって自然の制御を連想するようになったが、十七世紀初頭には、この機械力は主に劇場の幻想的な世界で使われていた。個々の機械の設計と製造には、一団の技術者が協力しなければならなかった。当時、人々が「マシーン〔機械〕」について話す場合には、それは舞台のリフト〔起重機〕やクランク〔L字型ハンドル〕や滑車を意味していたのだ。(31)

見世物的な舞台背景は、主に劇の幕あいの休憩時間に出現した。それ自体が、劇的なショウだったのだ。しかしわれわれにとって興味深く思えるのは、見世物的な背景は、劇の最中に出現する場合でも、舞台前方の演技と関連している必要はなかったということである。ステファン・オーゲルによれば、『フロリメン』(一六三五年)という劇で、男女の羊飼いが熱情と困惑に苦悶するいっぽう、「田園の一年を季節ごとに描いた四つの優雅な絵を見せるために、遠景が分割されたのだ」。これは、観客に対して何を言おうとしていたのだろうか？　それが表明していたのは、混乱が地上を支配していようと、世界の調和は影響を受けていないということだったのである。[32]宮廷劇では、中世の宗教劇でそうだったようにコスモス［宇宙］を舞台背景にしなければならないことが多かった。しかしながら、神が造った宇宙の壮大さを前にして謙虚な気分になる代わりに、君主や廷臣たちは、自分たちが上演を命じた見世物を見物しながら、誇りと権力を感じて得意になっていたようである。

十七世紀にコスモスの観念は衰退し始めた。その代わりに、景観――自然の特定の断片――という観念が出現した。眺めとしての景観は、理想的な観察点がひとつだけ、観察者がひとりだけということを含意している。環境としての景観は、個人や集団、ひとつの出来事や一連の関連した出来事に枠組みを与え、またそれらの背景となっている。それに対して風景画は、画家が可能性を見いだした人間と環境との間のさまざまな結び付きを明らかにしている。たとえば肖像画では、背景となっている風景が、人物の性格や地位を示している。ここでは自然が人間の姿に従属しているのである。いっぽう、普通の労働者の働く姿（たとえば岸辺の漁師）が描写されている絵では、風景と人物が互いに溶け合っているように見える。われわれはこのような作品に、穏やかでのどかな世界――非常に人間的な世界――のイメージを見いだすのだ。また、十九世紀の一部のロマン主義画家たちに好まれた狂暴な自然の景観には、一見すると人間の自我の卑小さが現われているようであ

るが、深く読み取るならばそこには画家の気質や気分が現われているのである。(33)

このような感受性の変化は、劇場にどのように影響しただろうか？　絵画芸術が次第に景観を重視するようになったとはいえ、この傾向はすぐには舞台に現われなかった。確かにイングランドでは、王政復古以降の私設劇場と公共劇場の両者において風景が重要になってきていたが、しかしそれは型にはまった風景であり、この状況はそれから百年間ほとんど変わらなかったのだ。型にはまった風景は、劇場の目的に適っていた。その理由のひとつが、時間と場所は劇の進行に無関係であり、それを特定するのは普遍性を減じることにほかならないという新古典主義的信念だった。背景画家は、特定の場所を再現するのではなく、一般化された場所を描こうとした。風景の種類は、「悲劇的」、「喜劇的」、「田園的」という標準的な背景よりも増えていたが、しかし相変わらずさまざまな劇に利用できるように一般化されていたのだ。

舞台設計の大きな変化は十八世紀に起こった。それは、ヨーロッパ人が次第に国内外の自然や場所、人間やその風習に興味を示すようになった時期である。国内では、自然研究がレクリエーションとして普及した。教養のある人間は、地質学的特徴や動植物に興味があるふりをし、田園を散歩しながら化石に目を光らせることもあった。遠い土地についての科学的な報告書が、教育のある素人に読まれた。海外への巡遊旅行の際には、彼らは自分が訪れた場所についてのメモを日誌や日記に残したのだ。このような趣味は、演劇の世界にも影響を与えた。風景画家であり設計家でもあったフィリップ・ジャック・ドルーテルブール（一七四〇―一八一二年）が、その写実的な舞台背景によりフランスとイギリスで名声を獲得したのだ。彼の影響下で、「地方色」が流行となった。イギリスの舞台で彼は、現実の場所を描いた『ダービーシャーの不思議』（一七七九年）や、キャプテン・クックの航海に基づいた『ああ、世界一周』（一七八五年）のようなショウを生み出したのである。十九世紀には、自然は風景以上のものになった。暴れ狂う自然が、人間生活に積極的な役割を果たすさまが描かれたのだ。難局を打開するのに神や天使をあてにせず、その代わりに洪水が舞台に押し寄せ、ヒロインを板の上に救い上げたのである。[34]神や星ではなく、地上の自然や場所が人間の運命に影響するようになったのだ。

景観と家の内部は、どちらも私的な世界である。コスモス〔宇宙〕や公共広場と異なり、それらは個人の気分や価値観を深く反映させることができる。ヨーロッパの画家たちが景観に魅せられていた時期、彼らは同時に家の中の出来事や家の内部空間（家具を含め）にも興味を示し、またそれらを重視していた。フィリップ・アリエスが述べるように、私生活は「十六世紀、とりわけ十七世紀の図像に侵入し始めていた。オランダやフランドルの絵画ならびにフランスの版画を見ると、これまで一貫性がなく無視されていたこの概念がきわめて強調されている」。[35]脚本家と舞台デザイナーは、この新しい意識に反応した。彼らの一部がメロドラマや地理的な見世物を試みていたいっぽうで、家の内部の親密な世界を探ろうとしていた人々もいたのである。

近代の始まりまで、演劇にされるような重要な出来事はたいてい、宮殿の前庭や、住居や居酒屋が並ぶ街路のような野外の公共的な領域で起こるものとされていた。人間の愚行は舞台の上同様、戸外で見られ、現実世界の家の窓から目撃されるものだった。そのいっぽうで悲劇は、家族の内部や建物の中で起こることが多いと考えられていた。そのため製作者にとっての課題は、伝統的に公共的な空間を表わしていた舞台で、悲劇的な出来事を見せることだった。ギリシアやルネッサンスの劇場は、使者の演説や、舞台背景の後ろで殺される登場人物の叫びや、殺人劇を暴くために背景のドアを突然開けるというような工夫に頼っていたのである。(36)

およそ一六五〇年まで、舞台背景の大部分は野外だった。その後フランスでは、モリエールの影響もあって、喜劇が古典的な趣のある野外から客間へと移動した。彼は、室内の背景が自分の非常に個性的な登場人物の性格や社会的地位を明確にしてくれることに気付いていたようである。(37)イングランドでは、家の内部の場面が王政復古期の劇で広く用いられたことが知られているが、プロセニアム・アーチ［舞台前面のアーチ］から突き出た広い張り出し舞台を作る習慣は残っていた。それは、王政復古期の劇が相変わらず、思いがけない出会いや、対決や、密会の約束が行なわれる一般的な場所や公共の領域を必要としていたからである。

舞台上の親密で閉じた世界は、結局十九世紀の後半まで完成しなかった。王政復古期の劇は客間や寝室を舞台にすることが多かったが、それは個人的な内密の経験の核にある人間の弱さを探るものではなかった。そのため、王政復古期の劇は「風習喜劇」として知られるようになった。風習とは公的な自己であり、内面を隠し守るものである。中でも、攻撃的な風習がウィットである。王政復古期の喜劇とは気の効いたウィットのやりとりだったのである。十七世紀後半にロンドンで一つか二つの劇場を後援していた「上流」社会が、劇の登場人物に共感することはまったくなかった。観客はオリュンポスの神々のように座って舞台上の言葉の戦いを審判した。そしてときおり自分たちも、ウィットのある意見を大声で言うことでその戦いに参加したのだ。十八世紀になると、感傷的な劇が出現した。そしてそれが受け入れられるとともに、喜劇が悲劇の機能の一部を担うようになった。観客は登場人物を笑うだけではなく、彼らに同情する——彼らの喜びや悲しみを共有する——ことも期待されたのである。私的な世界が演じられ、人間の弱さがはっきりとしたテーマになったのだ。しかし感傷劇の人間の弱さは実は見せかけのものである。なぜなら、最後には美徳が勝利を収めるからである。(38) そして美徳はそれ自体、風習——ウィットのない風習——なのである。十九世紀の初頭、ヨーロッパの舞台ではメロドラマ［音楽をちりばめた通俗的な劇］が主流だった。その着想の元になっていたのは、主にゴシック小説だった。物置の中でかたかた音をたてる骸骨や、暴露されそうな多くの暗い秘密。観客は物事の裏側を見せられたのだ。社会が貧者の見えざる苦痛という秘密をもっていたように、個人も秘密をもっていたのである。フランス革命以降、劇場側は世界の裏側を探ることが利益に結びつくのに気付いた。そこでメロドラマによって、表面上は明るい社会的な風習の裏をちょっと覗くふりをしたのだ。しかしそれに伴っていたのは、自己や社会についての深い知識ではなく、単なる見世物やスリルだった。扉の向こうからの劇的な救済や新たに発見された遺書といった希望がまったくない社会的・物質的環境の中に陥っている人間の生活、つまり人間の苦境について真剣に探ることは、一八六〇年代まで一般的ではなかった。当時のそのような劇は、ヴィクトリア朝時代後期に建てられた小さく親密な芝居小屋に集まった少数の鋭い観客だけのものだったのである。[39]

昔の舞台では、きまりきった演技や観客の行動、それに芝居小屋の物理的特徴によっても、親密な世界の表現は阻害されていた。十八世紀でも、劇の上の現実と、役者や観客の現実との区別は曖昧なままだった。特権的な一部の観客が舞台の上に座ることが認められていたため、まわりから切り離され閉ざされた家庭劇の世界という幻想がすべてぶち壊されていたのだ。そのうえ観客たちは相変わらず、賛意や不満を表明するために劇を中断する権利を行使していた。彼らは役者にうまいせりふ回しを繰り返させ、また彼が口ごもった時にはブーという叫びやシーという声で責めたりしたのである。役者自身も進んで観客たちとやり合った。彼らはつねに舞台の前の方で演技し、劇の盛り上がる部分では、役者同士で会話をし幻想を維持しようとするより、観客に話しかけて喝采を浴びようとする傾向があったのだ。彼らが観客に横顔を見せることはめったになく、背中を見せることはまず決してなかったのである。[40]舞台上の家具の数は、十八世紀の終わり頃から次の世紀の初期にかけて増加し始めていたが、演技に必要不可欠な何かというよりは背景として用いられ、舞台の前で熱弁をふるう役者の後ろに置かれていた。それに対して、役者たちに舞台全体を自由に動き回らせ、必要な時には彼らの背中を観客に向けさせた最初の舞台監督の一人が、ヴィクトル・ユーゴーだったのである。[41]

普通の家を舞台に自然な言葉を使って演じられる人間のきずなと争いの個人的なドラマは、役者と観客の間に明確な線が引かれるにつれて実現可能になった。パリとロンドンでは、最終的にそれぞれ一七五九年と一七六二年に高貴な客たちが舞台から立ち退かされた。プロセニアム・アーチから突き出ていた前舞台は、十九世紀の終わりまでに小さくなり、もっぱらカーテン・コールだけに使われるようになった。[42]役者は次第に劇の世界に引きこもり、まるで観客がいないかのように演技できるまでに至ったのである（**第19図**）。照明技術の進歩によって、劇場の二つの世界への分割が一層進んだ。十八世紀には、興行主たちは相変わらず蠟燭と油――ほとんど制御できない昔からの照明手段――に依存していた。そのためたとえば、劇が進行している間、舞台の別々の場所を暗くしたり明るくしたりするのは難しかった。ところが一八一六年に発明されたライムライト［スポットライト］が、

［第19図］ 十九世紀であっても，役者と観客の間には驚くほど親しい触れ合いがあった．その接触の親密さは，大衆向けの娯楽としてメロドラマを上演していた大きな劇場でとりわけ特徴的だった．Richard Southern, *The Victorian Theater: A Pictorial Survey*（Newton Abbot, Devon: David & Charles, 1970）, p. 11 による．

いきなり興行主にムード作りや雰囲気作りをする力を与えた。光と陰によって構成された場面は、今までになかったある種の不思議なリアリズムを獲得した。舞台場面は単なる背景以上のもの、すなわち観客が見とれる遠い国の異国的な場所以上のものになったのである。十九世紀後半のいくつかの自然主義的な劇では、このような場面が劇全体に見られ、また劇と一体化していた。舞台場面の説明的で雄弁な背景描写としての役割は、流行遅れと見なされるようになったのである。(43)

一八二〇年代までにガス燈が劇場で広く使われるようになった。ガス燈は、まわりから切り離された幻想の世界を確立するのに貢献し、また演技様式にも大きな影響を与えた。早くも十六世紀には、イタリアの建築家でありデザイナーでもあったレオーネ・デ・ソミが観客席を暗くすることを主張していたが、彼の考えを実行に移すのはほとんど不可能だった。次の二世紀の間、西ヨーロッパの劇場の普通の照明方法は、プロセニアム・アーチ付近にシャンデリアを並べてぶら下げることであった。蠟燭は観客席と前舞台を照らしていた。そのため役者たちは――見てもらうために――前舞台にかたまっていることが多く、後ろの暗いところに引き下がることはほとんどなかった。つまり役者と観客はともに同じ光に引き寄せられていたのである。ガスの導入とともに、舞台全体を照明することはもはや難しいことではなくなった。役者たちは舞台奥に引き下がり、そこに置かれた家具の間を動き回ることができるようになった。しかも彼らは観客席からはっきりと見えた。このように十分な光に照らされることで、十九世紀後半の小劇場で演技していた役者は、身振りを抑え、表現をもっとこまやかにしなければならないことに気付いたのである。いっぽう観客席を暗くすること自体は容易であった。そして一八八〇年以降、それが一般的になったのだ(44)。

観客は、暗闇の中でひとりになることで、覗き屋になった。かつて混ぜこぜの群衆の中に立ち、代わる代わる聞いたりしゃべったりしていた観客は、いまや自分の席に静かに座り、窓を通して見るかのように明るい舞台を見つめているのだ(45)。その観客は何を見ることができるのだろうか？　それは、コスモス［宇宙］や広い世界ではなく、私的な部屋や、カントリーハウスの「夏の部屋」と呼ばれた個人的な庭園なのである。十九世紀末期から二十世紀初期にかけての写実的な劇では、観客は自分の生活と似ている生活に出会った。そこにいるのは、本物の中流階級のメンバーだった。彼らは、しばしば自分の言いたいことと反対のことを言ってしまったり、自己不信に苦しんだり、自分のアイデンティティに疑問を持ったり、さらには告白の衝動にかられたりすることで途方に暮れる人々だったのである。イプセンとチェーホフの劇の主要なテーマは、自己についてのこのような探求であった。『人形の家』のノラは、自分が本当は誰なのかを見つけるために、夫や子どものもとを去らざるを得なかった。『ペール・ギュント』のペールは、他人を犠牲にしてでも、自己を見つけ出そうと突き進んだ。そして旅の終わり近く、彼は玉ねぎの皮を剝きながら、自己には中心がない――自己の核には何もない――ことに気付きぞっとしたのである。チェーホフの『かもめ』では、トレープレフは簡潔に尋ねている。「私は誰？　私は何？……」。

六　環境と視覚

前の三つの章では、西ヨーロッパでみられた、集団性から次第に社会的・空間的分節化へと向かう一般的な傾向に焦点を当てた。この傾向と並行していたのは、自意識が強まりプライヴァシーが要求されるようになった結果、誇りと悲しみを伴いつつ集団から孤立した、個人の増加だった。テーブルマナーや家や劇場の歴史を概観することで、われわれは人々がどのように外部の現実を知覚してきたか、また過去三百年間自己がどれほど顕著な変化を被ってきたかを学んだ。そこでここでは、知覚の変化そのものについて考察してみたい。

最初に、現代的な建築環境が、ほとんどわれわれの視覚だけに訴えかけていることについて考えてみよう。すらりとした摩天楼、夕暮れ時の赤みを帯びた雲を映す、ガラスで覆われたその壁は、外から眺めるには美しいものである。内部にも、ガラスやアルミニウムや木でできた見事な内装が見られる。しかしそこでは、視覚以外の感覚が十分考慮されているとはいえないのである。その場所には匂いも、仕事による静かなざわめきやゆったりとしたレコード音楽以外の音もない。また手による接触の機会も限られているのだ。現代建築のホールは、その視覚的な魅力がどのようなものであろうと、感覚が制限された環境である。その場所は言わば距離を保持しているのである。中の人は切り離され孤立しているような感じをもつのだ。対照的に、ゴシック様式の大聖堂の内部は包み込むような雰囲気をもっていることが多い。そびえたつ石柱、虚ろな空間に反響するオルガンの音楽、湿った石や香《こう》や溶けた蠟燭の匂い、それに足元の床の堅い感じといったものに影響されて、人の五感は生き返るのである。

このような二つの建物の比較により、異なる時代に住む人々の感覚経験の違いについて考えることができる。近代以前の感覚世界は小さく複雑であり、眺めと匂いと音が争いぶつかりあっていた。近代の知覚的な経験は、視覚的な刺激や経験がほかを圧倒するとともに、互いに分離され明瞭になる傾向がある。この変化の結果、知覚世界は拡大しているが、いっぽうでその原初的な豊かさは失われているのだ。もうひとつの結果は、自己についての感覚が環境から切り離され、強化されていることである。見ることの強調、とりわけ心の目で見ることの強調は、個人を孤立させる効果と、認識の唯一の枠組みとしての自己に関する意識を促進する効果があったのだ。

なぜこうなったのかを理解するためには、五感の特徴を調べる必要がある。まず聴覚から始めよう。音は、われわれの環境の中でつねに現在の部分である。われわれは葉がざわめき風が叫ぶ世界、エアコンや遠い往来の低いうなりが聞こえる世界にすっぽり浸かっている。このような音に対して、われわれは普通、何の疑問ももたない。静寂こそ、突然それに気付くとき奇妙なものに思われるのだ。しかも、われわれの日常的な環境では、音はそこら中から聞こえ、場所を特定できない。これは連続的な背景音の場合に成り立つが、小さな飛行機の低い音や犬の鳴き声のような、われわれが注意を払う個々の音も、正確には位置を特定できないのである。それがどこから聞こえるかということはだいたい分かるが、それだけなのだ。音の世界は空間的な明瞭さを欠いている。音は、特定の音源から発生している場合でも空間全体を満たし聴取者を包み込む傾向があるのである。

音にはそれ以外に、人間の感情を刺激する力をもつという特徴がある。その力は、人間世界が主に視覚的であるにもかかわらず視覚の力を越えるほどである。音はダイナミックなのだ。それは生きているという感覚を生み出す。防音の建物から下の通りを見下ろすと、車や歩行者が動いているのが見えるが、しかし窓が開いて音がなだれ込むまでその風景は奇妙に静的に見えるのである。そのうえ、湖岸に打ち寄せる波のリズミカルな響きのような自然の音や人工的な音（特に音楽）は、生命の基本的なパルス［脈動］——鼓動や呼吸——を再生産することができる。生命のパルスを繰り返すことで、環境の音は興奮や熱情、平安や幸福といった感情を喚起できるのだ。このように、聴覚的な出来事は空間全体を満たし聴取者を取り囲む傾向があり、またそれは感情を強く刺激することができるために、自己は音を通じて世界と一体化しているのである。[1]

多くの動物は、鋭い嗅覚をもっている。雄の蚕蛾は、風上に十一キロメートル離れた雌の蚕蛾の誘惑的な匂いを追跡することができる。[2] 犬が遠く微かな匂いをかぎわける能力は、われわれがよく知っているようにあらゆる人間の能力をはるかに凌いでいる。多くの動物にとって、世界は鼻によって開かれているのだ。しかし人間にとっては、目が遠くを識別する器官なのである。成人と比べると、子どもたちは香りの豊かな世界に住んでいる。なぜなら、習慣がまだ嗅覚を鈍らせていないし、子どもは大部分の匂いの源である大地——花や草、湿った土や日に焼けた舗道——に近いところで生活しているからである。

匂いはわれわれに構造化された空間という感覚を与えてくれない。われわれがかぐことのできるものは何であれ、決まり切った言い回しにあるようにすでに「鼻先」にあるのだ。われわれは方向を探ったり、重要な物の位置を突き止めるのに鼻を使うことはほとんどない。腹のすいた人がローストビーフの匂いをたどって台所へ入って行くというのはユーモラスなイメージであるが、それは人が普段そのように嗅覚を利用することがないからである。また、気体となった香水は空間全体に拡散する。われわれは位置を特定できない匂いの世界の中にいるのだ。しかも匂いはわれわれにとって重要である。なぜなら、それらは間違いなくわれわれの感情や幸福感に影響を与えるからである。食事や性行為のような生物的な欲求は、匂いによって刺激される。匂いをかぐことのできない食べ物にはまったく魅力がないのだ。匂いと性的な興奮との関係に関しては、サマセット・モームがかつて次のように語った。「あなたは彼のレインコートの匂いが好きですか？」という質問に対する答えから、その女性が男性を愛しているかどうかが分かるのだ。小さな子どもたちの幸福感は、おそらく大人以上に匂いに依存している。古い毛布や熊の縫いぐるみに対する子どもの愛着は、安心感を与えてくれるその匂いと大きく関係しているようである。大人も、洗濯したてのシャツの清潔な匂いのような、何かありふれた匂いに心が安まるのである。

匂いと、われわれが自然（現実あるいは本物）と考えるものは、心の中でどういうわけか結び付いている。この理由のひとつは、岩石を含むほとんどすべての自然物が特徴的な匂いをもっているということである。いっぽう多くの人工物には匂いがない。作られた物体は、もしそれが自然の特徴である複雑な匂いをさせていないならば、自然をうまくまねたことにはならないのだ。本物かどうかの感覚を与えてくれるばかりでなく、鼻は他の感覚器官と同様、環境についての情報も集めてくれる。匂いの感覚が洗練されている人は、自然や人工的な世界の多様な匂いにしっかりと対応している。しかしながら嗅覚は、抽象的思考あるいはシンボルを用いた思考と同義の精神生活の発展にはほとんど寄与していない。匂いが生み出す世界には、確かさが欠けているのだ。それは拡散しており、組織だっておらず、つかの間のもので、感情に訴えるのである。匂いは、喜びや幸福や郷愁や愛情や嫌悪の感覚を喚起する。それらは直接的で、個別的で、一般化できない経験である。つまり自己完結しているのだ。このように匂いは空間に充満し、感情を刺激するので、音と同様に、自己は匂いを通じて世界と一体化していると言うことができるのである。(3)

触覚は五感の中で最も基本的な感覚である。それがなければ動物は生きていくことはできない。最も大きな感覚器官である皮膚の広い表面を通して、われわれはつねに環境と接触している。目は閉じることができ、耳はふさぐことができ、時にはかいだり味わったりできないこともあるが、しかし触覚だけはつねに機能しているのだ。皮膚の表面はどこかでいつも環境からの圧力や刺激――風と霧雨や、ベッドの冷たいシーツや、ちくちくする下着の感覚――を感じている。並外れて鋭いのが、人間の手の触覚である。動物界の中で、手を使って物体の肌理《きめ》や形を探るのは人間だけである。われわれは物を触ったり感じたりすることが好きであり、触れるだけで証券用の上質紙とマグノリアの花びらの肌理《きめ》の微妙な違いを識別することができるのだ。そのうえ、接触は現実性の究極的な確認方法である。見ることは必ずしも信じることとは限らない。なぜなら目は欺かれることがあるからだ。しかし触ることのできるものは、疑い無く実在している。われわれが触ることができ、自分の手で持つことのできるものは、現実にそこにあるのだ――われわれの目の前のすぐ手の届くところに。しかしながら、われわれは一度に数個の物しか扱うことができない。したがってこのようにして認識された世界は、そこに含まれている物の大きさや数が限られてくる。つまり触覚は、知的な飛躍を促さないのだ。おそらくこの理由から、それは聴覚や視覚以上にわれわれの幸福感や感情に強く影響することができるのだろう。たとえば、もし新生児の身体に接触による十分な刺激が与えられなければ、その消化や排泄の能力が損なわれてしまうのである。またわれわれは皆、接触が「タッチング［触れること］」であり、他人に触れることで愛情を示したり慰めを与えたりできることを知っている。接触は文字通り自己と世界を結び付けているのだ(4)。

聴覚・嗅覚・触覚はいずれも近接的な感覚である。それらを通じて認識される世界は居心地が良く、感情的に豊かなものであるが、しかし位置を特定できるような特徴を欠いている。これら三つの感覚はすべて、個人を環境にしっかりと巻き込むのだ。しかしながら、人間は第一に視覚的な存在である。視覚によって、空間的に「そこ」に置かれている物体からなる、細部まで明瞭な世界が開かれるのである。近接している場合、われわれのすべての感覚は環境に対して反応し、そこに単なる映像ではなく、まわりを取り巻き、生命とともに脈動する世界を見いだす。中距離では知覚から匂いが抜け、われわれはサウンド付きの映像——一種の映画スクリーン——と向き合う。この単純化された世界に対しても、感情的なかかわりあいはまだ可能である。もっと遠い距離では、音も消え、単なる映像だけが残される。その映像の中の物体は動いているかもしれないが、しかし音がないために全く生命を感じられないのだ。

視覚は群を抜いて知的な感覚である。それは物を識別し定義づける。「われわれはほかの何よりも見ることを好む」とアリストテレスは語った。「なぜなら感覚の中でもとりわけ視覚がわれわれの認識を可能にし、また物の違いに光を当ててくれるからである」(5)。視覚はまたわれわれに、空間的に構造化された宇宙を示してくれる。すべての対象を一度に見ることができ、しかも対象は長い間安定しているので、われわれはそれら相互の関係を理解することができるのだ。そして視覚は最も「冷たい」感覚である。それはわれわれの感情を刺激する度合いが最も少ない。視野はわれわれを包み込まないし、われわれは前にあるものしか見ることができない。われわれは視野の周縁にいるのだ。その中にあるすべての物はどんなに近くにあっても、「そこ」にあるように見えるのである。単に見えているだけでは、完全に所有していることにはならない。見ている人と見られている物との間には、物理的・心理的な距離が存在しているのだ。美しい顔や日没は感情を強く刺激するが、しかしどちらも触れることができないので、感覚上の距離が残るのである。われわれは目だけではなくたいてい五感すべてを使って知覚しているので、普段は環境から切り離されているとは感じない。自己を世界に溶け込ませるのに視覚だけでは効果がないということを暗示するのは、戦争中に突然聴覚を失った兵隊の経験である。最初、兵隊たちは音のない世界を平穏と感じるが、時がたつにつれてそれは静的で、生気がなく、非現実的なものに思えてくるのである。彼らは、ガラス仕切りの背後で生活しているような孤独感をもつようになるのだ⑹。

人間が自意識をもつことが可能なのは、脳と目のおかげである。われわれはすでに、特定の場所を占める物体を個々に分離し、それぞれの印象を区別する視覚の能力についてみてきた。人間の内面に関して言えば、視覚は自己が互いにばらばらであることを示している。すなわち、もし自己が存在しているならば、それはひとつひとつ何かが違う多くの自己の中のひとつとして存在しているのである。またすでに、われわれが見ているものは必然的に「そこ」にあり、われわれはいつも自分の視野の周縁に立っているという事実についても述べてきた。この事実がどのように自意識を刺激するのだろうか？　それは次のようなありふれた経験によって例証できる。あなたはドアを押し開け、パーティの人混みを眺める。あなたは自分が前方の会場を観察する部外者であることを強く意識する。しかし人混みの中に入った途端、あなたはそこに所属しているのである。もちろん、あなたが見ているものは相変わらず「そこ」にあるが、孤立感はざわめきや、タバコや食べ物や菓子の匂いの中で弱まるのだ。もうひとつ重要な点は、見ることが、個人的な行動として、すなわち自らの意志による主導権の把握や維持として経験されることが多いために、自意識の発達を促すということである。ほかの感覚は比較的受け身である。音や匂いは向こうからやってきて、それにわれわれは反応する。普段はたいてい、聞いているのではなく聞こえているのであり、嗅いでいるのではなく匂っているのである。またわれわれの皮膚は、上を通り過ぎたり押したりする作用——髪をなびかせる風、つま先の間の砂、人の接触——だけを感じるのだ。

幼児が自意識を欠いていることは知られている。その世界は年上の子どもやおとなの世界と比べると、未分化で全体的なものである。未成熟な脳と知覚システムがこのような限界の理由である。しかし、知覚器官がすべて同じように未成熟というわけではない。たとえば幼児の耳は、成人の耳とほとんど変わらない。しかも幼児には、高い周波数の音を聞くことができるという、おとなより有利な点さえあるのだ。感情において、音は視覚よりも幼児の幸福感に大きな影響を与えるようである。幼児は音に関して明確な嗜好をもっている。静かな子守歌や、母親の優しい声や、いつも抱かれている位置、すなわち母親の左腕で聞く彼女の鼓動が好きなのだ。幼児は匂いにも敏感であり、好き嫌いがはっきりしている。彼らは匂いの発生源を特定でき、産まれた直後から嫌いな匂いを避けようとする。また、幼児の皮膚は繊細であり、それを通じて環境に対する認識の多くがもたらされる。幼児が積極的に探る最初の環境は、自分の母親である。彼らはそれを、胸や乳首との皮膚接触や、活動的な手で母親にしがみつくことや、嗅覚を通じて行なうのだ。目はあまり重要ではなく、閉じられていることが多い。あいていても、世界に対してあまり開かれてはいない。新生児は顔から約三〇センチメートルの範囲しか見えないのである。その周辺視の能力も貧弱であり、おとなよりもかなり劣っている。生後四カ月に達するまで、幼児の目は焦点をうまく合わせることができない。立体視は、産まれた時にはほとんど不可能であり、ゆっくりと発達する。そして注意持続時間は一瞬なのである。

要するに、視覚——抽象的な思考や、識別や、距離の設定に最も密接に関係している感覚——は、小さな子どもの知覚システムの中で最も発達していない部分と考えられる。幼児に必要な安心感は、ほかの感覚と比べ視覚が未成熟なおかげで得られているようである。赤ん坊の知覚世界は小さく順応的で心地よいものであり、音や匂いや接触という、感情を落ち着かせる刺激によって包まれているのだ。注目に値するのは、八歳から十二歳までの精神分裂症の子どもが、落ち着ける小さな世界に引きこもることで、安心感を得ようとすることである。普通の子どもと比べると彼らは、人間や物理的環境に対処する際に、聴覚や嗅覚や触覚という近接的な感覚に依存するようになり、識別や分離をもたらす視覚には依存しなくなるのである。(7)

世界のさまざまな地域の健康な成人は、聴覚、嗅覚、触覚、視覚の能力がだいたい同じである。しかしもちろん、彼らがどのようにその知覚能力を発達させたか、そして彼らが日常の活動においてどのようにその感覚を利用しているかということは、それぞれの社会文化的集団によってさまざまである。やはり、すべての人間にとって視覚が重要であるが、そのいっぽうで、見る目を鍛える方法が、集団により非常に異なるのだ。深い森に住む狩猟採集民にとって、目は距離の検出装置としては明らかに十分な機能を発揮していない。熱帯林の中で見えるもの——植物や動物——はすべて、すでに近くに存在しているのだ。視覚は大きく広がった空間を理解するよりも、乱雑な環境の中から細かい違いを見分けるように鍛えられているのである。現実に、広い空間は恐れを呼び起こすことがある。フィリピンのミンダナオ島の原住民であるタサダイ族は、初めて森から連れ出され木の切り払われた空き地を見たとき、神経質な様子でそこが「遠くまで見えすぎる」場所であると言ったのだ。(8)

周囲を取り囲み保護してくれる森の外に何があるかについて、タサダイ族やコンゴ盆地のムブティ・ピグミーのような狩猟採集民は最小限度の好奇心しか示さない。いっぽう森の中では、音が快適な環境を作り出してくれる。熱帯林は音——そよぐ木の葉や、植物にあたる雨音や、多種多様な動物の声——で満ちているのだ。ムブティ・ピグミーにとって、特定の音は死後の世界についての暗示を与えてくれる超自然的な性質をもっている。たとえばピグミーが好む伝説には、美しい歌をうたう鳥の物語がある。その鳥を殺すことは直ちに永遠の死に結び付くのだ。人間の歌にも力がある。その力は歌詞の内容よりも音から発している。ムブティ族は危機の際に、森の慈悲深い精霊を目覚めさせるために歌うのである。人間の声に対しては、儀式用のラッパによる「歌」が応える。森の中に運ばれたラッパはさまざまな場所で吹かれるので、その音が森そのものから発するように思われる。(9)

匂いも音のように森の中にみなぎっている。成長の香りと腐敗の臭いがそこら中でするのだ。また全裸に近い人々の触覚は、熱帯の土砂降りや突風によって、彼らが触れる木の葉や枝によって、そして中でも最も重要な、人間同士の触り合いによって、頻繁に刺激を受けているのである。

すべてを育ててくれる森の外では、人々は見る努力さえするならば、空や広い開放的な空間にさらされて生活していることになる。しかし大部分の人々は見ようとはしない。遠い地平線は、誘惑ではなく脅威と感じられるのだ。目は手元にあるものや、野営地や村といった人間化された世界や、生存に必要な自然の一部に注目している。風景の認識は、われわれが思っているよりもありふれたものではないのである。それに対して、ほとんどすべての地域で見られるのは、生まれ故郷に対する愛着であり、聖なる場所に対する強い畏敬の念である。わが家や聖なる場所があるところでは、人間のすべての感覚が強く引き付けられる。距離の設定——視覚的・審美的認識の本質——は行なわれないのだ。ティコピア族は熱帯の自分たちの島に深い愛着があるが、人類学者レイモンド・ファースが美的観点から楽しんだ海景の美しさを理解しなかったのである。[10] また、オーストラリア中央部のアランダ族は、自分たちの生まれた土地を深く愛しているが、しかし山や小川や水たまりは彼らにとって、はかない視覚的な喜びをもたらすような単なる風景の特徴などではない。それらは生きている家系図であり、自分たちの過去であり、部族の経験や強烈な個人的経験の場所なのである。砂漠の広大な空間はどこも、ぶらぶら歩きや探検に適している。しかし、水と食物を求めて移動してきた歴史をもつアランダ族は、ぶらぶら歩きに関心をもたない。彼らの伝説は望郷の念で満たされているのだ。その中では、へとへとになった祖先たちが出生地に戻りたがっているのである。(11)

中国人とヨーロッパ人という二種類の人々は、「そこ」にある世界の美しさに注目しただけでなく、叙景詩や風景画でそれをとらえようとした。ほかの人々以上に、彼らは風景［シーナリー］という概念を把握していたのだ。このような視覚の強調が、距離の設定や分離——差異化が進んだ世界、取り囲み方が弱い世界へと向かう動き——をもたらしているとしても、それはこの二種類の人々にとって運命だったのである。新しい試みの歴史は長く、複雑である。しかし少なくともわれわれは、中国人が視覚的な方向においてヨーロッパ人ほど進んでいなかったことを明らかにするつもりである。その証拠として、たとえば家屋を考えてみよう。中国とヨーロッパのどちらにも中庭付きの家があり、しかも中国ではそれがおよそ二千年間も好まれていた。しかしヨーロッパ人と異なり、中国人は自分の家に見晴らし窓を設けるという発想を自分たちで発展させなかったのだ。中国人の伝統的な家を囲んでいる何もない壁から中へ入ると、そこは中庭で、多くの場合隅にミニチュアの庭園がある。屋敷の内部へさらに入っていくと、落ち着いた美の世界、建物や舗道や装飾用の岩や植え込みからなる秩序立った世界に包み込まれる。ところが、そこにはまったく遠景がないのである。空だけが広大な空間に続いている。視覚的な楽しみは、大部分が小規模かつ密着したものなのだ。壁に囲まれているので、外部との接触を可能にしているのは聴覚や嗅覚だけである。N・I・ウーは次のように述べている。「中国の文学作品の中には、壁を越えてくる街路の足音や木に咲いた花の匂いを通じて都市生活を描写しているものが多いのだ[12]」。

中国人にとって、広い空間は分離を意味している。決まり切った言い回しの中の「万里」は、友人や恋人を隔てているのだ。中国の詩の主なテーマは望郷の念、家族や仲間の姿や声や匂いへの思いこがれである。野外の自然や景観は、徐々に観賞されるようになったのである。最も初期にあたる、周代初・中期（西暦前一〇〇〇年頃―西暦前五〇〇年頃）の文学作品では、自然のイメージは両極端に分かれていた。いっぽうは、家の近くの日常的な眺めや音であり、もういっぽうは、深遠で超越的なそれ――すなわち、シャーマニズム的な信仰の特徴である、神格化された山や雲である。中間領域の自然――風景［シーナリー］や景観［ランドスケープ］――が詩に表現されたのは、西暦四世紀になってからであった。そしてこの領域は、唐代（西暦六一八―九〇七年）の詩においても相変わらず人気が最も高かった。この時期に、言葉による景観の描写はそれまでにないほどの繊細さを獲得した。風景画はもっと後の宋代（九六〇―一二七九年）に発達した[13]。景観を描くにあたって、中国の画家は風景を「そこ」にある個々の物の配列と見なさず、雰囲気や、いたるところに存在する力を感じさせようとしている。作者と年代がはっきりしている最も初期の中国の風景画である、『早春図』(一〇七二年)と題された絵について考えてみよう。現代の批評家の主張によれば、『早春図』において作者郭熙は「生命の気」を伝えようとしている。この「気」は、雲や霧や水蒸気、流れの速い小川、そしてそびえる山にさえ感じることができる。これらは死んだ物体などではなく、活動的な力なのである。(14)

中国には芸術のさまざまな流派がある。また風景画の様式も時代とともに変化してきた。それにもかかわらず、中国の歴史を通じて、自然には生命があり、それがまわりを取り囲んでいるという観念が保持されてきた。人間は自然の一部であり、それに包まれているのだ。このような基本態度が、中国人がルネッサンス期の西洋美術において重要となった線遠近法の類いを発達させる方向に進まなかったひとつの理由なのだろう。すでに触れたように、線遠近法は見る人を風景の外に置くことで、その人を風景から分離しがちである。対照的に、中国人の移動し複数の水準をもつ視点は、世界がまわりを包んでいるかのような感じを起こさせるのだ。もうひとつ重要なのは、ヨーロッパの画家と異なり、中国の画家は目の前の景観を描くことがめったにないということである。彼の理想は、多様な力をもった自然を経験することであり、その本質である気と神秘的な同一化を達成することであり、そして自然そのものの中から風景を作り直すことなのである。(15)

しかし、ヨーロッパと同様中国においても、自意識の深化にともなって自然が次第に観賞されるようになった。そもそもそれがなければ自然を観賞することは不可能だったのだ。景観描写が出現した状況を再現してみよう。西暦四世紀に、遊牧民起源の人々が中国北部に侵入したため、もともとの中国人は南部の揚子江盆地や、さらにその南の山がちで森林に覆われた亜熱帯環境へと追いやられた。この南部への移動の結果はどのようなものだったのだろうか？　いっぽうで、社会のルールは新しい環境に必要な適応を認めるように緩められた。他方で、新しい環境は学者＝芸術家に、人が長く定住してきた北部の平原や谷の場合よりもはるかに身近なところで、美しい山や川を見せてくれた。中国南部では、失脚したり人間の栄誉のはかなさに幻滅した官吏たちは、山水の中で手近な慰めを見いだすことができたのだ。自然へのこの種の逃避は四世紀にみられ、またモンゴル人が中国北部を占領し、中国人が自分たちの帝国を作るために再び南へ移動した宋代にもみられたのである。

社会的な結び付きが弱まると、学者＝官人階級の人々は、自然との一体感に慰めを見いだすようになる。しかし、自然の探求は不可避的に孤独な作業である。探求者は、最終的に社会を捨てなければならないのだ。自然の眺めや音や香りに満たされた場所をさまよう芸術家は、自分が環境に浸り切っていると容易に信じることができる。しかし自分の書斎で一人になって作品を書こうとするとき、彼はその一体感が一時的なものであり、ものを描写するということはその外に立つことなのだと気付くのである。詩は何かを思い出させてくれるが、思い出すものというのは目の前にないものなのだ。それに対して、風景画は知覚的に存在している――ただし目だけによって知覚される存在である。そこでは額《ひたい》にぶつかる霧の感覚や草の匂いは失われているのである。

ヨーロッパ人は、中国人よりもさらに視覚的な方向へ進んだ。中世の大部分のヨーロッパ人は相変わらず五感に訴える伝統的な世界――未分化で、色彩豊かで、人間的な温かさのある世界――に住んでいた。しかしながら十六世紀以降の世界は、冷淡で、大きく、意図的に考え出され、正確に区切られた秩序へ向かって変化したのである。そのプロセスは、事物を分類し、それらを空間に、すなわち比喩的には心の図式に、そして文字通り地球の表面に広げるというプロセスとして特徴づけられるであろう。われわれはこのプロセスがテーブルマナーや家屋や劇場に与えた影響について既にみてきた。ここでは、環境の感覚的な性質とその評価に焦点をあててみたい。

ヨーロッパの中世世界には、匂いが溢れていた。まずそこには芳香があった。たとえば、薬草やばらの香り、果樹園から漂ってくる花の香りが、中世の大きな都市でさえその中心部に入り込んできたのだ。しかし大部分の匂いは、個人及び公共の不衛生によって生じるものであり、不快だった。体臭は上流階級のメンバーの間でさえ強烈だったにちがいない。なぜなら人々はあまり入浴せず、汗やほこりを吸い込んだ衣服を幾重にも着ていたからである。十三、十四世紀に書かれた儀礼の本は、毎朝手や顔や歯を洗うように主張しているが、入浴については触れていないのだ。ジョン王（一一六七―一二一六年）の入浴は三週間に一度であり、従者はおそらくそれよりも少なかったのである。[16] 中世の家はさまざまな理由で強く臭ったが、そのひとつが換気装置の欠如だった。湿った壁からのかび臭い匂いや、料理の刺激的な香りや、腐った食物や犬の排泄物に覆われた床や屋外便所からの不快な臭いが立ち込めていたのだ。ほとんどすべての中世の家屋には、その大きさにかかわらず屋外便所があり、壁を通る排水用の空間によって川や汚水穴とつながっていた。問題は、その排水空間にあった。不快な状態にならないためには、それらは定期的に水で洗う必要があったが、溜めた雨水によるそのような洗浄はめったにできなかったのである。

ルネッサンス期およびそれ以降の大邸宅や宮殿では、思わぬ場所で悪臭がした。それというのも、住人や客が特定の場所で排便する習慣をまだしっかりと身につけていなかったからである。一五六九年のブラウンシュワイク宮廷規則は次のように警告している。「誰であろうと、食前、食中、食後にかかわらず、朝早くても夜遅くても、階段や廊下や物置を小便やそのほかの汚物で汚させてはならず、そのような排泄にふさわしい、あらかじめ決められた場所に行かせること」[17]。一六〇六年八月八日には、フランス皇太子がサンジェルマン宮殿の自分の寝室の壁に「失敬な振舞い［小便］」をした。ルイ十四世の治世には、ルーヴル宮殿の訪問客は中庭のみならず、バルコニーや階段で、あるいはドアの背後で大小便をしたのだ[18]。住宅や店舗の外の狭い街路は、悪臭のする残飯が散乱しそれを豚が掘り返して食べている、蓋のない下水溝だった。そのうえ肉屋が、公共の街路で家畜を解体することにより、全体的な汚さに大きく貢献していた。十四世紀のロンドンでは、家畜解体業者が都市にとっての永遠の問題だったのだ。解体された動物の内臓やくず肉は荷車でフリート川まで運ばれたのだが、その際に荷車から滴が垂れ、街路に沿って悪臭の帯ができたのである。有力な市民は不平を言ったが、ほとんど効果はなかった。[19] 悪臭は都市の美しさを損ねていた。ミシェル・ド・モンテーニュ（一五三三―一五九二年）は、「ヴェニスやパリといった美しい都市」に対する彼の愛着は、「その不快な臭いによっていくらかそがれている」と述べたのだ。[20]

匂いは拡散するため、一定の範囲内に収めておくことはできない。嗅覚の世界は刺激的で多様であり、ある大きさにぼんやりと広がっているが、しかしそれは明確な境界線を欠いているのだ。良い匂いと悪い匂いが互いに接近して発生する場合、それらが混ざり合うのは避けがたい。教会の香《こう》の匂いは神聖な天国の匂いを思わせるが、その香りはぎっしり集まった入浴していない会衆のすえた悪臭と必ず混ざり合っていたのだ。そして実際のところ香《こう》は、単なるシンボルというよりは、十七世紀のパリ市民の香り手袋と同じような機能をもつ一種の予防措置として使われたのである。

まわりを包むものとしての場所に対する認識は、あらゆる方向から聞こえてくるように思われる音によってさらに強められていた。騒音は、夜明けから夕暮れまで中世都市の街路を満たしていた。呼び役がそこら中にいて、一日中仕事をしていた。十三世紀のパリの呼び役たちは、夜明けには浴場が開き湯が熱いことを知らせ、それから呼び売り商人の後について、魚や、肉や、蜂蜜や、玉ねぎや、チーズや、古着や、花や、胡椒や、炭や、ほかの商品を宣伝したのだ。さまざまな教団の修道士が町中にいっぱいいて、施しを求めていた。町の触れ役が、人の死やそのほかのニュースを告知していた。[21] 路上の音楽家は娯楽を提供していたが、耳の肥えた人にとっては迷惑な場合もあった。音楽家でもないのに演奏し、静かにする代わりに金をせびるごろつきたちもいたのである。エリザベス一世の治世における、路上音楽という名の騒音を抑制しようとする議会の試みは、ほとんど成功しなかった。騒音は工場や、まったく無秩序な交通によっても発生していた。荷車や馬車の車輪は、未舗装の道や玉石舗装の道でぎしぎしときしんだのである。このような混乱に輪をかけたのが、いななく馬や、ぶうぶう鳴く豚や、市場への途中でめーめー鳴く羊や、叫びながら群衆をかきわけて進む、(泥や汚物よりも足を高くしておくための)木ぐつを履いた歩行者であった。

しかしながら、すべての音が騒音だったわけではない。歴史学者のヨハン・ホイジンガは、ある音が都市生活に秩序と平穏をもたらしてくれたと述べている。それは鐘の音である。「鐘は日常生活の監視役をつとめる善霊であるかのごとく、聞きなれた音色で、ある時は悲しみを、ある時は喜びを、時に休息を、時に不安を告げ知らせ、人々を呼び集め、また警めた」。鐘の権威ある気遣わしげな音は、共同体を一体化した。共同体の外縁は、鐘の音が聞こえる限界と一致していたのだ。しかしそれだけではなく、鐘の音は人々の喜びも知らせることができたのである。「法王が選ばれ、教会分裂が終わりを告げることになった時、あるいはブルゴーニュ派とアルマニャック派が和解した時など、パリ中の修道院と教会の鐘という鐘はすべて朝から晩まで、さらに夜どおし鳴り通した。その時の鐘の声は力強く響きわたり、人々はとてつもない茫然自失のていたらくだったに違いない[22]」（兼岩正夫・里見元一郎訳）。

われわれが眺める絵画は、想像でその中に入り込むことができるものの、つねに「そこ」にある。それに対して、われわれが聴く音楽は、場合によっては見ることができるような一定の音源からやってくるものであるが、しかし音そのものは位置を特定しにくい。位置の特定の度合いは、音波の周波数によって左右されるのである。周波数の低い低音には、聴取者に「触れ」て、包み込む力がある。それは暗く、方向性がないという特性をもつのだ。聴取者は音に面と向かうのではなく、音に浸るような感じを受けるのである。対照的に高音は、明るく鋭い感じであり、空間の位置を特定しやすい。ゴシック様式の大聖堂での礼拝に参加すると、われわれは宇宙全体に包み込まれるような感覚、鋭い自意識が参拝者の共同体の中で失われていくような感覚をもつ。この効果を環境のレヴェルでもたらしているのは、そびえ立ちアーチ状になって大きな丸天井を形成している柱や、光と闇の微妙な組み合わせや、内部空間にほとんど触れることができそうな実在感を与えている匂いや香りである。音は、このような一体感に大きく貢献しているのだ。クルト・ブラウコップは次のように述べている。

ノルマン様式やゴシック様式の教会の音は、会衆を包み込むことによって個人と共同体のきずなを強める。高周波の音がないことと、その結果、音の位置が確定できないということにより、信者は音の世界の一部となる。信者は「楽しみ」として音楽に向き合うのではない――彼はそれに包まれるのである。(23)

風景画は、見る者の上や彼方に広がる広大な空間の感覚を生み出すことができる。音楽も同様の効果を生み出せるだろうか？　それは可能である。ただし、実現は難しい。世界の大部分の地域の音楽は、さまざまな雰囲気や感情を生み出す力をもっている。しかしそれらの中で、距離と方向性をもつ空間、聴衆を包むのではなくその前に広がる空間を感じさせるものはほとんどないのだ。遠近法的な空間の効果を生み出すためには、周波数と強さの両面で幅広い音を使わなければならない。その音楽には、高音と低音の両者が必要であるし、大音響とともに柔らかい音がなければならないのである。低音は溶け込み、拡散する。それは聴衆を包んでしまう。いっぽう高音は明るく、はっきりとしていて、のび上がる。それは歯切れがよく、明快な方向感覚を与えてくれる。ダイナミックな対比が、遠近法的な空間をさらに強く感じさせる。大きな音は前面を占め、小さくなるにつれて、遠い音の地平線の彼方へ消えていくように思われるのである。

音の大小・高低の範囲が広いのが、西洋音楽の特徴である。この特徴は、遠近法絵画が一般化し始めた時期にあたる十六世紀の終わり頃に出現した。音楽学者であるマリー・シェーファーは次のように述べている。「遠近法絵画において、物体が鑑賞者からの距離に応じて順序良く並べられているのと同様に、サウンドスケープの仮想空間では、音楽がダイナミックな強弱により順序良く並べられている……。西洋のクラシック音楽の作曲家は明確な音を耳の目［耳の識別力］の前に並べたのである」(24)。

クラシック音楽は注意力を必要とする。集中して聴くためには、ホールのいっぽうの端に音楽家がいて、もういっぽうの端に音楽家と向かい合った観客がいるという配置が必要である。ゴシック教会の礼拝に参加する場合には、個人は共同体の一員となり、香《こう》のように建物を満たしている音楽に浸る。対照的に、クラシック音楽が演奏されるコンサートホールでは、聴衆はほかの観客から孤立した個人のままであり、自分の前に大きくはっきりと広がる音楽空間に「耳の目」で積極的に参加しているのである。

中世の人々ももちろん、現代人と同じほど目に依存し、また視覚が提供するものを楽しんでいた。しかし、彼らはわれわれと二つの点で異なっていた。彼らの視覚的経験は、豊富な聴覚的・嗅覚的経験によって補われており、また彼らは眺め［ヴュー］や景観［ランドスケープ］という観念を欠いていたのである。眺めという観念はいまやおなじみであり、われわれはそれが人間の普通の見方であると考えがちである。しかしそれが正しいとは限らないのだ。眺めや風景は、視覚的な印象を構造化するひとつの特殊な方法なのである。そこにある物体は目や心の目によって喜ばしい映像を構成するように配置されている。そしてその映像が喜ばしい理由は、映像によって任意に切り取られた物体の中に秩序が見いだされるからなのだ。それに対して中世の人々は、どのように物体が配置されて眺めや景観と呼ばれる大きな単位を形成していたかということよりも、個々の物体に注意を払っていた。おそらく、彼らは大きな視覚的秩序に安心感を求めるという衝動を感じていなかったのであろう。なぜなら、知的水準から言っても、中世の人々は世界が密着していることを当然と考えていたからである。そのうえ、音や、匂いや、鮮やかな色が、安心感を与える繭となっていたからである。その繭の中では、生活が自意識なしに進行できたのだ。

現実においても、ヨーロッパ中世の景観は大きなスケールでの視覚的秩序を欠いていた。一見すると、この主張は性急で根拠のないものと思われる。なぜなら「中世世界」という言葉はいまや、きちんとした畑に囲まれた絵のような村や城壁の中の町というイメージを喚起しがちだからである。しかしそのような描写は、現代人の心の産物なのだ。それらは、中世の環境に対する今のわれわれの想像を反映しているのである。当時の人々自身は、彼らの世界を違ったように見ていただろう。われわれにはそう信じるだけの理由がある。そこで農村や都市の物理的な景観を考えてみよう。その景観には、大きなスケールでの単純な幾何学的秩序は全くみられなかった。道は直線ではなく曲がっており、耕地は四角形のパターンではなく複雑なモザイクを形成していた。都市には、単純な幾何学的形態の家や庭園や中庭が数多くあったが、しかしこれらの小規模な特徴は、その多少にかかわらずヴィスタ〔眺望〕――すなわち視覚によって容易にひとつの単位として把握できるような秩序ある空間の広がり――をもたらさなかったのである。教会は目立つランドマークだったが、周囲の地域を統合して景観を構成するのにつねに成功していたわけではない。町の中心に位置していたため、教会は孤立した記念碑的建造物としてみられることはめったになかった。なぜなら、まわりに家が群がり、巡礼者に広範囲の眺望を提供するようなどんな長さの通りもそこに続いていなかったからである。そのうえ、われわれは現在ゴシック大聖堂を支えている飛び梁の美しさを鑑賞できるけれども、そのもともとの目的は審美的なものではなかったのだ。中世の建築家は、教会が外からどのように見えるかということに関心をもたなかったのである。美に対する彼らの情熱は、崇高な美しさ――見るというよりも感じられる美しさ――をもった内部空間を作ることに向けられていたのだ。[25]

徒歩の旅行者が中世の都市に近付いていくと、塔や尖塔が上にそびえ立つどっしりとした城壁が遠くから見えたであろう。城壁は都市に、現代の開発地の曖昧なエッジ〔端〕とは非常に異なる明確な境界を与えていたのだ。しかしながら、門を入って市場や家並みの向こうに見えるものは、田園の続きだった。農園は城壁で終わらず、それを越えて町の中心部にまで続いていたのである。農村の活動は、さまざまなかたちで都市生活と組み合わさっていたのだ。直線的な境界は、どんな長さのものもめったにみられなかった。工場や商業施設が住宅と混ざり合っていた。大邸宅があばら家と隣合わせに立っていた。商品の売り買いや、法律家と顧客の相談といった世俗的な活動は、教会の神聖な入口でも終わらず、そこを越えて内陣の端に来るまで続けられたのだ。聖と俗の境界は、信仰が弱まり、生活のひとつの小さな要素になってしまった現代世界よりもはるかに複雑で、とらえどころがなかったのである。(26) それと同じように、前述した通り私的空間と公共空間の境界も不明瞭だった。たとえばホール［広間］は私的な住宅の主要な部屋だったが、しかしホールそのものが私的空間だったと言えるだろうか？　また、中世の町の商店街では、あらゆる種類の商売が空間的な境界と無関係に認められていた。どこまでが店舗で、どこからが街路だったのだろう？　店先は公共の街路に侵入し、商品はそこに溢れていたのだ。街路には歩道がなく、車と歩行者は分けられず、歩行者と食べ物をあさっている家畜も分けられていなかったのである。色彩の斑点が、中世の風景に混沌とした興奮の雰囲気をつけ加えていた。たとえば、明るい色を塗られた彫像が教会の何もない白い正面を背にあざやかに立っていた。また、さまざまな色彩の大きな看板が店先から突き出し、けばけばしい衣装をつけた群衆が祭礼の日に市場のまわりや街路に群がっていたのだ。混雑した中世都市では大きなスケールの視覚的秩序を見分けることは難しく、目をしっかりと見開く必要があっただろう。そのいっぽうで人々は、人間と建築の両者にみられる、対立するようなさまざまな色のついた細部のぶつかり合いを楽しんでいたのである。

われわれは、知覚されているものは何かという観点から、知覚世界の性質について述べてきた。それ以外の証拠としては、言葉がある。つまり、人々が環境に対する自分の意識をどのように言葉で表わしているかという観点である。フランスの歴史学者であるリュシアン・フェーヴルは、十六世紀の詩人の作品を研究することで、詩人は視覚的ではなくはるかに聴覚的な人間だったという驚くべき発見にたどり着いた。小川のせせらぎや鳥のさえずりが、クレマン・マロ（一四九六―一五四四年）やピエール・ド・ロンサール（一五二四―一五八五年）の作品に何度も繰り返し現われる。カササギや、ムネアカヒワや、ゴシキヒワで溢れているマロのシャンソンは、それらのさえずりの違いには注意深く言及しているが、しかし羽根の模様には触れていないのだ。またロンサールは、海やその生物を出現させるが、しかしそれらを形態ではなくそれらがたてる音によって特徴づけようとする。この詩人がキスを描写するときには、唇の形や色といった視覚的イメージによってではなく、音と香りによって経験を喚び起こすことを選ぶのである。ジャン・ブーシェ（一四七六―一五五九年）は、ある作品の題によって、美しい家を描写することを予告している。

しかし彼はそれを、線や色や空間的な調和や遠近法――これら目にとっての喜び――に一度も言及することなく成し遂げているのだ。その代わりに、彼は音や声――耳にとっての喜び――に注意を集中しているのである。さらに、ローマで活動したジョワシャン・デュ・ベレー（一五二二―一五六〇年）は、フランスへのホームシックにかかったが、彼はフランスの物理的な形態を思い出そうとはしなかった。むしろ彼は声や雰囲気を思い起こそうとしたのである。(27)

これは、詩人にとって視覚的イメージはあまりに直接的であるため、喚起力に欠けるということなのかもしれない。しかしフェーヴルによれば、視覚よりも接触や匂いによる近接感や音を好むこのような傾向は、散文作家の作品にも同様にみられるのだ。眺めへの無関心の証拠は、宿屋の名前にも現われている。十六世紀のフランスでは、「ベルヴュー［美しい眺め］」や「ボー・シトゥ［美しい風景］」よりも、「野性人」や「黄金のライオン」という名称の方がはるかに多かったのである。

祖先と対照的にわれわれは、そこにある宇宙が聴こえるものではなく眺めるものであることを当たり前と考えている。しかも、眺めるという言葉は意図的な行動を意味し、聴こえるというのは受動的な反応の仕方を暗示しているのだ。しかしウォルター・オングが言うように、目に対するこのような強い信仰告白は、昔の多くの人々にとって事実ではなかった。たとえば古代ギリシアでは、世界を音響的な調和と見なす考え方が広く普及していた。[28]現在のわれわれも、宇宙を天球の調和、すなわち音として聞こえる比例や運動と見なす観念を何となく知っている。この観念は十六世紀にははるかに本当らしくまた強烈だった。われわれは既に、エリザベス朝の劇場が宇宙的な象徴性で一杯だったことを見てきた。たとえば、「天」がバービッジ劇場の内部舞台の上の天蓋に描かれていたのである。しかし、劇場の象徴体系はまた極めて音楽的なものでもあった。人間劇は、天球の調和すなわち世界各地の音楽の調和の中で演奏される音楽そのものだったのだ。フランセス・イエイツによればシェイクスピアは、宇宙的な背景における人間の運命を考えるとき、音楽の言葉で考えたのである。[29]

舞台の歴史を通じて、現実に音が視覚よりも重要だった時期は長かった。ルネッサンス期のウィトルウィウス型劇場は、まだ役者の劇場であり、背景画家の劇場ではなかった。舞台の成功は、雄弁なせりふまわしや役者の歌次第だったのである。シェイクスピアの劇場もまた聴覚を重視しており、大詩劇を上演するのに適していた。人々は見るためというよりは聞くためにグローブ劇場へと出かけたのだ。かれらはオーディエンス〔観客〕、すなわち古い言葉を使うならば「オーディトリー〔聴衆〕」だったのである。フランスの十六世紀の悲劇では、オペラ風になることさえあるような、声による演技が主だった。それは大きな肺活量や息つぎの正確な調節を要求したが、身体による身振りや運動の仕方には何も求めていなかったのだ。マレー劇場の有名な役者だったモンドリーは、ある上演で喉を酷使したため体の一部が麻痺する発作に苦しめられ、それから完全に回復することはなかった。この悲劇は彼の経歴に終止符を打った。また競争相手のブルゴーニュ座にいたモンドリーと同時代のモンフルーリーも同じような目にあい、生涯というわけではないが体が不自由になった。この種の話は、役者たちが評判を維持するために声という手段をいかにぎりぎりまで使おうとしたかを示しているのである[30]。

劇場の歴史から取り出された証拠は、近代以前の人々が現実を聴覚によって、すなわちさまざまな音に取り囲まれた世界として知覚しがちだったという見方を支持している。視覚が強調されるのは、特殊な場合か見世物の場合が多かった。たとえばエリザベス朝の劇場では舞台背景が無かったので、けばけばしい衣装や、地獄の口から跳び出す炎のような特殊な機械仕掛けが目を楽しませたのである。

視覚と思想には、いくつかの重要な共通点がある。まず、両者はともに明確さをもっている。われわれが目を開く時、音や匂いが拡散した環境は、空間にはっきりとした境界をもつ物体の世界に取って代わられる。同様に、われわれが意識的にものを考え始めると、曖昧さは明確さに道を譲り、われわれが理解しようとしているものは目の前に並んでいるように思われるのだ。したがって、われわれはそれを指して「ほら、わかるだろう?〔見える（see）だろう?〕」と言えるのである。次に、視覚はわれわれに、触覚と同様、個々の物体からなる世界を示してくれるが、しかし触覚と異なり、視覚はそれに加えてパターン、すなわち空間内の物体の関係を容易に識別させてくれる。そして視覚的な知性のこのようなはたらきは、心のはたらきと似ているのだ。なぜなら、思考の本質は相互関係的なものであり、特殊なものを楽しむだけでは満足できないからである。さらに、視覚は最も能動的な感覚である。われわれは目を開くのも閉じるのも自由である。われわれは見ることを選択できるのである。現実に古代ギリシアから中世後期に至るまで、思索家たちはわれわれがたいまつの光線のように目の光を世界へ注ぐことができると誤って信じていた。同様に、思考も能動的なものである。人は考えるために努力をしなければならないのだ。最後に、見ることにおいても考えることにおいても、ある程度の心理的な引きこもりや距離の設定がみられる。はっきりと見える物体は、われわれから離れて「そこ」にある。われわれは何かと一体化すると同時にその何かを所有するということはできないのだ。また、明確に考え抜くためには、われわれはまわりからの分離をさらに一段階進め、目を閉じ世界を締め出さなければならないのである。

昔、人々が視覚にそれほど夢中になっておらず、また理性主義的でもなかった頃、環境はおそらく今よりも流動的だったと思われる。当時、厳密に境界づけられたものは何も無かったのだ。物質にも個別性や同一性は無かったのである。たとえば、石は生命を持つことができた。川に落ちた木の葉は鳥に変わるかもしれなかった。動物は人間のように振舞うことができ、人間は動物になることがあった。そして、一人の人間が二つの場所に同時に存在することが可能だったのである。十六世紀以前には、不可能という観念には厳密さがなく、観念自体通用していなかった。教養のある人々でさえ、自然には法則による制限があるということをほとんど意識していなかった。むしろ彼らは自然を、変幻自在で、全能で、無限に豊かなものとみなす傾向があったのだ。現実と想像、事実と幻想、自然と超自然の間にみられるような、現代の思考では当たり前の区別は、中世の思考ではぼんやりしていたのである。(31) 全員が幽霊を信じ、本当の出来事というカテゴリーに予知夢や遠隔作用と並んで幽霊が含まれているような時代に、どうして彼らだけが明晰でしっかりとしていられただろう? このように、中世の環境における感覚的な経験の流動性と、柔軟性のある思考のカテゴリーとは、並列関係にあるのだ。

現代の思索家にとって、近代以前の精神が示す、矛盾に対する寛容さは不可解である。リュシアン・フェーヴルはその一人として、当惑しているように思われる。彼は、十二世紀のフランス語を説明する中で、誉め言葉とは言えない一連の形容語句を用いらざるを得なかったのだ。すなわち、具体的、印象主義的、素朴、アナーキー的［無秩序主義的］——構文の一貫性をほとんど完全に無視したり、叙述の時系列をほとんど自由自在に混ぜ合わせるという意味でアナーキー的——と言ったのである。古フランス語を読むと、アマチュアの写真家が場所を次々と移動して撮った風景を眺めているような、飛躍や気まぐれな並置に出会うのだ。十五世紀の終わりまでに、フランス語は明確さと厳密さの両方向で顕著な発達を遂げた。たとえば、文章の主語は目的語からはっきりと区別できるようになり、まわりに統語要素を衛星のように従えて君臨していた動詞は、その卓越した地位を主語に譲渡したのである。そのうえ、文章の書き方における新しい趨勢は、余計な細部を取り除き、二次的な細部を中心的なテーマに従属させることを要求した。このような変化によって、話者や著者は自分の考えをまとめ、統一した観点すなわちパースペクティヴ「見方」として保持することが容易になったのだ[32]。論理は、次第に出来事の叙述に入り込むのと同様、場所の幾何学的な配置にも現われるようになった。十六世紀以降、文筆家はある視点から何が見え、何が見えないかについて、また場面の中の物体における相対的な大きさや縮尺の一貫性について大きな注意を払うようになったのである[33]。

口承による文化は、社会的なものである。いっぽう、文字による文化は個人主義を促進する。人間の集団が会って話す時には、彼らは自分たちの発言に一貫性を与えようとはしないし、そうする差し迫った理由も全くない。語り手や政治家が集団に向かって話しかけている時、彼は物語や演説の論理や一貫性よりも、聴衆を納得させ一体感を作り上げることに気を使うのである。ある視点の持続的な表明としての一貫性は必要ないのだ。そのうえ一貫性は、二つの理由で困難、あるいはおそらく不可能なのである。ひとつは、どんな集団でも避けることのできない感情のもつれあいである。肯定と否定、喜びと不快といった互いに逆向きの流れが存在し、話し手も聞き手も自分の役割に集中できなくなるのだ。

もうひとつの理由は、ウォルター・オングによって詳細に論じられたように、発話の性質にある。記憶は短いのだ。話し手はメモの助けなしで複雑な筋の話を続けることはできないのである。劇は、クライマックスへ向かって組み立てられた、緻密で直線的な筋を発達させることができた。なぜなら西洋世界の劇は、古代ギリシアの時代から、書かれた脚本によって演出されたからであり、また劇とは語りではなく演技だったからである。散文の物語自体は、ロマン主義の時代の頃まで、緊密に体系化された構造を欠いていた。オングは次のように述べている。「『トム・ジョーンズ』［ヘンリー・フィールディングの一七四九年の小説］でさえ、たとえばトーマス・ハーディの小説に比べるならば、相変わらず大部分がエピソードの積み重ねなのである。[34]」もちろん、口承文芸の語り手は長大で複雑な叙事詩をうまく組み立て、その本質的な内容を、詳細にではないが元のまま語ることができる。しかしながら、複雑なのは個々の出来事や挿話の数が多いためであり、細部をまとめて筋を構成するそれらの結び付きが複雑というわけではないのだ。そのうえ、叙事詩のエピソードは多かれ少なかれ紋切り型の表現——クリシェなのである。たとえば、一つか二つのキーワードを与えられることで、標準的なエピソード全体が細部まで語り手の心に容易に浮かびあがるのであり、一つか二つの出来事を与えられることで、叙事詩全体が組み立てられ、流れるような雄弁さで語ることができるのだ。すべての語り手にとって重要な技巧とは、一貫性でも独創性でもなく、流暢さと能弁さ（コピアスネス）だった。コピア

(copia) とは、ラテン語の修辞学で、「流れ」や「豊富」を意味する。話をためらうのは欠点なのだ。また、文章を書く時には長所となる簡潔さも、発話では短所である。なぜなら言葉や意見を理解してもらうためには、それを繰り返す必要があり、確信させようと思ったら滝のようにほとばしらせる必要があるからなのだ。[35] 小プリニウス（六一—一一三年）は次のように述べている。「能弁で、威厳のある、最高の演説者とは、雷のように轟き、稲妻のように光り、要するに目の前にいる者すべてを混乱の渦に巻き込む者である」[36]。

夏の夕暮れ時に家の前のポーチでおしゃべりしている幸せそうな人間の一団は、通りがかりの者にとって、さざ波のように満ちたり引いたりしている明るい音の集まりであり、まわりがぼやけた、暗くて見分けのつかない姿の集まりである。音がまわりを包んでいる。議論をしている時でさえ、声は一緒になっている。論争をする者同士は、レスリングのようにくんずほぐれつの闘いをしているのだ。集団性のもつこのようなイメージと対照的なのが、書き物をしている人や図書館の片隅で静かに読書をしている人の孤独なイメージである。話をすることは普遍的であり、人間にとって自然である。それと対照的に、書くということは特定の文化に限られており、孤独と静けさの中で行なわれるため、また死を連想させるため、不自然なことである。書くということは、オングが思い出させてくれるように、切断であり分解なのだ。「スタイラス（尖筆）」という言葉はもともと杭や、槍のような器具を意味し、「スクライブ（写字者）」は、切断や分離を意味するインド・ヨーロッ

パ祖語の *skeri* を起源としているのである。さらに、書くことは、反省を必要とする。理想的な演説のように、そして溢れるばかりのおしゃべりの連続と言えるかもしれない人生そのもののように、意見をすらすら能弁に述べるのとは異なり、書き物をしている人は、事実や意見を削除したり修正したり、区別したり放棄したり、一貫したパターンや論理的な筋道や矛盾のない見方にあてはめたりするために、しばしば間をおく可能性があり、また実際にそうなのである。

読むことは書くことと異なり、公共の場で行なわれることがあった。教養のあるローマ人は、宴会の際に本を読ませたのである。そのうえ、古代の人々は声を出して読むのが習慣だった。西暦四世紀に二九あったローマの図書館は、必ずしも静かな別世界というわけではなかったのだ(37)。われわれは黙読を当たり前と考えている。しかしアウグスティヌスはアンブロシウスが無言で読んでいるのを見てびっくりしたのである(38)。本には、あるひとりの著者の世界が書かれている。読者は私的な自分の部屋でその世界に入り込み、そこを探検する。現代社会では、読むことは比べるものがないほど私的な行為として広く受け入れられている。黙読している時、印刷されたページはひとりのものであり、ほかの人のものではないのである。テレビがついている時、人々は気兼ねなく集まって小さな画面を眺める。しかし混雑した列車内では、乗客は遠慮しながら正当な持ち主の肩越しに『タイムズ』を見るのだ。われわれのテーマがここでも繰り返されているようである。音は、語り手の声のように人々を統合し、視覚は、黙読のように人々を孤立化させるのである。

第三章からここまで、われわれは全体——共同体的生活、行動、感覚的な環境からなる全体——と、その分節化、すなわち自意識の発達に向かう分節化の過程について探ってきた。この個人意識や自意識は、本書を通じて繰り返し取り上げられている主題である。そして今やまとめとして、自己の性質についてもっと体系的に論じるべき段階である。その後に、全体を設計し作り上げるための人々の意図的な努力に関連した、最後の質問が待っているのだ。いったい再統合のためのそのような意識的な試みは、どの程度成功することができるのだろうか?

自己

七　自己

西洋の文化では自己が強く意識されている。そして、ほかの文化と比べ、行き過ぎと言えるほど個人の力や価値が信じられている。このような自意識や信念の成果は数多い。その中には、独立心、自由に質問や探求をしようとする心、幻想に惑わされない明敏さをもち、理性的で、個人的責任をもつ心などが含まれる。その反面、孤立、孤独、離脱感、所与の世界がもつ本来の活力や純粋な喜びの喪失、現実世界の意味が人為的なものにほかならないということからくる重圧感もみられるのだ。この孤立化し、批判的で、自意識過剰な個人というものは、文化の産物である。当然われわれは、その歴史がどのようなものか気になるのである。知っての通り子どもは、そのように感じたり考えたりはしない。そして、読み書きができず伝統に縛られた人々もそうではないし、昔のヨーロッパ人もそうではなかったのである。

子どもは世界を当たり前のものと思っている。ませた子どもは、寝ている間に家はどうなっているのかというような鋭い哲学的質問をするかもしれない。しかしその疑問は追求されることがなく、根本的な懐疑に導かれることもない。たいてい、子どもは現実を与えられたものとして受け入れているのだ。そこにあるものはつねに存在しており、神か神のような力をもつ人が、疑問の余地のないもっともな理由で一度に作ったものなのである。人生の最初の数年間、子どもの自意識は不確かなままである。彼らにとっては、自分を一人称で主観的に記述するよりも、三人称で客観的に記述するほうが容易なのだ。およそ三歳まで、子どもにとって「僕は乗りたい」というより「ポールが乗りたい」という方が簡単なのである。情緒や感情は、外に投影される。世界は子ども自身の気分に色濃く染められ、生き生きとしているため、子どもの欲求や空想に直接的・個人的に反応することができるのだ。遊びの興奮の中で、一本の棒は馬になり、裏返しの椅子は防衛のための砦になるのである。しかし、遊びという状況を離れると、子どもたちは、教養のある大人以上の現実家になる場合がある。四歳から六歳の子どもたちが人を写した写真を見せられると、彼らは「この男性（あるいは女性）は泣いている、あるいは笑っている」というより、「男」、「女」、「おじさん」、「おばちゃん」といった、事実に基づく答えをすることの方がはるかに多いのだ。同様に、小さな子どもたちが風景画を見せられて、「楽しい」、「寂しい」、「中立」というカテゴリーに風景が分類できるかと尋ねられたとき、彼らは困惑し、賢明にも風景には「楽しい」も「寂しい」もありえないと答えることがあるのである。[1] これは、小さな子どもたちが、まだ他人を感情や自分自身の問題を抱えた主体として扱えないということを暗示する証拠である。彼らはまた、無生物から雰囲気を読み取る能力、つまり知覚者の一瞬一瞬の感じ方とは無関係に存在する、表現的・美的な性質を見いだす能力を欠いている。言い方を変えれば、小さな子どもの世界の詩情は、沈思黙考よりも、行動や一瞬の感じの中にあるのだ。

小さな子どもの自意識は鋭くない。彼らには、他人の視点で自分を眺める能力が欠けている。自己と他者は、はっきりとは区別されていない。実際のところ、彼らの世界の主要な特徴とは、生物と無生物、事実と虚構、現実と空想の間を含め、境界に堅固さがなく柔軟性があるという点なのだ。ほとんど何でもありうるし、ほとんど何でも起こりうるのである。その世界は流動体である――大人にとってのように、限定も、分節も、特殊化もされていないのだ。このような違いの少なくとも一つの理由は、既に述べたように子どもが、視覚と異なって感情に左右されやすい近接的な触覚と嗅覚や、空間的に焦点の定まらない聴覚に依存していることである。そのうえ、大人と比べると、子どもは共感覚的な傾向を強く示す。共感覚とは感覚経験が融合したものである。最も普通にみられるのが、音によって喚起される視覚的イメージである。子どもや大人の共感覚者が音を聞くと、その人は色のイメージを見ることがあるのだ。極端な場合では、音は、イメージだけではなく触覚や味覚も同様に呼び出すことがあるのである。共感覚の明らかに不利な点は、それが幻覚の原因になるということである。有利な点は二つある。世界は豊かで、得るところの多い刺激に満たされているように思われるのだ。われわれは、自分の子ども時代が輝くような感じで明るく照らされていたことを覚えている。それは時とともに薄暗くなったのである。共感覚のもうひとつの有利な点は、それが記憶を助けるということである。出来事は、それがイメージのみならず音や匂いでもあるならば、心の中に残る可能性が高いであろう。そ語彙の限られた小さな子どもにとって、共感覚は、経験を固定し理解するための手助けとなるのだ。子どもがこのようなことを行なうのに言葉に依存するようになると、彼らの共感覚の能力は減退するのである。(2)

世界は、ひとたび子どもが、現実を分節化し構造化するために、そして自己と直接経験の間に象徴体系を介在させるために、増大した語彙を使い始めると、周囲に広がり包み込むようなその全体性をいくらか失い始める。世界と距離を置きそれを分節していくプロセスは、もちろんゆっくりとしたものである。言葉は、子ども時代には象徴と認識されておらず、それが指し示しているものそのものなのだ。子どもにとって、そして普段の大人にとって、言葉を人間が作り出した第二の自然の要素ではなく、自然に属するものとみなすのは当然のことなのである。それにもかかわらず子どもは、より洗練化され特殊化された語彙を手に入れていくうちに、分節化され差異化された世界に住むようになる。そして、子どもが分離し差異化するものには、人々、人々の階層、そして究極的には自己が含まれるのだ。このプロセスがどの程度まで進むかは、人間集団の違いによってさまざまであるが、しかしその傾向は普遍的である。これこそ成長という言葉が意味することなのである。(3)無文字社会での自己と社会の境界は、都市文明とりわけ西洋文明とくらべてかなり不明瞭である。フランスの人類学者であるドミニク・ザーンは、アフリカ的な考え方を次のように特徴づけている。「自己というものを限定するため、われわれはそれを他者から分離する。ところがアフリカでは、その逆が普通なのだ」。アフリカ人は、瞬間瞬間に他者から受け取る何かによって自分自身を定義するのである。その自己は、個人的というよりは社会的なものである。「これが、民族誌学者に情報を提供する者が訴えることの多い深刻な無力感を部分的に説明する。彼らは近親者に支持されていると感じているときだけ、証言ができると思っているのである」。孤立した人間は、儀式という目的のために独身でひとり暮らしをしているのでないかぎりは、自分自身の家族によって軽蔑的に扱われ、追放されてしまうことさえあるのだ。独身は、広く受け入れられている社会的・宗教的規範からの不可解な逸脱を意味するのである。社会や社会規則のこのような重視の結果、統一体としての自己はあまり意識されていない。個人の心理は、分割できない全体ではないのだ。ザーンによればアフリカでは、「自己には分裂点があり、それはおそらく意識と無意識の境界に位置する」という信念や、この特徴が、「一度に二つの場所にいるという能力や、

透視力や、姿かたちの変容」を含む、広範囲の超人間的な可能性を人間に保証しているという信念が広くみられるのである。(4)

アフリカ人の自己概念をいっそう深く探るために、スーダン南部の中央ナイル盆地に住むディンカ族と、ボツワナおよび南アフリカに住むツワナ族という二つの社会に目を向けることにしよう。現代の生活では、個人の精神史はその人の心のドラマであり、外部の世界が抽象的で生彩がないのに比べて、それはその人にとってまさに現実であり生き生きと感じられるということがありうるだろう。ところが、ほとんどそれと反対のことが、ディンカ族では真実のようである。すべてのドラマや意義は、外部世界に存在するのだ。これらの出来事——これらの霊的な力の出現——以外の自己というものは、存在しないといってよいほど無内容なのである。客体が主体を支配しており、同様に全体が部分を支配している。真に重要なものは、客体や全体であり、主体や個人ではないのだ。「ディンカ族は」と、イギリスの人類学者ゴドフリー・リーンハートは書いている。「自己の経験をもたらし、その経験を言わば蓄積するものとしての、われわれにおなじみの〈心〉という現代的な概念にいくらかでも対応するような概念をもたない」。そのため、われわれが経験の記憶と呼ぶべきもの、そして「記憶している人間の内部にあり、何らかの点でその人の本質とみなすべきものは、……ディンカ族にとってはその人に外部から作用したものに思えるのだ。……したがって、ディンカ族に対して、強烈な夢は〈単なる〉夢でしかないということを示すのは不可能であろうし、同じ理由から、日の光のもとではその夢は比較的重要ではないものとして片付けられてしまうかもしれないのである」。それでは、すべての人間と同様にディンカ族ももつことを避けられない感情――たとえば罪悪感や嫉妬――はどうなっているのだろうか？　実はこれらの感情は、経験している自己から外部世界へと追い払われているのだ。罪悪感という負債は（記憶が往々にしてそうであるように）突然やってくるものなので、負債者にとって、この不愉快な感情は債権者から差し向けられた霊的な力であると解釈するのが合理的なのである。同様に嫉妬している人は、自分自身の内部の嫉妬を認識せず、その経験を簡単にほかの人へと転移してしまう。転移された人はそれによって魔法使いとみなされてしまうのだ。外部世界は、このように気分や感情が投影されることで、生き生きとしたものになる――そこは濃密で、生気に満ちているが、しばしば恐ろしい場所にもなるのである。⑸

ディンカ族と比べると、ツワナ族は強い自意識と個性をもっている。ツワナ族は人間性を理解や予想が不可能なものと考えているのだ。彼らには、次に挙げるようなことわざがある。「(すみずみまで知ることができる) 畑と違って、人を知ることはできない」。そして「笑う歯は人を殺す」。これは人は誰でも思っていることと違うことをやれるという意味である。ツワナ族はまた、すべての人間のつくりは異なっているとも言うし、同じ両親から生まれた人間であっても同じ考え方や感じ方をするわけではないとも言う。個性がはっきりと認識されているのだ。しかしそれは恐れられ、抑圧されている。ひとりでいることは、想像もできないのである。「人はみんなのおかげで人になる」。「われわれは育てられ他人と住むことで人間になる」。社会や運命は、人がなれるものやできるものを厳しく制限している。個人は、自分の人生の方向をコントロールできないのだ。ツワナ族は、たとえば次のように言う。「長《おさ》の地位を（自分のために）買うことはできない。人はそれに生まれつかなければならない」。選択肢は存在する。しかし努力はつまらないものであるか、あるいは悪なのだ。人々には好きなようにする自由がある。しかし自由は、自己と社会の両方にとって有益になるように利用できる機会ではなく、ほとんど必ず習慣を破ることにつながってしまう誘惑なのである。子どものしつけにおいて払われる努力は、従順で勤勉な人間を作り出すことに向けられている。革新的な行動や批判的な態度は、厳しく抑え付けられるのだ。子どもの「個性全体」を伸ばすという考えは存在しないのである。また、絶対的で高慢な自意識がないため、ツワナ族には、自分で基準を設定し他人が何を考えようとそれを守ろうとするような、一方的な道徳的義務という観念が全くみられない。ツワナ族にとっての道徳的義務は、西洋社会における法的義務のように双務的なのだ。人が何をすべきか、あるいはしてはいけないかということは、つねに社会によって決められるのである。(6)

自意識の発達は、これまでみてきたように、次第に複雑になり、社会的になり、分節化されるようになった世界の発達と密接に結び付いている。空間、時間、社会は、分割や細分の過程を経てきた基本的なカテゴリーである。しかし差異化を行なう精神は、心理学的な領域においても同様のはたらきをする。願望や判断や価値について考えてみよう。西洋世界では、願望の構造は手段と目的、欲望と目標に分かれている。判断の構造は成功と失敗に分かれ、価値のそれは実践と美に分かれている。

このような区別は、ツワナ族の観念においては存在しないか、あるいは不明瞭である。彼らの心理学的な世界は、分割には程遠いのだ。西洋では、欲望は夢の領域に属する。人が望むものは、なかなか到達できない遠い目標なのだ。ところが、セツワナ語（ツワナ族の言語）では、「欲する」という表現は、欲しいものからなる何らかの行動、あるいは欲しいものにつながる何らかの行動が意図されていることを意味する。ツワナ族にとって「欲する」とは「することを欲する」ということであり、「する」ということはすでに望ましいという価値を含んでいる行動を意味しているのだ。ツワナ族は、自給的な農民であり牧羊者である。彼らは生活するためにさまざまな種類の仕事をしなければならない。その仕事のほとんどすべてが、望ましいものとみなされているのである。手段と目的の結び付きに似たものが、ツワナ族の成功の概念にも見いだされる。成功は、成就であるとともに対処の質をも意味するのだ。成功への道自体が、一種の成功なのである。成就しないということは失敗ではなく、失望の原因とみなされる。そしてほとんど間違いなく、それが個人的な深い挫折感を呼び起こすことはない。なぜなら達成とは、個人の熱望によってではなく、集団の信念によってもたらされた特別な状況だからである。そのうえ、ツワナ族は家族を最も重要な成果と考えている。これは、彼らに大いなる誇りと満足感を与えるものはぴったりかみ合った共同の努力にほかならないということを意味している。その努力において個人の熱望は、共通の利益に従属しなければならないのである。さらに、都市文化の中の人々と異なり、ツワナ族は実践的な価値と審美的な価値を、区別された、しばしば両立しない価値とはみなしていない。畑を耕したり、牛を管理することは、そのような価値をもった作業なので、ホイト・アルバーソンが報告しているように、「ツワナ族の口承文芸は賛美であふれている。牧畜や耕作にかかわる口承の物語の多くは、経済的な重要性に言及しない純粋に美的な表現なのだ」。人々が「ボツワナの美しさ」について語るときは、彼らは自分たちの居住地の豊かさと肥沃さを意味しているのである。[7] すでにふれたように、ツワナ族は人間個々の相違と、自己というものの計り知れない（したがってまた予想できない）性質を鋭く意識している。次には、彼らの文化が、このような知識を抑制できるように効率的に組み立てられていることをみていこう。

無文字文化の人々が社会や自己をどのように知覚しているかという実例は、いくつでも簡単に挙げられる。中でもとりわけ啓発的なのが、カリフォルニア北部に住むウィントゥ・インディアンについてのドロシー・リーの研究である。リーは、彼らの自己の概念が境界性を欠いていることに気付いた。「ウィントゥ族にとって、自己は厳密な境界をもっていないし、名付けられてもいない。思うに、別々の実在として認識されていないのだ」。自己は、せいぜいひとつの中心なのである。それは次第にぼんやりしていき、ほかの人に場所を譲る。「たとえばウィントゥ族は、一緒に暮らしたり行動している個人について言及するときには、〈――と〉という言葉を使わない。**われわれ**をジョンと**私**に分解する代わりに、彼らはジョンを明記してジョン**われわれ**と言うのだ」。現代人にとって、社会は個人の集合体であり、個人は頭や体や四肢といった構成要素に分解可能である。ところがウィントゥ族の人にとって、社会は基本的な単位である。それは複数の個人ではないのだ。同様に自己も、肉体として実在する統合体であって、構成要素の総和ではないのである。ウィントゥ族は、分割できない全体としての社会を重視しているため、彼らにとっては、たとえば次のような信念も合理的である。「妻の月経時に猟へ行くと、猟の運が悪くなる」。現代の人々にとって理解するのが難しい何らかのやり方で、男性は妻と一体になっているのである。そして、自己は全体であるとみなされているために、ウィントゥ族は「**私の頭が痛い**(マイ・ヘッド・エイク)とは言わない。**私は頭が痛い**(アイ・ヘッド・エイク)と言うのだ。また、**私の手が熱い**(マイ・ハンズ・アー・ホット)とは言わない。**私は手が熱い**(アイ・ハンズ・アム・ホット)と言うのだ」。肉体的な自己は実在しているものである。では、内面すなわち心理学的な自己はどうだろうか? ウィントゥ族は内面について語ることを避けている。彼らはたとえば行動や感情を、自己の筋感覚的・感情的な経験として、あるいは内省が必要な心理状態としてではなく、外見に現われる観察可能な現象とみなしているのだ。たとえば「［川などを］歩いて渡る」という意味の言葉は「ざぶざぶという大きな音を立てる」である。感情が直接表現されることはめったにない。「彼女は怒っている」とか「彼は幸せである」というような表現はきわめてまれである。愛の歌は、愛情についてではなく目に見える相関物についてうたわれる。愛は「あなたと私が掘り抜いた寝場所が永遠にそのままである」ということを意味するのだ。ウィントゥ族は全体（社会という小さな全体と自然という大きな全体）の中にすっかり埋没しているので、彼らにとって個々の自己について語ることはきわめて困難なのである。ドロシー・リーは次のように書いている。

私がサディ・マーシュに彼女の人生について尋ねたとき、彼女は最初の夫についての話を、伝聞に基づいて語った。私が彼女自身の生活史をせがむと、彼女が言うところの「私の物語」を語ってくれた。その最初のおよそ四分の三は、彼女が生まれる以前の、祖父や叔父や母の生活で占められていた。ようやく、自分が「母の子宮の中の何か」だったところまでたどりつくと、そこから彼女は自分自身についても語り始めたのである。(8)

西洋は、同じような規模と複雑さをもった文明と比較されなければならない。この目的のために、われわれは伝記や自伝が豊富にある古い文字文化をもつ国、中国に目を向けたい。しかしそのような作品には、西洋と比べると明らかに魂に対する探求、アウグスティヌスの『告白』以来、西洋の特定の著作に見いだされる自己の曖昧性と二重性に対する強烈なあの意識が欠けている。[9] 文明というものは、単純な文化とは異なり、社会と個人という問題をはっきりと認識せざるを得ず、また部分に対する全体の関係をときどき検討せざるを得ない。そこで、生活と組織の間の現実的・潜在的な摩擦に対応する必要性から生まれた中国の社会思想は、社会に対する個人の義務を強調しているのだ。そのいっぽうで、社会の幸福は、個人の洗練を通じてのみもたらされるということが認識されていた。根本的な感覚では、自己と社会は相互に依存しているのである。自己は、公務や社会参加を通じて十全な人間性、あるいは賢人性さえもつようになる。賢人は社会から離れているのではない。彼は社会の完全なメンバーなのだ。そしてどういうわけか、このような自己と社会の善き統合は、宇宙や自然との統合も伴っているのである。[10]

儒家は、自己、社会、自然の間に対立をみない。儒教の伝統では、ある種の個人主義が可能であり、またそれは実際に奨励されている。たとえば文学や美術の専門家がたとえ規範から外れている場合でも、その美点は賞賛されるのだ。宋代（九六〇―一二七九年）には、縉紳《しんしん》（ジェントリ）――体制の中核だった学者＝官人――のメンバーの間で、文化や芸術に対する個人的な興味や趣味がそれまでにないほど花開いた。人は正統というものを尊重しながらも、異端的な観点を受け入れることさえあったのだ。哲学者王陽明（一四七三―一五二九年）は、この点を例証している。彼は普遍的な道徳律は先天的なものであり、真実は古典の助けなしで直観的な手段により到達できると強く主張したのである。それにもかかわらず、セオドア・ド・ベリーが指摘するように、「王陽明にとっては、主観的な道徳と客観的な道徳との間にはどんな本質的な対立もありえなかった。すなわち彼は、純粋な内省が、共通の明確な道徳基準を受け入れる以上の何かをもたらすことがあるとは思いもしなかったのだ」[11]。彼がどれほど真実への直観的な道を強調しようと、彼の外見は、自己、社会、宇宙の完全な調和を根本的な前提としている儒家のままだったのである。

個人主義と自意識は中国において、ほかの文明にもみられる状況および中国に特徴的な状況のもとで、重要視されるようになった。一般的に言って文明とは、個人間・集団間の対立が避けがたい、きわめて複雑な階層組織でありまた交換のネットワークである。これらの対立は、自己と他者、「我々」と「彼ら」の違いを強調することによって意識を発達させる。そのうえ、文明は野心にあふれた人々によって動かされている。そのような人々が抱く立身出世のイデオロギーが、彼らの影響を受ける生活のあらゆる局面で、競争による緊張感を作り出すのだ。立身出世は、優秀さへの崇拝を前提としている。そして優秀さとは、調和と異なり、もともと攻撃的で個人的な美徳なのである。

文明の特徴のひとつは、官僚制度を管理し、記念建造物を建設するために、よく練られた明確な計画が周期的に作成されなければならないということである。計画は系統的な思考を要求する。そして系統的な思考は、口承文化の人々の散漫な思考ではとらえられない推論の不備や、矛盾や、あるいは解決不可能なパラドックスさえ明らかにすることがある。自分の計画や企画の矛盾やパラドックスに向き合わざるをえないという事態は、その人をもっと根本的な信念に対する疑問へと導くことがある。この段階で、意識は苦痛なものになる。

都市とは、美点を実現する試み、すなわち文明の記念碑的な成果を実現する試みである。都市には、社会的な調和や知的な結び付きという気取りがみられることが多い。しかし対立が最も明白なのもそこなのだ。都市生活の圧迫や緊張を避けるために、すなわち秩序への要求をつねにないがしろにしている都市の混乱を避けるために、感受性の強い魂は、自給的な生活を求め、自然との交わりを求め、あるいは永遠を求めるために都市を逃れるのである。密集した都会生活が存在するところではどこでも、自然環境の中の孤独に対する熱望を見いだせるようである。道教は、中国におけるそのような要求に対する答えである。儒教と異なり、それは、人間と自然の間の調和的な関係という図式から社会を除外している。道家が道徳に関して極端に相対的な立場を取る場合、社会的な結び付きは不可能なのである。道教の古典である『荘子』(およそ西暦前三〇〇年)には、「真〔是〕」「偽〔非〕」

とは同じものごとを違う視点からみた場合に使われる単なる言葉にすぎないという観念がすでにみられる。「個人それぞれに、異なった〈真〉と異なった〈偽〉がある」[12]。自然すなわち道《タオ》だけが完全で超越的な価値をもつ。それ以外のすべては、取るに足らない相対的なものなのだ。道家の信仰とは（おそらくその率直なものは）、人間による歪曲なしにこの道《タオ》を知ることが可能だという信念なのである。

自意識は、孤独や個人的な弱さの感覚によって一層強まる。中国では孤独は、強制的な別れや空間的な障害と結び付けられるのが普通だった。さまざまな理由で、中国人は家族や、友人や、恋人と別れることがあった。理由のひとつは戦争である。男性は、遠い辺境の駐屯地を防衛するために不毛なステップへ送られたのだ。もうひとつの理由は追放である。高官が帝国から好意を持たれなくなったとき、彼は辺境の州へ追放されたのである。そこは追放者にとり、都で過ごした文化的な生活と比べて、全くわびしい場所だった。また幸せな時でも、中国人は地理的な距離を強く意識していたようである。熱意のある若い学者は、試験を受けるために都へ上った。その出来に、自分の将来がかかっていたのだ。知事は、汚職の可能性を最小限にするために故郷から遠く離れた見知らぬ都市へ派遣された。また、若い嫁は自分の家の閉鎖的な空間と安心感から引き離され、夫の家で見知らぬ人々に囲まれて生活したのだ。中国は人が密集して住んでいる国であるが、中国の詩には混雑ではなく、近親者や友人を離れ離れにし、ひとりになった人に自己の寂しさをじっくり考えさせるような広大な空間——果てしない山や河——が描かれているのである。ノスタルジア（郷愁）が中国の詩の大きな主題であると、ジェイムズ・リウは述べている。もうひとつは時間である。現代の西洋と異なり、中国人の時間の観念は直線的ではなく円環的である。世界各地の農耕民と同様、中国人も自然の周期性とりわけ季節のそれによって、時間的なパターンを意識するようになった。しかし、文明化された人々と無文字文化の人々の重要な違いは、前者には時間を戻ることのできない進行として、すなわち逆転することのできない方向性をもつものとして意識する理由があるという点である。文明化された生活には、遠い将来に向けた計画を策定する必要性がある。記念建造物は建設に何年もかかり、建造の段階においても崩壊の段階においても、明白な時間の標識となる。そのうえ中国のような大国では、友人同士が公務によって離れ離れになり、再び会うことはないかもしれない。経験を繰り返すことはできないかもしれないのだ。自然は簡単に同じ風景を再現するが、個人の生活は死を終点とする一度限りの旅なのである。中国の何百人もの詩人が、人間のはかなさを思い起こさせるという理由で、過ぎゆく春と秋の到来を嘆いた。死によって終わる老齢は、不可避的に自己を社会から孤立させる。哲学的な道家が社会から引きこもる場合、そうすることで彼は自然の道《タオ》と一体化できた。ところが、教養はあるがあまり哲学好きではない中国人にとって、自然はそのような慰めをもたらしてはくれないのだ。反対に、自然と異なり人間の生命はひとたび終わると再生できないので、晩年というものは死をつねに暗示しているのである。個人は、究極的には社会からも自然からも切り離されてひとりになってしまうのだ[13]。

芸術表現における個人主義は、すでに述べたように宋代に盛んとなった。明代（一三六八―一六四四年）の後半には、個人的な主張や自己への没入がいっそう目に見えて広がった。通俗文学の出現が、その兆候でもありまた原因でもあった。初めて、教養ある読者が小説や短編の中で、社会のあらゆる階層から選び出された色とりどりの登場人物に出会ったのである。ばかげたものから崇高なものまで人間の情熱がきわめて詳細に描写された。古典文学では容認されなかった、抑圧された欲望や暴力、浅ましさや卑猥さが、職業的な語り手による民俗芸能を起源とする小説の中で描かれたのである[14]。

明代の後期には、教養の高い人々自身がもはや、正しい社会的行動についての厳格な規則に束縛されているとは感じていなかった。官僚を軽蔑する知識人は、完全に自由な生活を送ろうとした。彼らにとってそれは、異端的な観念を支持するというだけではなく、酒と女の楽しみに堂々と耽ることも意味した。その時代の最高の個人主義者は、李贄《りし》（一五二七―一六〇二年）だった。商業とイスラームという家族的背景が、彼に学者＝縉紳階級の伝統的な価値観への疑問をもたせたのかもしれない。しかし同じ背景をもつ多くの中国人は、彼らの行動が儒教の厳格な規範からみていくらか異端であるとみなされる場合があったにもかかわらず、因襲打破論者にはならなかったし、間違いなく李贄のような極端なタイプにはならなかった。すでに若い頃から懐疑論者だった彼は、イスラームの教えやしきたりからほとんど影響を受けなかったようである。古典的な儒教の教育を受けたにもかかわらず、彼はそれに専心せず、それどころか組織的な教義と一体化しているどんなものやどんな人にもうんざりしていた。仏教に魅せられて彼は僧になったが、仏教の戒律に従わず、実際にかなり野放図な生活を送り、姦通によって告発されるような在家の僧だったのだ。単なる奇矯な行動ならば、無害な狂人のそれとして忘れ去られたかもしれない。しかし李贄はまた、さしでがましい人――人道主義者（仁者）――から悩まされることなく自分の欲望を満たし、世界の中で自分の自然な場所をみつけるという個人の自由を支持する著作を書いた、まじめな学者でもあった。彼の最も危険な思想は道徳についてのそれだった。「昨日の正は今日の誤である。今日の誤は明日には再び正となる」。儒教に対して最大の脅威となったのは、道徳は不変の価値をもつという主張の基盤を崩すために李贄が歴史的な知識を利用したことである。もし李贄の考えが普及したならば、中国人にとっての社会というものが崩壊するのは明らかだった。政府は李贄の著書を発禁にし、彼を監獄に送った。そこで彼は自分の喉を切って自殺したのである。(15)

人々がきわめて集中し、専門化した活動や複雑な組織がみられる文明とは、必ず色とりどりの人間のタイプを育てるものである。文学においてこのような人間の多様性が認識されるのは必然的なことではないが、中国ではそれが明代と清代の小説においてみられた。

そのうえ、さまざまな政治家や、軍人や、哲学者や、芸術家や、変人が、評論や自叙伝や歴史を含むほかの文芸ジャンルを華やかに飾った。中国に、主張し内省する個人がみられるようになったのだ。しかし、西洋で知られているような個人主義は、自由と権利の保障として現われるものにせよ、疎外という極端なかたちをとるものにせよ、発達することはなかった。現代の学者はしばしば、中国の個人主義が制度的な支援を受けなかったことを指摘している。中国には力のある中流階級も、強大な資本主義も、特権を求めて国家と争った教会も、権力との対決における良心の至高性について議論した競合する宗教も存在しなかったのだ。また、社会参加が中国の人々に深く染み込んだ特色のように思われることにも注意すべきである。儒教は、それを作り出したのではなく、そのうえに打ち立てられているのである。縉紳は熱心に公務に就こうとする。彼らは、不興を買ったときだけ道家となり田園の所有地に引きこもって私的な生活を送ったのである。もちろん、道家にも仏教徒にも真の隠遁者はいた。しかし彼らは、自然の道《タオ》であろうと涅槃であろうとほかの何かとの合一の中で、自己をなくしてしまうことに専念していたのだ。中国人が知らなかったように思われるものは、持続的な深い倦怠すなわちアノミー［社会的道徳退廃］の状態——あらゆる物や人や理想からの完全な分離——である。中国の小説には極端な英雄や極悪人は大勢いるが、しかしどちらも好きで選んだ道を歩んでいるのだ。確かに家庭を扱った小説には、仕事への挑戦や性的な満足を奪われた女性がしばしば登場する。「これら欲求不満の人物にみられる破壊主義は」と、C・T・シアは書いている。「場合により確かに恐るべきものであるが、しかし、生活が無意味であり、倦怠を楽しむことでそれを我慢しようという結論に達する者は誰もいないのである」。中国人の想像力にとって、社会の価値から完全に引き離された自己というものを理解するのは困難だった。いくら下品で不快であろうと、生活は決して単に不条理なもの——どこにも行き着かない、退屈の連続——ではないのだ。中国の小説は幅広い登場人物を誇っているが、ドストエフスキーの反体制者やカミュの異邦人のような人物を作り出すことはなかったのである(16)。

個人主義、自己、そして自意識——これらの言葉やそれに関連する概念は、完全に西洋文明の産物である。西洋で自己は、うぬぼれと臆病さを抱えて、他者から次第に分離した。われわれは島であり、それぞれが自分だけの世界なのだ。あるいはゲーテのたとえを使うならば、われわれはビリヤードの玉、互いに表面でしか触れ合うことのできない個々の硬い物体なのである。島やビリヤードの玉は、境界性や分離性といった性質を暗示している。しかし、自己は経験の貯蔵庫であり、感覚、知識、行動の源であるという観念を含む、個人のそのほかの重要な特質は暗示されていない。ところが、建設者や知覚者としての個人があまりに強調されることで、外部世界が客観的な立場を失うことがあるのだ。「そこ」にある現実が人間による単なる構成物と思われてしまうのである。

このような観念は、ヨーロッパの長い歴史の中でためらいながらゆっくりと発達してきた。ギリシアのアルカイック期（西暦前七五〇―前五〇〇年）の自己は、多くの原始的な人々にとっての自己と同様に主観性を欠いていた。それは周囲の力に反応していたのだ。それが何かを始めることはめったになく、その意識は内省的ではなかったのである。自己は、自分自身が行動をし、そしてそれを評価し判断していることに気付いていなかった。自己はただひとつだったが、内省の結果として「ただひとつ」なのではなく、経験が吟味されていないために「ただひとつ」だったのである。内省なしでは自己は未分化であり、内部が分割されていると感じることはまったくなかったのだ。普通にみられる自己の分割は、身体と心のそれである。しかしホメーロスの登場人物は、われわれが「心」とか「個性」と呼んでいるようなものに対して、統一的な概念をもっていなかった。E・R・ドッズは述べている。「ホメーロスは人物の死後、あるいはその人物が気を失ったり、死んだり、死の危険が迫っている時に、彼にプシュケ［霊魂］を与えているように思われる。記述にある、生きている人間にかかわるプシュケの唯一の機能とは、その人をほおっておくというものなのである」[17]。ホメーロスの人物は、極端な場合しか内省しないようである。ようやく死の間際に、身体を抜け出る何か別の本質的なものに気付くのである。ホメーロスの考えでは、プシュケは生きている人間にとって最低限の役割しか果たさないが、そのいっぽうでこの詩人は、運動や興奮を発生させるテュモスと、思考やイメージの原因であるヌースを認識していた。しかしテュモスやヌースは、ほとんど胃のような身体器官であり、それらの存在を仮定することは、身体とは異なる精神的な何かがあるということを意味するわけではなかったのだ。われわれは今でも「それをする腹はない［気はない］」という言い方をする。ここでの「腹」という言葉は明らかに身体的な何かを意味しているが、それとともに心理的な何かも意味しているのである。

一人称単数の「私」を使用した、まぎれもない個人の声は、叙情詩人の作品に最初に現われた。西暦前七世紀の前半に生きたアルキロコスは、観客のように他人の愛の挫折を描写するのではなく、自分自身の不幸な愛をうたった。アルキロコスが自分のテュモスを「苦悩でかきみだされた」と描写し、自分の将軍について「彼は愛情に溢れている」と述べたとき、彼はホメーロスが知らなかった、心という実体のない何かについて考えていたのである。自己とその複雑な構造についての意識が次第に強まったことを示すもっとよい証拠は、ブルーノ・スネルによれば、感情が矛盾したものかもしれないという疑念、感情は単なる「熱情と落ち着きの、幸運と不幸の」時間による交替ではなく、「現在の気分自体が不調和の芽を含んでいる」という漠然とした感じである。矛盾する感情は、ホメーロスの叙事詩にはほとんどみられないが、サッフォー（西暦前六〇〇年頃）やアナクレオン（西暦前五〇〇年頃没）の叙情詩にははっきりと記されているのだ。感傷的な決まり文句になった「甘く苦い愛」という表現は、サッフォーによって作られた。またアナクレオンの詩には次のような一節があるのである。「また私は愛し、しかも愛さない。私は叫び、しかも叫ばない」[18]。

ドッズによれば、〔前〕五世紀の普通のアテネ市民は相変わらず、プシュケすなわち霊魂は身体内に完全に収まっていると考えていた。霊魂はその身体の生命だった。当時はまだ、プシュケが理性的な自己よりも感情的な自己を意味していたのだ。アッティカの著作家は、イオニアの先人たちのように、「プシュケを勇気や、情熱や、哀れみや、不安や、動物的な食欲の座とみなしていたが、しかしプラトン以前に理性の座であるとみなすことは、あったとしてもきわめてまれだったのである」。プシュケがより高度な状態を意味するにつれ、自己の分割はもっとはっきりしてきた。素朴な観念に魅せられた思索家たちは容易に身体を、いずれそこから霊魂が解放される、よそよそしい上着や、牢獄や、あるいは墓であるとさえ考えたのだ[19]。プシュケを理性とみなすことのもうひとつの結果は、内面の獲得と、意志の力の獲得である。自己は、内に宿る力のおかげで理性的な行動をとることができるのであり、単に外部からやってくる力に反応しているわけではないのだ。強い感情は外部にあるように思われる。なぜなら、それらを前にしてわれわれは無力感をもつことが多いからである。「恋に落ちる」とか、「激情に落ちる〔かっとなる〕」という表現は、この無力感を暗示している。われわれは決して「理性に落ちる」ことはないのだ。理性とともに、われわれは自己と外部環境の双方に対するコントロールという感覚を手に入れるのである。

コントロールされた自己という観念は、ホメーロスの世界にはみられなかった。そこには、人間と衝突し、その存在の核を貫通する力が満ちていたのだ。シモーヌ・ヴェイユは、彼女が翻訳した『イーリアス』に「力の詩」という適切な副題をつけた。「力」に対応するさまざまな言葉が、ホメーロスの叙事詩の中で、大きな企てに取り組み燃えている人間の四肢の活力や、支配者の影響力や、守備隊が敵を撃退する力や、理想の至高性などのような感情や状態を記述するために用いられているのだ。人間の異常な行動はすべて、外部の力、すなわち神や女神のせいなのである。人間は行動するかもしれないが、しかし真に何かを始めるということはできない。人間の世界で起こる重要な出来事は何であれ、神どうしの取引によって生じるのだ。人間の努力には、始まりがないだけでなく、適切な結末もない。[20]この人間の物語は、人間自身によって書かれていないのである。

外部からのコントロールという観念は、二十世紀まで生き残っている原始的な人々の特徴である。彼らの思考パターンに共通なのは、客観的な現実や、「そこ」で起こっている出来事の優越性であり、個人が感情や思考によって世界を維持しているような主観的な領域の無視である。アルカイック期のギリシア人と原始的な人々は、もうひとつの特徴を共有している。それはけがれに対する恐怖である。この特徴もまた、古代人にとっての客観的な世界の重要性を強調している。けがれは行動の機械的な結果である。つまり、けがれは外的な出来事の世界に属し、その作用には、腸チフス菌と同様に動機が関与しないのである。対照的に、罪は意志の悪用であり、内面的な意識の堕落である。罪の観念は、内面的な責任を負う自己という観念なしで現われることはない。アキレスが自分の決断の責任を女神になすりつけたのに反して、〔前〕五世紀の人間は自由を意識し、誇らしく自分の選択に責任を負ったのである。ドッズは述べている。「五世紀の終わりになって初めて、きれいな手だけでは十分ではない——心もきれいでなければならないというはっきりとした発言が見いだされるのだ[21]」。

個人というものは、ギリシアのアルカイック期に、二つの重要な組織が変化するにつれて出現した。ひとつは、古代の社会構造の要石だった家族である。家の主人は王のように振舞い、自分の子どもに対して無制限かつ絶対の権力を行使していた。しかし西暦前六世紀までに、ソロンが父権的な力を制限するいくつかの予防策を導入したのである。家族という組織は、古代を通じて抑圧的な権威主義を守っていたが、末期には不調和の徴候が現われ始めた。すなわち、父親以外の声が聞こえてきたのだ。ソフィストの活動が活発になるにつれ、西暦前五世紀までに、世代の違いや対立が率直に表現されるようになった。そして若者たちが、父親にそむく「自然権」があると主張するまでに至ったのである。重要な変化が起こったもうひとつの組織とは、政府だった。王権は排除され、その代わりに、**ポリス**（都市＝国家）として知られるギリシアに特徴的な共同体構造が徐々に出現したのである。[22] もともとポリスは、自由市民による行動——創始する行動——を必要としていた。権利を与えられた個人は自己主張をしたのだ。しかし彼らはつねに公益のためにそうしていた。個人の価値という観念が強まったにもかかわらず、真に考慮されていたのは社会全体だったのである。プラトンからキケロに至る古典的な思想では、「全体は、部分に優先し、部分より善いものである。部分は全体のためにあり、彼らは全体の中で自分の存在の意味を見いだしているのだ[23]」。全体という観念や現実をしっかりと支えていたのが、結束を重視し、公共の儀式を司っていた宗教だった。ギリシアの伝統的な宗教は、社会的な結び付きを強制していた。宗教そのものが、公共機関のあらゆる特徴をもっていたのである。神殿は都市の神に捧げられていた。神官は市の行政官だった。アンドレ＝ジャン・フェスチュジエールは、次のように述べている。「特定の日に、すべての市民が、男性も女性も子どもも一団となって、厳粛な供犠のために神殿の前に集まった。……アテナはアテネの女神だった。つまり、私的な個人としてのアテネ市民の女神である以前に、社会的な統合体と考えられていたアテネ市民の女神だったのである[24]」。

古代ギリシアの個人主義はさまざまな形態をとった。それは権利の主張や、選択と創始の自由を行使することや、自分自身の声で、時には矛盾する個人的感情をはっきりと話すといったことである。社会の規則や習慣は、意識や自意識のこのような成長によって疑問視されるようになり、個人の要求や性向に合うように修正されたのだ。しかし、哲学者の中には、極端なところまで疑問を突き詰め、組織や信念をすべて否定した者もいた。ヘカタイオス（西暦前五百年頃に活躍）はギリシア神話を調べ、それが「おかしな」ものであることに気付いた。それに気付いたのは、明らかに彼が最初だった。クセノファネス（西暦前五七〇年頃―四八〇年頃）は、宗教的な観念に相対性を見いだしていた。「もし牛に絵が描けるならば、その神は牛の姿であろう」。ヘラクレイトス（前五三五年頃―四七五年頃）は、「死は糞よりもきたならしい」という言葉でもって、ギリシア人の信心を徹底的に侮辱した。彼はまた、大衆の図像崇拝も攻撃した。彼はそれを、家の持ち主ではなくて建物に話しかけることと対比したのである。啓蒙的な懐疑主義は、アナクサゴラス（前五〇〇年頃―四二八年頃）や、デモクリトス（前四六〇年頃―三七〇年頃）のような後の世代の思弁的な科学者や、ソフィストたちによってさらに進められた。とりわけプロタゴラス（前四八〇年頃―四一〇年頃）は、伝統からすべての「野蛮な愚かさ」を取り除けば新しい生活技法を作り出すことができると考えたのである。しかし、社会――これは、部分よりも大きいことが仮定されている全体である――に対する究極的な挑戦は、道徳的な信念の体系を疑うことだった。そして悲劇詩人エウリピデス（前四八〇年頃―四〇六年頃）は、『アイオロス』を書いたときにこの挑戦を行なったのだ。「恥ずべきものは何もない、思考がそれを恥ずべきものにしてしまうのだ」――これは近親相姦に向けられた言葉なのである。[25]

個人主義はヘレニズム期に花開いた。アレクサンダー大王の征服にともなう突然の空間的・文化的な地平の拡大は、精神を広げるという効果があった。科学が体系的になり、その哲学的な起源から大きく飛躍するいっぽうで、哲学自体はさまざまな学派に分かれ、当時互いに活発な論争を行なった。「政治的な自由がなかったにもかかわらず」と、ドッズは言う。「西暦前三世紀の社会は多くの点で、世界がまだ見たことのない〈開かれた〉社会に最も近づいていたし、またつい最近までみられたどんな社会よりもそれに近かったのである」[26]。ヘレニズム期には、ポリスの生活への、全面的ではあるがほとんど慣例による参加はみられなくなっていた。官僚国家がそれに代わり、政治的な業務はもはや市民の関心の的ではなかったのである。もちろん市民は相変わらず政治への参加を選択することができたし、それに加えて、大きく複雑な文明が提供するさまざまな活動がほかにもあった。しかし、過去には、市民のさまざまな職務にポリスの性質に基づいて全体的な意味が与えられていたのに対し、西暦前三世紀以降の教養ある人々は、充実した生活を送るために、自分にとって興味のあるような活動を自分自身で選択し統合しなければならなかったのである。言い方を変えるならば、共同体的な結び付きが弱まり、統一のとれた個性の発達がおもに内面から進行しなければならなかったのである[27]。

ポリスという都市国家では、宗教と公共生活が非常に緊密にかみ合っていたので、一方への危害はたちまち他方に影響を及ぼしたであろう。ところがヘレニズム期には、公的な宗教と公共生活の両者が衰退したので、無教養な人々は、魔術的な治癒力をもつと考えられていたアスクレピオス［アポロンの子で医学の神］のような小さな神々や、テュケ、すなわち「幸運」や「運命」を信仰するようになった[28]。教養ある人々は、公共の儀式の媒介なしに心を通じて自己と宇宙が直接に結び付くとされた私的な信仰に目を向けた。このように個人の信仰は、共同体や場所の束縛から自由になったのである。人はどこにいようと星まわりを知ることができた。人の尊厳と自由は心の中、魂の平安の中にあったのだ。哲学的な［キリスト教の］未信者たちの大部分は、西暦前三世紀から西暦四世紀までこのような見方をしていた。自己と宇宙の中間のスケールを扱う地理学は、無視されざるをえなかった。ストア派の思想家たちの議論において、場所は重要ではなく、外部の環境はほとんど考慮されなかったのだ。セネカ（西暦前三―西暦六五年）は次のように書いている。「変えなければならないのはあなたの心であって、環境ではない」。また「住んでいる場所は魂の平安にとってほとんど意味がない。あらゆる物事をその心にふさわしいものにするのは、心の役目なのだ[29]」。マルクス・アウレリウス（一二一―一八〇年）は次のように書いている。「人は田舎や海岸や山にひきこもる場所を求める。君もまたそうした所に熱烈にあこがれる習癖がある。しかしこれはみなきわめて凡俗な考え方だ。というのは、君はいつでも好きなときに自分自身の内に引きこもることが出来るのである。……私のいうこの安らかさとはよき秩序にほかならない」（神谷恵美子訳）。この安らかで秩序づけられた心と比べると、「宇宙は変化であり、生は主観的判断である[30]」（鈴木照雄訳）。

疑い無く、古代末期に意識と自意識が十分に発達していた個人として真っ先に挙げるべきなのは、アウグスティヌス（三五四―四三〇年）である。いっぽうでアウグスティヌスは、新プラトン主義者としてまたキケロの弟子として、古典的な学問をまとめた。そこには、現実を理解したり超越したりする個人の心の能力を称賛するという、哲学者につきものの傾向がみられた。そのいっぽうで彼は、キリスト教徒の罪の意識や道徳的な罪の不名誉を、生活経験の積み重ねにおける罪のはたらきについての独自の評価と結び付けたのである。アウグスティヌスの自己の探求は非常に多くの点で現代的なので、彼が現代人のもつ根本的な懐疑や疎外に苦悩していなかったということは忘れられがちである。成年時代を通じてアウグスティヌスは、最初はマニ教徒として、のちにはひとりのキリスト教徒として、そして最大限の熱意をもって異教と戦う司教として、信仰に没頭していた。アウグスティヌスは隠遁生活、すなわち少数の友人と弟子に囲まれた学問と祈りの生活を望んでいた。しかし彼は、彼が言うところの「司教の重荷」を受け入れ、大きなアフリカの司教区を三五年間管理したのだ。アウグスティヌスのおよそ二三二の標題を数える学問的な業績は、心の記念碑である。そして、思索は孤独を必要とする。しかし、とピーター・ブラウンは述べている。「彼がひとりで考えている姿はほとんど見られない。たいてい彼は〈その話題について友人と語り合う〉のである」(31)。

アウグスティヌスは、すぐれたプラトン主義者だったが、手紙を通じて議論を交わすだけでは不満足だった。彼は友人が肉体的に存在することを望んだのだ。彼の社交的な気質や、公務や、客観的な真実への信念といったすべてが、彼を世界とその活動の真っ只中に送り込んだのである。しかしアウグスティヌスは内面にも目を向けていた。社会や、自然、そして場合によっては友人という姿で現われる世界は、彼に完全な満足を与えることはできなかったのだ。社会は真実を欠いていた。その実践や慣習は、型どおりのものだった。「その中には不用で余計なものもあれば、便利で必要なものもある」。組織は、人々が必要性やそのほかの理由によって、ある規則に従うことに同意したために存在するものだったのである。したがって文化は、われわれの忠誠にとって大きな役割を果たさないのだ(32)。自然に関して言えば、アウグスティヌスはその美しさに対して実に敏感だった。それにもかかわらず彼は、人々が内面世界よりも外部世界に没頭することがあるのに驚いていた。「人は、山の高い頂きや、海の巨大な波や、河の広大な流れや、広漠たる海洋や、星辰の運行に驚嘆する。しかし彼らは、自分自身のことには気づかないままなのだ。彼らは自分自身に驚くことはないのである(33)」。

最後に、友情に対する発言がある。アウグスティヌスは友人といることを楽しんだが、彼が望んだのは、神の都でみられるような魂どうしの親密な訪問だった。この理想は地上では叶えられなかった。当然ヒッポでの、学識の高い司教と読み書きのできない会衆ののどかな付き合いでは無理だった。ピーター・ブラウンは次のように示唆している。「アウグスティヌスは司教座に座って会衆と向き合いながら、並んだ顔の内面世界にほとんど入り込むことができなかったことを悟るのである。……『告白』における自分の最も私的な不安についての彼の力説は、一部は彼自身の孤独に対する反応なのだ」[34]。近縁の者に対しても、アウグスティヌスは自分が感じたことすべてを伝えられずに絶望していた。なぜなら、彼にとっての会話とは、鮮明な思考を「発話という長い曲がりくねった道を通じて」引っぱりだすことを意味したからである。彼は、人々がおそらくあまりに弱いために仲間に自分を見せるという重荷に耐えられないのだろうという結論に達したのである。もうひとつの問題は自己についての真の認識にあった。自己を解明するためには、解明する自己が存在しなければならない。アウグスティヌスは、自分の心、すなわち「無限にひろがる部屋［空間］」を今まで十分に探った者はいないと確信するようになった。意識的な心が知り、受け入れ、支配しようとしているのは、人格の表面だけかもしれないのだ。「明日のおこないについて確信できるほど自分のことをよく知っている者はいないのである」[35]。

しかし、アウグスティヌスの時代やそれ以前の時代には、アウグスティヌス自身のように深く繊細に人間性を探った者はいなかった。われわれはすでにヘレニズム期において古い共同体的結合が壊れるとともに個人主義が花開いたことをみてきた。しかし、人間の個性の源泉についての知識はおろか、それについての興味さえほとんど存在しなかったのだ。人々がほかのものではないある一連の行為を選択するということは、当時利用できたいくつかの哲学体系から一つを選びそれに沿って生活することにほかならなかったのである。

初期のストア派の哲学者は人間の違いを違いとして認めなかった。なぜならそれらは、すべての人間に共通した理性の能力からの逸脱とみなされたからである。そして理性がすべての道徳を支えていたのだ。のちには、おそらく身体の形が異なる以上に、人々の心の性質が顕著に異なるという観念が、はっきりとしかも好意的に認識されるようになった。たとえばキケロ（西暦前一〇六―四三年）は、心の性質の違いは欠点であり非難に値するという見方に反対した。逆に、「人は自分自身というものに固執しなければならない」し、たとえ他人が立派でも、自分の性質にしたがわなければならないのだ。しかしキケロは、人格や個性が所与のものであるとは考えていなかったようである。[36]それに対して、アウグスティヌスの独創性と現代性は、それを人の過去の行動によって作り出された「第二の自然」とみなしたことにある。アウグスティヌスにとって、個人の過去の多くは現在の中に生きているのである。人々は互いに異なる。それは間違いなく彼らの意志が、過去に積み重なった独自の経験や行動の全体に左右されて、違うものになったからなのである。[37]

アウグスティヌスは、ヴァンダル人の軍隊による包囲が三カ月目に入っていた四三〇年八月二八日にヒッポで死去した。この日付は、その後およそ五百年間続く「暗黒時代」の始まりを適切に示している。

「暗黒時代」という言葉は現代の歴史学者に対してある種の不快感を呼び起こす。それは過去の長期間にわたる全面的な告発のせいである。しかし、この言葉は当時の一般的な事実を正確にとらえているのだ。自意識の薄れ――集団によるほとんど完全な個人の吸収――がそれである。歴史学者はしばしばこの現象について論じてきた。彼らはたとえば、ある場所への立入り禁止令のような集団的な罰の習慣や、町や村への罰金について述べている。共同体は、法人的な性格をもつと考えられており、これらの罰によって無実の人々が何人苦しむか気にかける権力者はいなかったのである。歴史学者はまた、著作家や、学者や、大法官や、建築家や、筆写者などの匿名性も指摘している。中世学者のウォルター・ウルマンはいら立ちをみせながら次のように書いている。「われわれはしばしば欄外の注解やスンマ［大系、集成］の末尾にシグルム［サイン］を見つける。しかしBは誰で、Mは誰なのだろう？……誰がエリー大聖堂の建造を思いついたのだろう？ストラスブール大聖堂の建築家は誰なのだろう？」中世の個人的な手紙はほとんど残っていない。重要人物を実体化してくれるような逸話もほとんど存在しない。われわれは偉大な王や教皇がどのような姿をしていたかについてほとんど何も知らないのだ。暗黒時代の人々にとって、人格はあまり重要ではなかった。重要なのは、内容そのものによって正確に評価ができる聖務だったのである。神聖な起源が伝えられている聖務は、客観的なものであり、人間の作り出したものではなかった。それが個人を吸収していたのである。(38)

西暦一〇〇〇年頃のヨーロッパ社会は原始的で不安定だった。不安定感は、親族の絶対的な結束や、客観的な規範という観念の受容、そして自己の埋没を要求した。しかし十二世紀の後半には、社会はより繁栄し開放的になった。人々は自由に周囲を見回し、世界の中の自然や人工のさまざまな形態を見て楽しんだのだ。同時に彼らの目は内面にも向けられた。外の自然についての認識を重視する文化的な環境は、自己認識の重視にもつながったのである。十二世紀までは、魂の保護者である教会でさえ、意志よりも行動にはるかに大きな関心を示していた。贖罪は、心の内部の状態ではなく外的な行為と結び付いていたのだ。しかし一一三五年に、ピエール・アベラールは「汝自身を知れ」という副題のついた道徳論を書くことができた。アベラールにとって、罪は意志の中にこそあったのだ。苦行者や隠者の伝統を引く修道士は、神への道として自己認識の観念を発達させた。聖ベルナルドゥスは、自己認識が精神の旅の始まりであり目的地でもあると考えていた。「あなたにとって、あなたが最初であり、また最後でもあるのだ」。その分析の最終段階で、宗教的な経験は個人の私的なもの、キリストと魂だけに知られるものとなるのである。社会的な側面では、一一五〇年頃の中世人には、暗黒と呼ばれたそれ以前の時代には想像もつかない選択の幅があった。そのため、慎重に選択する必要性に対応して、利己的な意識がみられるようになったのだ。それは野心的な若者にとって、二つの段階で生じたようである。まず彼は騎士、学者、統治者、あるいは修道士のどれになりたいのかを決断しなければならなかった。次に彼は、そのそれぞれの職業において、一般に受け入れられた単純な道徳が存在しないという事実と直面しなければならなかったのだ。人々は、真の騎士道の性質について、また修道士の正しい生活様式について、ながながと議論したのである。[39]

十三世紀の終わりには、ヤコブ・ブルクハルトによれば、独自性を誇りにする人々がイタリアに多くみられるようになった。専制君主が個性を主張しただけでなく、彼が守護し使っていた人々——大臣、書記、詩人、付き添い——もそうしたのである。彼らはみな、自分に権力と影響力がある短い期間に、人生最大の満足感を得ようと決心していたのだ。独自性に対する思い入れは、地域へと拡大した。愛国者たちは、自分の町や都市を称える歌をうたった。しかしこれは、古代のギリシア人やローマ人にみられた生まれた土地への深い宗教的愛着とは異なる。ルネッサンス期のイタリアはもっとはるかに世俗的だったのだ。詩人たちはほとんどからかう調子で、とげのある批判や風刺を込めた賛歌をうたったのである。

世界主義（コスモポリタニズム）と個人主義は、同じ歴史的な過程の産物である。コスモスへの忠誠は、実際には、地上の何か特定のものに対する忠誠がみられない——少なくとも完全な献身はみられない——ということを意味しているのだ。ストア派の哲学者として、セネカとマルクス・アウレリウスは世界全体に対する市民権を主張した。これはダンテの自慢でもあった。彼は、自分にふさわしくない条件が示されたフィレンツェへの召喚状を受け取った時、次のように返事をしたのだ。「私は、市と市民の前に不名誉で不面目な姿を現わすことなく、どこででも最も気高い真実について熟考できるというわけではないのでしょうか？」芸術家は居住の制限から解き放たれて大いに喜んだ。彫刻家のギベルティ（一三七八年頃—一四五五年）は次のように宣言したのだ。「すべてを学んだ者は、どこにおいても異邦人ではない。たとえ財産を奪われ友人がいなくても、その人はあらゆる国の市民である」。同じ調子で、ある追放された人文主義者は、「教養ある人間が腰を据える場所はどこであろうと、その人の故郷《ホーム》となるのだ」と述べたのである。

これらの発言は、個人の誇りだけではなく、文化が大きく開花した時期における生活や財産の不確実性をも明らかにしている。不確実性は、神による正義の執行に疑念を生じさせた。自己主張は、人間の努力に明確な限界を設けているこの客観的な現実というものの性質について疑問を呼び起こしたのだ。ヘレニズム期に自由が重荷になったとき、人々は「幸運」や「運命」の神の崇拝や占星術へと目を向けたが、同じような動きがルネッサンス期にも現われた。社会が急速に変化し、キリスト教徒の根本的な信仰——不死の願いを含む——が揺らぐにつれて、人々は運命論者になったのだ。つまり黄道十二宮に確実性を見いだそうとしたのである。占星術は民衆の単なる迷信ではなかった。君主も自由都市も自分たちの占星術者をもち、十四世紀から十六世紀まで大学はこのえせ科学の教授を任命したのである。(40)

ルネッサンス人は自分の個性に誇りをもち、その違いを公共の舞台で見せびらかした。

同時に彼らはプライヴァシーを求め、内面的なものの性質について考察した。公共生活の緊張や喧騒に我慢できない者は、田園にある私的な地所に引きこもり、そこで家族農園や静かな書斎や友人とのゆったりとした会話の中に身を置いたのだ。都市の中心に居住している銀行家や商人でさえ、邸宅の規模やデザインで自分の個性や富を示すいっぽうで、街路を縁取る堂々としたファサード［正面］の背後にある個室や中庭に、まわりから隔離された私的な生活を求めたのである。(41)

生活の私的・公的両側面において、ルネッサンス人は、自己への疑問や、それが演じることのできる役割についての疑問と直面した。出世や称賛のさまざまなチャンスが、才能ある人々の前に開かれていた。彼らはある職業ではなく別の職業を選んでもよかった。選択はしなければならず、しかもその幅が制限されていたとは限らないのだ。ある人は学者にも芸術家にもなれたし、さらに君主の政治的な使節にもなれたのである。もしそうならば、ここで、さまざまな仮面の背後にほんとうの自分があるのだろうかという疑問が現われてくる。

ストア派の哲学者は、彼らが否定していた、役割を演じたがる人間の傾向と、道徳を結びつけることが多かった。エピクテトス（五〇年頃―一三八年頃）によれば、子どもはつねに役割を取り替えている。もしあなたが子どものように振舞うならば、「あなたはある時には運動選手、ある時には剣闘士、次には修辞学者、それから哲学者になるだろうが、あなたの魂全体に関して言えば、あなたはまったく何者でもないのである」。エピクテトスにとって人間の義務とは与えられた役割をうまく演じることなのであり、他人の役割を担うことではないのだ。「あなたは五種競技選手やレスリング選手になりたいのか？　自分の腕やももを見てみなさい。自分の腰を調べてみなさい。人間はそれぞれ違うことをするように自然にできているのである」(42)。意志とは無関係にわれわれは何かになるという観念には慰めがある。しかし、才能あるルネッサンス人にとって、職業の選択は現実だった。社会は、演じるべき役割を個人が選ぶことを可能にしたのである。しかし、一種類の人間になることを決心するのは、問題の始まりにすぎなかったようである。なぜなら、ルネッサンス人は違う役割の自分を容易に想像することができたからである。人はつねに自分の人格の言わば外や上に立って、それを批判的に眺めるようになったのだ。彼は変幻自在となり、同時に精神分裂的になったのである。

シェイクスピアのハムレットは、アイデンティティの危機に苦しむ人物のすぐれた象徴である。ほんとうの自分にとって何か違和感のある役を演じているというハムレットの意識は、ルネッサンスと現代の無数の文学作品にテーマとなって現われている。では、ほんとうの自分があるとするならば、人はそれをどのようにして見つけるのだろうか？　モンテーニュの手段は、まず第一に世界から離れた場所に移ることだった。もし世界が幻想の劇場であるならば、なすべきことはそこを出て、どこかほかの場所への道を見つけることなのである。モンテーニュ個人にとって、そのような場所とは自分の図書室だった。この解決法は、手軽であり、独創的ではないと思われるかもしれない。しかしモンテーニュは、孤独だけでは十分でないことをよく知っていた。「雑踏から引きこもるだけでは、人間にとって十分ではない。……われわれの内部にある通俗的な状態からも自分を切り離さなければならないのだ。人間は引きこもることで、自分自身から自分自身を取り戻さなければならないのである」。内面世界は、それについてわれわれが考察する時、それ自体すでに統合体ではなく、対立しあう部分どうしの変幻きわまりないドラマである。しかし、真実や統合された自己についての感覚は勝利を収めなければならない。その勝利は、対立や変化に向かい合いそれを観察することで、言い方を変えれば自伝を書くことで可能になると、モンテーニュは信じていたのである(43)。

ルネッサンス期に自己とその役割についての関心が高まったもうひとつの理由は、個人の人生における不可避的な変化が強く意識されるようになったことである。それについてシェイクスピアは「人は人生においてさまざまな役割を演じる。それは年齢によって七幕に分かれているのだ」という見事な言葉を残している。どの年齢がほんとうの自分を表わしているのだろうか? 確かに「泣いたりもどしたり」の幼児ではないし、同じほど確かに、「第二の赤ん坊」ではない。しかしそれは「あやしげな誓いの文句を並べ立てる軍人」なのだろうか? あるいは「賄賂の去勢鶏をつめこんで見事な太鼓腹となった裁判官」なのだろうか？[44]　著作家は、十六世紀の間にどんどん出現し始めた内省的なエッセイや自伝の中で自己を探求した。画家は、別の方法で自己について洞察しようとした。肖像画を描いたのである。そうするためには、すぐれた鏡が存在しなければならなかった。そして実際に鏡は、中世の終わりにかけて品質が向上するにつれ、それ自体が自意識の高まりの原因となったのである。[45]　アルブレヒト・デューラーは、十三歳の時、鏡の助けを借りて自画像を描いた。少なくとも、それ以降八枚の自画像が描かれ、その中でデューラーは、一四九三年の自信のあるハンサムな若者から、一五二二年のヌードで鞭をもった「悲しみの男」[46]まで、さまざまな役に扮しているのだ。いったいどれがほんとうのデューラーなのだろうか？　そして十七世紀には、レンブラントがもっととりつかれたように自己のとらえがたい核を追求し、若い頃から老人になるまで、さまざまな雰囲気や扮装の自画像を百回以上描いたのである。[47]

十六世紀初頭に、とりわけイギリスやフランスで、社会的な流動性がはっきりと増大し始めた。ローレンス・ストーンは「一五四〇年から一六四三年の間に、イギリス社会は空前の規模の地殻変動を被った」とまで述べている。[48]　水平的な移動——個人のある場所から別の場所、特にロンドンへの移動——は混乱が迫っているという感覚をかきたてた。この流動的な社会状況を脅威とみるか解放とみるかは、その人の社会的な地位や、新たな役割を演じる機会を利用する能力次第だった。偽ること、まねること、見せかけること——中世の道徳家にとっていまわしい行動——は、十六世紀にははるかに寛大に扱われていた。マキャベリは実際に、役者の技術を身につけることを君主に勧めていたのだ。民衆にとって、見せかけたり取り入ったりすることは、社会的・経済的な成功のために必要な演劇術だった。およそ一五〇年前まで、野心家がへつらいという卑しい行為に身を屈することなく出世できるような、ちゃんとした職業は社会に存在しなかったのだ。(49) しかも、そのような職業に就けるようになっても、上方への社会的な移動がしつこく罪の意識を生む可能性があった。適応性自体、二面性をもつ美徳と思われることがあったのだ。人が、地理的・社会的な場所を繰り返し変えるとき、その人のほんとうの自己は何かという疑問が再び生じる。古代ストア派には知られていなかったが現代人に特徴的な、ひとつのノスタルジックな回答は、ほんとうの自分は自分の過去——無意識の子ども時代——にあるというものである。

社会的な流動性によって、個人は世界の中に自分の場所を作り出そうとするようになる。それとともに世界そのものも、本来の性質である所与性と客観性をいくらか失ってしまうように思われる。所与性も客観性も結局、人に出世や失脚の機会を与えてくれる野心には負けてしまうのである。世界は社会とみなされることもあれば自然とみなされることもある。そこでまず、社会としての世界を考えてみよう。十六世紀から、社会という言葉が著作や会話に頻繁に出現するようになった。人々はそれを、彼らがその一部である何かとしてだけではなく、外部にあって彼らが批判的に吟味できる社会的な同意の網の目とみなしていた。この点で社会の意味は、王領や国の意味と根本的に違っていた。(50) 王領や国は、人間の考案したものというよりは自然に成長したものであると思われていた。それは慣習、すなわち無批判に受け入れられた人々の信念や価値に基づいて、有機的に結合していたのだ。無数の個人が国の伝統のために貢献していたが、しかしそれにもかかわらず、国のメンバーは価値の保護者や創造者ではなく、その受領者であり受益者であると感じる可能性があり、また実際に感じることが多かったのである。対照的に、社会《ソサエティ》という言葉の使用は、人間集団が人工的なものであり、個々の行為者（演技者）の意志と興味により維持されているという観念が受け入れられたことを意味している。人間は国のメンバーであり、王領の臣民であり、国家の市民であり、社会の演技者なのである。われわれは、ここでひとつのスペクトルを手に入れた。いっぽうの端には有機的な結合体がある。そこでは全体が、部分より大きく重要である。もういっぽうの端には人工的に構成された全体がある。それはあらゆる点で個人の善意により支えられているのだ。

「世界の解剖」と題された詩で、ジョン・ダン（一五七二―一六三一年）は次のように述べている。

すべてはこなごなになり、すべての結び付きは消えてしまった。

すべての正当な援助が、そしてすべての関係が。
君主、臣民、父、息子は、忘れられた存在である。
なぜなら、あらゆる人間がひとりで考えているのだ。
自分はフェニックスのような存在であると。すなわち、
自分を除いては、誰も同じ種の者はありえないと。

ダンは社会秩序の崩壊や高慢な自尊心を嘆いた。しかし彼が「すべてはこなごなになり、すべての結び付きは消えてしまった」という有名な一節を書いたのは、天空についてだったのだ。十六・十七世紀の詮索的な視線や心理にとっては、社会という世界のみならず、自然というより大きな世界も無秩序や崩壊の兆候をみせていたのである。この時期に、ヨーロッパ人が大いに視覚を利用するようになったということは、指摘しておくべきだろう。普通の家が、どんどん透明ガラスの大きな窓を見せびらかすようになったのである。それによって、室内には光が溢れ、古くからの暗がりは追い払われることになった。また、眼鏡をかけることで、人々はよりよく見ることができるようになった。科学的な光学機器は、スケールの両端で自然に対する目を開かせた。はっきり見えたり、小さなものが大きくみえたりするのは、愉快なことだった。そのいっぽうで、それまで知られていなかった自然の不完全性が明らかになった。たとえば十七世紀まで、変化や崩壊は、地上や月下のあら

ゆる場所でみられるのに対して、月の軌道の外側の天は、神が造ったままであるという考え方が普通だった。しかし、不変と思われていた天に、ガリレオ（ダンの同時代人）は、新しい星を発見し、太陽に黒点をみつけ、この威厳ある天体においてさえ衰退を論じたのである。またケプラー（一五七一―一六三〇年）は、惑星は完全な円ではなく楕円軌道をまわっていることを明らかにして、神の完全なるデザインという古いイメージに別の一撃を与えたのだ。(51)

もちろん、人間の科学的・詩的想像力は、新しいデータから導き出された困難を克服することができた。もっと抽象的な高いレヴェルで、秩序を認めることができたのだ。しかしそうした努力によって思索者は、そのデザインは目をひらきさえすれば確かめられるような単なる事実ではないと考えるようになる。あるいは、もしデザインがそのような事実であっても、それは幻覚かもしれないと考えるようになるのだ。みかけの無秩序の中から真の秩序を見いだすことは、個人の側において――科学者ならば適切な器具や方程式の考案を含む――大変な忍耐力と才能を必要とするので、自分は宇宙のパターンの記録者というよりは創造者なのではないかと感じ始めるのである。

主観主義は、現代の刻印である。主観主義は、現実とはわれわれがそうとみなしたもののことであるという確信とともに成長した。この信念は、目的に合わせて実際に自然を変えてきた人間の能力から生まれた。地上の自然は、人々の上に立ち、圧倒的な力で命令を下す代わりに、彼らの独創力に屈し、豊かな恵みを与えたのである。人間は明らかに、コスモスとしての自然、すなわち事物の全体としての自然を、まだコントロールできていない。しかし、それにもかかわらず、すぐ前にみたようにそれが人工的に見える場合もあるのだ。なぜなら、内省するようになった人間は、自然のパターンを識別する上で、自分の役割を強く意識するようになっているからである。そのパターンは外部の自然の中に存在するのだろうか、それとも人間が自然を記述するのに用いるシンボル体系の中に存在するのだろうか？　この種の問題が、研究に従事している科学者ばかりでなく哲学者や芸術家によっても提起されるということは、「そこ」に現実にあるものと、人間が物質的・精神的に構成しているものとの境界がはっきりしなくなっていることを示唆しているのである[52]。

　自然と社会は、あらゆる人間集団の思考において密接に結びついている。もし自然すら人工的に見えるようならば、その時明らかに社会は、人々によって造られ、維持され、人間という構成要素に合うような変化を受ける人工物である。そのような社会は不変という性質をもたない。なぜなら結局、個人は自己中心的であり、変幻自在だからである。「人間は自分自身を作り、自分の世界を創造する」とは、二十世紀の最初の十年間に確信をもって繰り返された近代の誇らしげな主張である。それ以降、われわれはそのような認識や力による報酬をあまり確信できなくなっている。われわれが世界と感じているものはおもに私的な衝動の投影なのだという観念、昔から知られており今やはっきりと表現されたこの観念が、事物や外部の出来事から権威や堅実性を奪ったのだ。[53] 世界が客観的な立場を失えば失うほど、その価値や活力も消えてしまうのである。

八　自己と再構成された全体

「ひとりであって、その倒れる時、これを助け起こす者のない者はわざわいである」（『伝道の書』第四章十）。この警告は、すべての人間が心に留めておかなければならない。なぜなら、人間は完全に自給自足できるわけではないからである。われわれは生存ばかりでなく自分が何者であるかという意識においても、他者に依存している。もちろん自給自足の幻想をもつことは可能である。生活の必要性が努力もなしに満たされ、求めてもいないのに日常生活で一定の贅沢ができるならば、その時われわれは容易に、争いの多いごたごたした世界から離れ、自分たちだけで清らかに生きることができると思い込むのである。

人間は、独りになって何をするのだろうか？　カトーは書いている。「人は、何もしていないとき最も活動的であるし、自分独りでいるとき最も孤独ではないのだ」。その人が思想家ならば、これは真実である。しかし思想家はめったにいない。パスカルは次のように書いている。「王をとりまいている人たちは、ただ王の気をはらすことだけを考え、王に自分自身のことを考えさせまいとひたすら心がける。なぜなら、いかに王であっても、自分自身のことを考えれば、たちまち不幸になるからである」(田辺保訳)。

ヨーロッパの家屋の変遷を追いながら、われわれはその漸進的な分節化について述べた。部屋が次々と付け加えられ、家長やその家族が、もしそう望むならば、特別な活動のために引きこもり、独りになることが可能になったのだ。家屋自体が、隣と離れて立っていた。政治的貴族階級の家族は、大きな地所の中の宮殿のような邸宅にこもっていたのである。政治的な権力を失うにつれて、彼らは自分たちの従者——伝統的に結びついていた借家人や農民や労働者——からも次第に孤立していった。ロンドンや大きなカントリーハウスでは、はでな社会的行事が毎日のようにみられたが、これらの行事は二十世紀の間に急激に減少し、また活気を失ったのだ。現代の貴族を訪ねたロイ・ペロットは、大邸宅の窓越しに、暗くうねっている広大な猟園のどこか向こうで光が瞬き始めるのに気づき、次のように考えた。「そうなのだ。隣人のいない人々なのである。これは地主のひとつの定義なのかもしれない」。小説家アンソニー・パウエルのように、ペロットは自分が訪問した貴族には共通の特徴があることに気づいた。それはメランコリー〔憂鬱〕である。「近くに人がほとんどおらず、まわりからの抑圧や要求によって心が乱れることがなかったために、彼らは瞑想的な人物という役割を演じてきたが、しかしそれで満足するだけの精神力をもつ人はめったにいなかったのだ」[1]。これが「メランコリーのもとである」とペロットは考えたのである。

生活が公的な側面であまりに複雑になると、人々は（貴族ばかりでなく）引きこもってしまう。問題は、どのようにして生活を維持しながら引きこもるかということであり、どのようにして一緒にいる人々との接触を失わずに自意識を育てるかということであり、どのようにして世界——限られてはいるが自分自身で設計図を描いた世界、あるいはいくらかコントロールができる世界——の中にいながらその世界から脱け出すかということである。この問題に対して普通にみられる解決法は、自然に近い環境を探すか、作り出すことである。まず第一に、この環境は都会の真ん中の家に見いだされるであろう。中庭付きの家——かつて世界中で広く見られた種類の家——には、壁やポルティコ［柱廊玄関］によって囲まれ、装飾用植物や有用植物で飾られた、屋根のない閉鎖空間があったのだ。バロック期やロマン主義時代の大猟園と異なり、中庭付き住宅の小さな屋外スペースは居間と密接に結び付いていた。その庭は家の生活空間の一部であり、単に見せびらかしや威信のために飾られた領域ではなかったのである。庭と毎日の家事との関連は、装飾用植物とともに果樹が植えられていたことに象徴されている[2]。

テューダー朝後期のイギリス庭園は、自分や数人の親しい者のために人間が見事に作り出した居心地の良い空間のもうひとつの例である。タウンハウスとカントリーハウスの両方において、庭は社交とともに隠遁の場所だった。次に挙げるのは、エリザベス一世の時代にL・E・ピアソンが羨んだ光景である。

心地よい日にその家の主人と約束のある訪問客は、ほとんど間違いなく召使にこう言われた。「庭に行けば、散歩している主人と会えるはずです」。それから客は、花や大きく成長したぶどうの木の間の砂利道や草の生えた小道を通って果樹園に案内されたのだ。御婦人が女主人との「ゴシップ〔噂話〕」のためにやってきた場合には、しかも天気が野外での接客を許した場合には、彼女は庭に通されることを期待したのである。

庭園は、お気に入りの客をもてなす閑静な場所だったのに加え、食事の前後にぶらぶら歩いたり、日中の物憂げな時間に昼寝をしたり、本を読んだり穏やかな音楽を聞いたり、軽い運動をするために使われた。そこはまた男女の密会や陰謀をたくらむ場所としても用いられた。ピアソンの観察によれば、「エリザベス朝の人々は庭園で、立ち聞きされずに自由に話をした」。個室での会話は、とりわけほかの部屋へのドアが開いている場合には、邪魔されることがあった。そのうえ、カーテンの背後に身を隠した人に立ち聞きされる危険性がつねにあったのだ。「しかし庭園では彼らは羽根を伸ばしすぎたので、シェイクスピアは、恋人たちやスパイや実業家が計画を立てるが、聞くつもりのなかった耳に聞かせてしまううちに彼らが裏切られるという筋で、観客を喜ばせることができたのである」[3]。

庭園は私的な空間だったが、家屋の残りの部分から分断されていたわけではないし、社会生活や家の日常的な事柄から切り離されていたわけでもない。そこで、自然への引きこもりのもうひとつのタイプとして、一時的にタウンハウスを後にして田園の地所へ行くことが必要になった。この移動は、より大きなプライヴァシーと単純な生活への欲望によって動機づけられていた。庭園に入り、そこで数時間の気晴らしをするだけでなく、一シーズンの間、みんなで都市を離れたのだ。ただし、カントリーハウスとその土地は、実際に農業が行なわれている農園だった。人はより単純な生活、そしてよりゆっくりした生活のために引きこもったが、しかし生活そのものから引きこもったわけではなかったのである。西暦前五世紀の後半には、アテネ市民の四分の三がアッティカに農園をもっており、仕事が許せば、毎年夏に出かけた[4]。農園はアテネ市民にとって富の源泉だったが、しかし同じくらい重要なことに、それは彼の自然な活力を回復させ、都市に戻ることを可能にし、公的な舞台での輝く生活を再開させる力——暗く、地中に潜む、神秘的な力——を象徴していたのである。

都市は工夫や、人間にしかないものや、素晴らしい魅力を意味していた。それに対して、農園は自然や神秘的な創造力を意味していた。古典時代には、ローマ市民もアテネ市民も、結合したこれら二つの世界が与えてくれる完全な状態を求めていたのだ。後の時代になっても、人々は都市生活と田園生活のバランスや、公人としての自意識と私人としての自意識のバランスを維持しようと努めた。ルネッサンス期の裕福なフィレンツェ市民は、このようなバランスのとれた健全な生活を楽しんだのである。たとえば商人は、都市に住居と自分が働く店舗を結びつけたカーサを所有し、田園に別荘や農園を所有していた。農園は、穀物や野菜やワインや油や飼料や材木を産出した。それはフィレンツェのすべての家庭の必要を満たしたのである。「祝福された別荘よ」と人文主義者アルベルティは叫んだ。「喜びの溢れるしっかりした家よ。それは、春の新緑、秋の果物、立派な人々が集まる場所、申し分のない住まいといった、限りない恵みを与えてくれる」(5)。

われわれは二種類の隠遁についてみてきた。両者とも生活そのものからではなく、ある生活から生物的な欲求や自然に近い別の生活への隠遁だった。われわれはここで、もっと自意識的で、個人的で、感傷的なもうひとつのタイプの隠遁に目を向ける。繊細な感情をもつ人は、騒がしく俗悪な都会生活に幻滅し、人は打算的な関係に我慢する必要はないということ、そして自然の真ん中や孤独な農園ではつねに心の平安や理想を持ち続けられるということに気づいているのだ。この気高い隠遁生活という主題は、中国と西洋のどちらの自然詩でもありふれたものである。中国文学からは、いやいや知事になりわずか八三日しかその地位にいなかった陶淵明(西暦三七二?—四二七年)の作品を例として取り上げよう。彼は田園の自分の家について、そこでは「夏の初め、草や木はのび、家のまわりの樹もふさふさ茂った。鳥どもはねぐらができたのをよろこんだ」と、愛情をこめて書いている。自分の農園で陶淵明は、耕し、種を撒き終えた後、家に引きこもり書物を読むのが習慣であると（明らかに破格の『山海経』という地理書を題材に採るという）やり方で）主張したのである。時代を下って唐代には、李白が次のように述べている。「どんなつもりで奥山にすむかと人はたずねるが、わたしは笑って答えない。なんともいえないよいきもち。桃の花びら水に浮き、ずっとはるかに流れ去る。また格別の天地です。人里はなれた世界です」[6]（武部利男訳）。

西洋文学における隠遁のテーマは、西暦前三世紀に都市の膨張に対する反動もあって最初に開花して以来、周期的な隆盛を繰り返した。そのひとつとして、アウグストゥスの治世下にあったローマでは、牧歌が花開いた。たとえばウェルギリウスの詩は、老齢のブナや暗いカシの森がある美しい土地での幸せな理想的生活を描いている。しかし、古典学者のギルバート・ハイエットが述べるように、ウェルギリウスのすべての牧歌には、その魅力に悲しみが混ざっているのだ。「イタリアの遅い午後のように、彼の牧歌的な風景は太陽に照らされているが、しかしそこには長く傾いた影や、暗く冷たい領域がある」[7]。ウェルギリウスの同時代人であるホラティウスは、彼の後援者であるマエケナスからローマ郊外に農園を与えられていた。自分の農園でホラティウスは隠遁を称賛し、そこでの静かな生活を、ローマの煤煙や、これみよがしの財産や、騒々しい仕事や、暴力的な娯楽と対比させた。しかし彼もまた、他人の労働と自分の財産によって可能になるこの隠遁生活について相反する感情を抱いていたようである。読者を困惑させるある詩では、毎月日割りの利子をつけて金を貸すことに魂のすべてを奪われている、悪名高い都会の高利貸の口を借りて、単純な田園生活を称えているのだ。(8)

文学における隠遁のテーマは、十八世紀のイギリスにおいて広く普及した。サミュエル・ジョンソン（一七五一年）は、「実際、田舎の隠遁生活の幸せを賛美しなかった著作家は、ほとんどいなかった」と述べたのだ。(9) その時代の知識人は都会に染まっていた。なぜなら、文化や、政治的なチャンスや、金銭的な刺激が、彼らをロンドンに引き付け、そこにとどまらせたからである。ところがロンドンで成功しないとなると、一部の著作家たちは、都会や宮廷の狂気や堕落から離れ、品のあるゆったりした生活のために故郷の家に引きこもるという、古典主義的な流行を簡単に取り入れたのだ。そのうえ、マイラ・レイノルズの指摘によれば、その世紀の著名な自然詩人の多くが、まだ田園に住んでいた若い頃に傑作を書いていた。都市に打ち勝つことができなかった彼らは、やはり田園は住むのに良い場所なのだと考えることで、自分を慰めたのである。(10)

田園の詩的な描写は、暗示的な音や風景でいっぱいである。たとえば、「モーと鳴く家畜の群れ」、「ブーンと飛んでいる」カブトムシ、「ゴボゴボ湧き出る泉」、「ぼんやり見える尖塔」、「こずえがため息をつく弱々しい風」、「元気のない影」などである。それに、

「荒れ果てた屋敷」や「たそがれ時の庵やあずまや」のような、はかなさのシンボルも数多くみられる。そのような環境にふさわしいのは、穏やかなメランコリー〔憂鬱〕や厳粛な瞑想といった雰囲気である。「そして夏に、あなたは本を手にして樹の下に座っている私を、あるいはいくらか心地よい孤独の中で物思いに耽りながら歩いている私を、たぶん目にすることでしょう」（ヘンリー・ニードラー、一七一〇年）。現代の読者の大多数は、名詩選に採られた典型的な詩を通じて、この種の感傷に親しんでいる。中でもよく知られているのが、トーマス・グレイの「墓畔の哀歌」（一七五一年）である。しかし、十八世紀に何百も出版された陰鬱な自然詩は、どれも主題や詩風がよく似ており、きわめて自己中心的なものが多かった[11]。主題として広くみられたのは、自分が洗練されているという作者の思い込みだった。彼らは民衆と異なって内省することができ、田園の風景において、人間のすべての努力にむなしさを見いだすことができたのだ。「賑やかな世界の忌まわしい騒音を遠く離れ……。そこで、心を溶かす、荘重な、消え入りそうな旋律で、一日中、竪琴を悲しげに鳴らしたい」（エリザベス・ロー、一七三九年）。ほかの多くの詩と同様、この詩にはわがままが目立っており、しかも「いくらか心地よい孤独の中で物思いに耽りながら歩いている」[12]ヘンリー・ニードラーの例のように、わがままには芝居じみた態度が伴っているのである。

十八世紀文学の隠遁のテーマは、ウェルギリウスやホラティウスのような古典時代の作者や、秩序と中庸を第一とする古典的な価値観から影響を受けている。都市は過剰や混沌を意味し、それに対して田園は秩序と静穏を意味したのだ。しかし十八世紀の作者はロマン主義的・個人主義的な傾向も強く示し、それは世紀が進むにつれて一層強まった。ロマン主義的個人主義は、確立された社会に対して、その無秩序ではなく秩序に、個人が従わなければならないその一枚岩のようなありかたに、そしてそれが私的な要求や感情に対応できないことに疑問を投げかけたのである。いっぽう自然は、ロマン主義的な想像力を引きつけた。なぜなら自然は未開であり、またそれは主観的に解釈できたからである。自然は、都市と異なり、確定した記号ではなかった。したがって、個人は容易に自分の気分や意味をそこに投影することができたのだ。自然は、言ってみれば、口答えしなかったのである。他人の中では気詰まりな思いをし自由に自分の感情を表現できない人でも、山や森の中ではそのような抑制を感じなかったのであろう。トーマス・ハーディに対するT・S・エリオットの批評は、この点を指摘している。エリオットによれば、ハーディの作品は「慣習的なものへの愛着や、客観的な信仰への服従などから何の拘束もうけていない、力強い個性の表現として興味深い実例を示している。……彼は一個の人間としてできるかぎり、ただ〈自己表現〉のためだけに書いた作家のように私には思われる。……彼は自己表現に没頭した結果、風景描写を多く書くようになっている。なぜなら、風景というものは、作者の気分に左右される受動的な存在だからである。風景はまた、人間の精神にはまったく興味をもたず、ただ人間の感情だけに興味をもっている作家にとって、あつらえ向きのものでもあるのだ[13]」。

ハーディに関するこの批評は完全に正当というわけではないかもしれないが、しかし教養あるヨーロッパ人にみられた気分的な主観主義への傾向と、自然や景観を結びつけた点では、エリオットは確かに正しい。思索家は考えるために孤独を求めるが、しかしその種の孤独は、田園と同様、都市の図書館でも手に入れられるものである。そのうえ、深くあるいは長く考えようとする人間はほとんどいないというのが事実なのである。それよりも容易なのは、さらさら流れる小川のほとりでの「のんびりした学び」や「瞑想」である。それは活気も規律もない状態であるために、不可避的に、アウグストゥス時代の詩人によって称賛された一種の眠気とメランコリーがもたらされる。ロマン主義的個人主義者はもっと野性的で情熱的な生き物であるが、しかし彼でさえ、メランコリーにより主観主義が独我論へと変化する恐れがある。「われわれは自分が与えたものだけを受け取る」とコールリッジは書いた。「そして自然はわれわれの生きた魂の中にのみ宿るのだ」。

しかしながら、自然に囲まれた穏やかな生活という夢は、社会があまりに耐えがたく絶望的であることに気付き、そこから引きこもる方法ばかりを考えている、不満をもった個人だけのものではない。昔からあり、広く見られ、政治的な影響力をもったのが、エデンの夢だった。それはすなわち、つねに快適な自然環境の中で、独りではなく他人と一緒に、落ち着いた生活をするという夢である。ここで簡単に、エデン的な空想について考えてみよう。なぜなら、それらは牧歌的な結合体——人類があこがれ、時に作り出そうとしてきたユートピア的な共同体——の構想に大きく影響してきたからである。

文明社会には、美しい世界をほのめかす無数の伝説がみられ、それらの世界はアルカディア、エデン、幸せの島、不死の庭、パラダイスなどとさまざまに呼ばれている。これらの場所は細かい点では異なっているが、平等主義、地理的な孤立、豊かな自然環境といった基本的な特徴は共通している。そこに住む人々も、病気のおそれがなく、長生きで、音楽を愛好していると描写されることが多い[14]。『列子』にみられる道家のパラダイスを代表的な夢として取り上げよう。終北の国と呼ばれるその場所は、これまでに知られたどんな国からも遠く離れている。その気候は穏やかである。人々は、争うことなく自然に従って生きている。傲慢や妬み、君主や領主、結婚や私的所有はいずれもみられない。老若男女はみんな仲良く幸せに暮らしている。彼らは音楽が好きである。手に手を取って、一緒に歌ったり踊ったりし、その歌声は夜まで続くことがあるのだ。腹が減ったり疲れたりしたら、彼らは川の水を飲んで、再び元気になるのである。周の穆《ぼく》王が北への旅の途中でこの国を見つけ、自分の国のことをすっかり忘れてそこに三年滞在した。ようやく故郷に戻ったとき、彼は酒や食べものへの興味を完全に失っており、妾や侍女とも関係をもたなくなってしまった。彼がもとに戻るまでには何カ月もかかったのである[15]。

この種の幻想は無文字共同体にも現われるが、そこではそれは現世の地理的な場所というよりは、あの世の「幸せの狩猟場」として描写されることが多いようである。動機もまた異なっている。原始的な人々においては、生活の困難が、来世のもっと豊かな環境に対する信仰を促した。しかし、物質的に発展した人々において、エデンの夢を掻き立てたのは必ずしも生活の困難ではなかった。むしろそれは、文明社会に対する幻滅だったのだ。周の王は、存分にかしずかれ、欲しいものはすべて所有していたが、それにもかかわらず不満だったのである。歴史を見るならば、この世のエデンについての伝説は、虐げられたひとびとの夢ではなく、社会のエリートや教養あるメンバーが創作したものであることがわかるだろう。社会は特権階級の人々に、きらびやかな物質的快楽の生活をくだらないものにみせるような演技を要求する。その活気ある劇場では各人が、気の抜けない批判的な大衆の前で演じるさまざまな役割に熟練していなければならないのだ。都市に対する不満は、虚栄やあくどさや絶え間ない要求という言葉によって表わされることが多いけれども、それらに含意されているのは意識という重荷、つねに「抜け目なく」いなければならないという重荷、人工的な世界——自然のように勝手に動き続けるのではなく、意識的に維持されなければならない世界——で生活するという重荷なのである。

対照的に、エデンは単純で、自然で、全体的で、健全である。そこには争いはない。生きるための闘争や競争相手との闘争という意味ばかりでなく、結合体を作り上げようとして、つねに吟味しながら、熱心に思考や物質や人々を組み立てたりばらばらにしている精神という意味でもそうなのだ。中世の初期以来、ヨーロッパの探検家や旅行家はパラダイスに注目してきた。コロンブスも、新世界への彼の三度目の旅行で、オリノコ盆地の内陸にそれを発見したと考えていた。十八世紀のルイ・ド・ブーガンヴィルやジェイムズ・クックのような科学的な探検家は、地上に聖書のパラダイスが存在するとはもはや信じていなかったが、それにもかかわらず、太平洋で見つけた熱帯の島々がパラダイスのような性質をもつと考えたのだ。われわれが啓蒙思想期と呼ぶその時代はまた、フィロゾーフ［十八世紀フランスの社会哲学者たち］にとって、理性の光、あるいはむしろそれを維持しなければならないという義務が、過大な重荷のように思えた時期でもあった。そこで彼らは、遠い地域の土着の生活には自由で健全な単純さがあると考え、それにあこがれたのだ。二章で概観したその種の平等主義的な共同体は、それら共同体の人間的・社会的な欠陥の識別をほとんど不可能にしたロマン主義的な色めがねを通して受け取られたのである。錯誤をもたらしたにもかかわらず寛容さという点で称賛に値するこの傾向は、西洋世界の中心的な大都市に住む教養ある人々に繰り返し見られた特徴だった(16)。

パラダイスはエチオピアの四つの川の源流や、大西洋の西のどこかに既に存在する場所というだけではなく、都会生活の誘惑やけがらわしさから遠く離れた自然の中に、意図的に作り出すことのできる理想的な共同体でもあった。聖バシリウス（三三〇年頃―三七九年）は次のように書いている。「私は、主が住まわれている荒野に住んでいる。ここには天へ、ヤコブが見た天使の野営地へと続くはしごがある。この荒野で、人々は罪を清められ、律法を与えられ、そして神が見守りたもう約束の地へと向かうのだ」[17]。この見方は、西洋のキリスト教世界における修道院制度の長い歴史へとわれわれの目を向けさせる。それは、制度化された教会があまりに世俗的になったことへの反動として出現したもので、この世俗化が自分たちの組織に浸透し堕落をもたらしたことに気付いた時には、その都度自ら刷新しなければならなかったのだ。修道院制度のひとつの源は個人主義である。個人は、ローマにも教会の政治にも不満だった。個人は、自分の魂の救済に関心をもっていたのだ。中には、エジプトやシリアの砂漠での孤独を求め、隠修士になった個人もいた。また、小部屋で独りで生活した者もいた。しかし小部屋は互いにくっついていたので、これら精神の運動家たちの間に一種の共同体生活が発達することができたのだ。共同体生活は最終的に、厳しい統制と規律がみられる修道院へと結実した。個人は、修道院に参加する時、自主性を修道院長に譲り渡した。彼らは、深い自省を求める一連の誓いの中で、段階を踏みながら、慎重にこの道を選んだのだ。しかも、彼らは神との神秘的な合一という究極の目的をもって、これを行なったのである[18]。

地上で、修道院の生活はパラダイスの完全性を求めて努力していた。人々が私有財産を持たない生活は、本質的に平等であり、自然に囲まれた美しい環境の中で、一緒に兄弟のような愛を実践し、働き、祈り、歌ったのだ。修道院の共同体は、人類によるユートピア的生活の実験の中で、かなりうまくいったもののひとつである。瞑想を通じて、人々は「結合体」を作り出す能力を発揮してきたのだ。しかしその成功の代償は、規律と単純化だった。鳴り響く鐘――束縛の象徴――のない打ち解けた清らかな生活を人々が送っていたるという、エデンや道家のパラダイスのイメージは、幻想の領域にとどまらざるをえなかったのである。修道院の共同体は純粋な生活の範例となるかもしれないが、それは不自然であり、無垢なものではないのだ。それは、あらゆる人工物の単純化をともなったそれ自体人工的なものであり、自然な手段で自らを再生産することのできない単性の共同体なのである。またそこでは自己というものが、強く意識されている。規律が自発性や自然な感情を抑制しているのだ。自分の世界を当たり前のものとみなしたり、あらためて省みることなく苦楽の毎日を過ごすことは、あってもおかしくないし、また修道院生活の規範でさえあったかもしれないが、しかしそれは、絶えず目を開いておくことを根本とするその精神にとっては異質なものだったのである。

ユートピアは、社会という全体を再構成する意識的な試みだった。修道院という実験は、極端な規律と単純化に走った。しかし、やはり宗教的な衝動に駆り立てられてはいたが、俗世としっかりかかわっていた別の実験は、極端な規律を要求しなかったし、それらが作り出した社会的全体はもっと複雑でしかも不安定だった。そのような努力のうち、歴史への影響という見地から最も重要なのが、ニューイングランドの盟約共同体である。アメリカの海岸に上陸したピューリタンたちは、自分たちが教会の新しい時代、新しい宗教改革、自分たちを守ってくれる荒野の中に庭園のような姿を見せるはずの新しい共同体を創始しつつあると考えていた。ジョン・ウィンスロップとその一団は、神から与えられた使命として、大西洋を横断しマサチューセッツ湾に入植したのだ。そこには目的の一致があった。しかしウィンスロップは、入植者の経歴が雑多なために将来自分の入植地に不和が生じることを予期していた。彼らピューリタンは、イギリスのさまざまな共同体やさまざまな社会階層の出身だったのだ。実際、ピューリタンの理想から影響を受けていない正統的な英国国教会の信徒もいたのである。神の使命を果たすため、ウィンスロップは信徒たちに次のように注意した。「われわれは、ひとりの人間のように一体になってこの仕事をしなければならない」。しかし、暴力による絶え間ない脅しなしに、どのようにして？　旧世界では、何世代もの生活を通じて、都市に自然そのものと同じほど安定しているようにみえるひとつのパターンが作られてきた。そこでの生活における経済的・社会的な事実は明らかに過酷で不公平なことが多かったが、しかしそこには、習慣がもつ無邪気さ、いつもと同じことをぼんやり受け入れる無邪気さも見られたのだ。対照的に、ニューイングランドでは入植者のまわりにある何もかもが、ページ・スミスが述べるように、「彼らの共同体の不安定な、人工の、意識的にこしらえられた特徴を」思い出させたのである。入植者は、嵐や火事や伝染病といった外からの災難のせいだけでなく、内部の結合の脆弱性に気付いていたこともあって、神経質に暮らしていたのだ。盟約の条件が破られるかもしれなかった。そこで各人は、自分自身の行動とともに、共同体全体の行動にも関心をもたなければならなかった。「個人の罪が集団を危険にさらした。盟約の厳しい要求に従えない人は、自分だけでなく隣人にも神の怒りを招く可能性があったのだ」。ボストンのジョン・コットンはこの植民地をパラダイスやエデンの園と呼んだが、ここを含むピューリタンの入植地にはエデンの重要な要素、すなわち安楽が欠けていたのである[19]。

十九世紀の間に、百以上の理想的な共同体が合衆国で試され、全体で十万人を越える男女や子どもが参加した。「これらの実験の歴史は」と、マーク・ハロウェイは述べている。「ほとんど成功のみられない歴史であり、失敗だらけの歴史であり、努力の繰り返しの歴史である。百年以上続いた共同体は、三つか四つしかない。多くは、創設されて数カ月で消滅したのだ[20]」。一般的に言って、長続きしたのは、宗教的な霊感によって作られたものである。宗教は理想主義者たちに、究極的には神からもたらされたものであるためにすべてのひとが同意しなければならない、客観的あるいは超越的な価値や規則を提供してきた。それに対して、世俗的なユートピア的共同体の問題点は、それが超越的な根拠から引き出された権威をもたなかったことである。その安定性は主観的な善意や共有された理想に大きく依存していた。そしてその善意や理想は、個人の夢や欲望以上のものではなかったのだ。ひとつひとつの実践において人々の意見が合わないとき、摩擦や緊張が現われ、これらの不一致が方針にまで拡大すると、完全な崩壊が起こる可能性があったのである。そのうえ、宗教によって霊感を受けた集団は、高度な均質性に恵まれていた。なぜならメンバーになる人は、一連の独特な教義や実践に同意し、神聖＝神秘な性質の儀式を受けなければならないからである。それに比べると、世俗的なユートピア的共同体のメンバーになる条件は緩やかだった。さまざまな社会的・経済的背景をもった人々が集まることがあったのだ。そして、そこにはほとんどつねに、個人主義的で、私的な野心に溢れ、活動的で、作業場や農園での仕事のつらさや単調さに不慣れなことの多い知識人が含まれていたのである。

オハイオのニューハーモニー（一八二五―一八二七年）は、人々が狂信的な宗教の教義なしで新しい全体――「地上の天国」――を作ろうとするとき、どのような困難が発生することがあるかを示している。この社会的な実験は、さまざまな理由に恵まれて成功するものと思われていた。まず第一に、その創立者であるロバート・オーウェンは、ニューラナークの再建によってヨーロッパでの評判を高めていた裕福な博愛主義者だった。第二に、オーウェン主義者たちは、既にあった家に住み、何千エーカーもの農場、果樹園、耕地を前の所有者であるラップ主義者たちから受け継いだのだ。そして第三に、疑いようもなく、非常に有能で献身的な個人が何人かメンバーにいたのである。しかし二年たっても、ニューハーモニーは、ハーモニーのとれた［和気あいあいの］共同体にはならなかったのだ。オーウェンの不安定な指導力が、この失敗の一因だったが、しかしたとえ最高の指導者であっても、このようなさまざまな要素から社会全体を作り出すことができたかどうかは疑問である。募集のラッパが鳴り響く数週間のうちに、新しい文明を見つけようとやってきた何百人もの人々は、何ダースものさまざまな国籍、信条、専門的職業、家業をもつ、あらゆる階層と職業の男女だった。自分たちが同じ場所にいることに気付くように仕事や活動を組織化することと、彼らに単なる社交辞令を越えて他人の存在に心をとめてもらうことはまったく別である。同時代のある観察者が述べているように、ニューハーモニー市民は、その共同社会主義者としての理想にもかかわらず、「互いに見知らぬままだったのだ」。彼らは「あらゆる会合や、舞踏会や、ホールに集まる頻繁な機会、そしてあらゆる見せかけの協力にもかかわらず」、つながりをもつことに失敗したのである。ホールでは、高い教育を受けたメンバーはひとりでいたし、舞踏会が行なわれる時には、下層階級はダンスには加わらず、壁際のテーブルの上の散らかった新聞を読んでいた。社会習慣や学歴の違いは、たとえそうしようという気持ちがあっても個人的な交わりを妨げたのだ。それ以上に対立を引き起こしたのが、主義や理想の違いだった。共同体の設立直後に、ある集団が分かれて所有地の別の場所に住み着いた。なぜなら、そのメンバーはオーウェンの理神論的な信念に反対だったからである。勤勉なイギリスの農民の手による第二の分裂が続いた。

彼らはオーウェンが絶対禁酒主義を擁護したことに反対したのである。また、教育方針は知識人にとって重要だったために、それが激しい争いの源泉となった。もしすべての者が自然に従うような、議論の余地のない権威をもつ全体的な原理があったならば、大きな違いも小さな違いもすべて、時とともに克服されたかもしれない。しかしそのような原理は存在しなかったのだ。一八二七年の六月に、ロバート・オーウェンはイギリスへと去り、共同社会主義の実験としてのニューハーモニーは終わったのである。[21]

エデンの夢やユートピアの試みは、都市への幻滅、必ずしも特定の都市ではなく、文明の象徴としての――大きく、複雑で、堕落した――都市への幻滅から発生した。対照的に、エデンやユートピアは小さく、単純で、純粋だった。それらはこのようなつつましいスケールで想像されたので、人間の実現能力の範囲にうまく収まると思われたのだ。ところが実際には、すぐ前で見たように、調和した物理的環境はかなり容易に作ることができたものの、調和した社会を――千人以下のものであっても――人間がデザインするのは困難なことがわかったのである。成功したのは、ほぼ一定の均質な構成をもち、教条的な信念によって結びつけられ、基本的な生活技術を使い、しかも知的な冒険でないものだったのだ。

共同体生活の大胆な実験が行なわれた、およそ十六世紀から十九世紀にかけてのこの時期には、都市自体も、空間を特殊な用途や同種の用途のための地域へと分節化することで、混沌とした複雑さから脱け出しつつあった。われわれは既に、このような脱出のいくつかの段階について述べた。たとえば、車道は歩道から分離され、工場と住宅地区は別々の場所に移動し、金持ちと貧乏人もそうしたのだ。ただし、この変化は計画的なものではなかった。機能や社会階層のごちゃごちゃの混ざり合いは、十八世紀まで存続していたのである。たとえば、サミュエル・ジョンソンの友人で裕福な後援者でもあったヘンリー・スレールとヘスター・スレールの夫妻が、サウスワークの醸造所の隣に住んでいたことに注目しよう。ヘスター・スレールが自分のサウスワークの家を嫌うようになったことは事実であるが、彼女の客であるジョンソンは何も感じていなかったようである。彼は、労働者や馬や荷車の騒音が溢れる醸造所の中庭を見通す部屋で、『イギリス詩人伝』の一部を書いたのだ。[22]いっぽうパリでは、ようやく十九世紀初頭になってから、まず個々の建物が、次いで地区全体の住民が均質化したのである。[23]

住民の均質化が極端に進んだものが郊外である。預言者や、宗教的あるいは理想主義的なファンファーレの手助けはなかったが、しかしもちろん慎重な計画とともに、郊外のエデンは十九世紀と二十世紀を通じて西ヨーロッパと北アメリカの景観において力強く成長したのだ。これらの中流階級や上層中流階級の地区は、緑の芝生や樹木に囲まれ信念や価値を共有する人々の間で生活するという、人間の昔からの望みを満たしているように思われる。郊外は、宗教的なユートピア共同体と同様に、小さく、単純で、純粋なのだ。しかしそれらと異なり、郊外はほとんど例外なくベッドタウンであり、また汗と苦労の場でもない。言い換えれば、生活の単純化は郊外の方がはるかに進んでいるのである。仕事からもユートピア的共同体の宗教的な情熱からも切り離されているため、郊外生活には重々しさが欠けている。そこには分担作業の真剣さがないのだ。その協力は自発的であり、本質的な目的ではなく有益な目的を達するためのものである。社会的な活動に参加するかどうかは、強制的な義務感というよりは個人の気分や仲間からの圧力次第なのである。いっぽう、宗教的なユートピア共同体では、ダンスや合唱や演劇のような社会的行為も、礼拝的な行為である。これは明らかに、郊外の茶話会や『白鯨』を読むために時々集まるグループにはあてはまらないのである。

郊外の共同体生活は、対抗し合う所有欲により損なわれてしまう。家は自分の芝生の上に立ち、家の内部では個人は自分の部屋に引きこもることで簡単に孤独を見いだすことができる。実際、郊外生活の優れている点は、個人がひとりになり自分自身の存在感を探り深めることを許す、空間のこの分節化にあるのだ。孤立した家や、プライヴェートな部屋の中では、真面目に長々と考えることが可能なのである。しかし不幸なことに、そのように真面目に内省するという欲求や能力をもつ人はほとんどいない。教養のある人は教養のない人よりも孤独に耐えられるが、その違いは小さいようである。アウグストゥス帝時代の詩人は、彼ら自身の作品に表明されているところによれば、田園の別荘で幸せを感じることはなかった。そして現代の貴族は、残された荘園領主の義務を剝奪され、先祖の屋敷に住むふさぎこんだ人物になってしまった。この面々に付け加わるのが、何となく不満な郊外居住者である。彼らは、表向きはすでに満足できる状態になっている世界に意味を与えるため、乏しい内面的な能力を引き出すことを強いられているのだ。暇という重荷は、かつては特権的な少数によって担われていたが、いまやはるかに広く共有されているのである。

引きこもろうとする力に対抗するのが、再統合しようとする力である。ユートピア的生活の実験は再統合の例であり、それには引きこもりの行為が先立っていた。しかしながら、地理的に引きこもる必要はない。新しい社会は、既存の社会の中に打ち立てられることがあるのだ。両者は、価値や理想が異なるわけではない。違うのは、前者が価値や理想を現実化したという事実なのである。このような創造的な努力は昔から、野心的な領主の特権だった。イタリア・ルネッサンス期の領主階級を代表する、聡明なフェデリーコ・ダ・モンテフェルトロ（一四四四―一四八二年）は、自分の宮廷と領土を芸術作品にしようとした。ひとつの世界を作ろうとするこの衝動は、宗教的なものではなく審美的なものだった。しかし、駆り立てる力が芸術からもたらされようと宗教からもたらされようと、目的――調和した全体を作ること――は同じであり、意志と規律を経由するというその道も同じだったのである。宮廷の組織において、モンテフェルトロは何も無駄なものがないように、すべてのものに目的があるように配慮した。あらゆるものが注意深く見守られ制御されていた。その宮廷は、愉快な悪徳や放蕩とは無関係であり、ほかの名家の子息のために一種の軍事学校として役立ったのだ。モンテフェルトロが建てた宮殿には、豪華な居住区画ばかりでなく名高い図書室もあったのである。また自分の都市国家において、その領主は家屋の建造や耕地の拡大を促進し、農民や職人や商人の繁栄を確かなものにするためにいろいろと懸命に働いた。自分の領民に好かれているという自信から、その領主はいつも武器を持たずに歩き回っていたのだ。[24]

分節化と統合化の対立する力は、近代のヨーロッパ社会において同時に働いているように思われる。両者の作用はたとえば、W・H・ブルフォードの研究が示すように、十八世紀の貴族政治のドイツにおいて明瞭である。分節化は社会的な現実という大きなスケールで、統合化は芸術という小さなスケールで働いていた。十八世紀のドイツでは、貴族、市民、農民という中世的な身分が固定化し、ほとんどカーストのようになっていた。貴族は自分たちが違う人種であると考えたのである。一部の者は、将来の生活においても、自分たちは特権的な扱いを受けるだろうと考えていた。良家の子息は、学校で社会的地位の低い少年たちと一緒になることを避けるために家庭教師から個人的に教育を受けた。公の場では、貴族は社会的劣等者と距離を置くためにあらゆる努力をした。「劇場では、彼らは普通の人々から離れ、前の席かボックス席に座った。……公共のコンサートでも、高貴な人々とそれ以外の人々の椅子の間には空間が残されていた。儀式的な宮廷コンサートでは、太陽系に似せて、高位の者たちは地位に正比例した多くの空の椅子に囲まれていたのである」[25]。

共同体的生活は、社会的なカテゴリーが厳密に分離されていたために、あまり見られなくなっていた。それを相殺するかのように、ジャンルの混ざり合った芸術が花開いた。たとえば貴族は、オペラを非常に好み、気前よくそれを後援した。歌、演技、踊り、滑って動く小さな軍艦による海戦、機械によって操作される贅沢な背景のすべてが、ひとつのショーに含まれていたのだ。宴会は出費を惜しまないもうひとつの混合芸術だった。われわれが見てきたように、中世の宴会では儀式と騒々しさが結び付いていたが、その混ざり合いは自然に発生したものだった。ところが十八世紀には、食事を出すことがひとつの芸術形式となったのである。それは食卓での喜びと、コンサート室や劇場や場合によっては彫刻展示室での喜びを結び付けたのだ。宮廷の菓子職人は彫刻家であり建築家でもあった。彼は宴会客を楽しませるために、「中央に彫像で縁取られた香水の小さな泉があり、刈り込まれた並木の道、自然な色の花壇、そして散策している砂糖の紳士淑女が見られる、テーブルの長さの」[26]整形庭園を丸ごと作ることがあったのである。

しかし疑いなく最も野心的な芸術形式とは、領主の理想都市だった。マンハイム(一六〇六年)、カールスルーエ(一七一五年)、ルートヴィヒスブルク(一七〇四―一七三三年)のような首都は、領主の気まぐれで作られたのである。それらは、碁盤目型にしろ車軸型にしろ対称的にデザインされた壮大な舞台だった。では誰がその舞台に上がり、またどのようなショーが上演されていたのだろうか？　実際には、そのシナリオはかなり標準化されており、宮廷の儀式や必要性に基づいて筋が展開されていた。領主のあらゆる重要な決定——たとえば宮殿の大きさや、彼のそこでの滞在期間——が、都市に出現する人間の数や、人間の種類や、活動の種類に与える影響は、多かれ少なかれ予測可能だったのである。支配者は自分の決断について熟考したかもしれないし、芸術家の細心さと手腕でもって自分の首都をデザインしたかもしれない。あるいは彼は、言わば前後の見境なくそれらを作り、深く考えることなくそれを出現させたのかもしれない。ブルフォードは、どのようにして君主の許可と決断により十年間（一七七七—一七八六年）のうちに、ある農園が文明的な騒々しい町へと変わることができたかを述べている。

プファルツ＝ツヴァイブリュッケン公の奥方のある親戚は、ホンブルク（プファルツ）の近くに農園を所有しており、それを売却しようとしていた。公は乞われてそこを訪れた。その（要するに仕組まれた）訪問のために、農民とその家族と召使はとても魅力的に仕立てられ、最上の牛がそこに連れてこられた。宮廷の医師は、このような環境で病気になるのは不可能であろうと領主に保証した。公は簡単に犠牲者となってしまった。彼は建築家を呼び寄せた。厩舎と牛舎は大きくしなければならなかったし、農民とその家族のための小屋を建てる必要があった。……数週間で農園は、労働者とその家族が住む村へと成長した。……当初、公は毎日午後に馬車でやってくるだけだったが、やがてそこで食事をしたくなった。これがさらなる改築——新しい厨房翼棟と大きな食堂——を必要とした。このようにして農園はどんどん大きくなり、ついに公はそこに永住するに至ったのだ。直ちに正規の宮殿が建てられた。そこには千頭の馬のための厩舎、お目通りを待つ紳士や、騎士見習いや、将校や、医師や、司祭や、庭師のための部屋がついた「オランジェリー（温室）」、絵画の展示室と図書室、劇場、動物園、そして一四〇〇人が住むバラックが付属していた。結局、町が丸ごと出現しなければならなかったのである。(27)

全体を再構成しようという慎重な試みは、もちろんもっと小さなスケールでもみられた。われわれは四章と五章で、中世以来の家屋と劇場の発達における——プライヴァシーや目覚めた意識の要求を満たしつつ進行した——空間の分節化について述べた。分節化は、十九世紀の後半にピークを迎えた。それ以降、建築家、脚本家、興行主は次第に、空間やその空間を利用する人々を統合する方向に動いてきたのである。大きさが同じぐらいのヴィクトリア朝の家屋と現代の家屋をはっきりと区別する構造的な特徴は何だろうか？　一目見ただけで、正しい答えが得られる。ヴィクトリア朝の邸宅には、ドアで互いにはっきり

[第 20 図]　壁とドアによる過剰な囲い込み．この図は，昔も今もアメリカ人にとっていやな囲い込み方を示している．E. C. Gardner, “Where Shall the Pictures Be?”（1878）による．

と隔てられた中ぐらいの大きさの部屋が数多くあるのに対して（第20図）、現代の家屋には部屋というよりも「スペース」があるのだ。それは互いに連続している（二、三のかなり大きい）空間なのである。ミース・ファン・デル・ローエ［ドイツ生まれのアメリカの建築家］の家は、形態と内装が簡素なことに驚かされるが、それとともに空間がいたるところで融合していることにも驚かされる。完全に囲まれてドアが付いているのは、おそらく浴室だけなのである。それ以外の境界は、パネルや柱や向きの変化によって暗示されているに過ぎないのだ。(28) 一九〇五年にヘンリー・ジェイムズがヨーロッパでの国外生活から合衆国へと戻ってきたとき、彼は「あちらこちらで、アパート同士、広間と部屋、ある部屋と別の部屋、人がいる場所といない場所、通行の場所と私的な場所の境界が曖昧になっていること」に気付いた。彼は「まわりを囲む壁と実用的なドア」を「大きく口をあけたアーチ」や「反響する空隙」に置き換えることに反対した。彼は「部屋の本質、すなわち占有や集結ばかりでなく会話そのものにとってなくてはならない部屋の何か、金切り声や叫び声以外の声の調子での社交活動にとってなくてはならない部屋の何か」(29) を失う一因となるあらゆる仕掛けを嫌ったのである。

ヘンリー・ジェイムズの批判は的外れである。彼はアメリカの家屋にみられる曖昧さを認識していなかった。アメリカの家屋にはヨーロッパの家屋よりもはるかに長い期間、開放的な平面が保持されていたのだ。ジェイムズが気まぐれと考えたものは、実際には伝統だったのである。ただし、それはのちにフランク・ロイド・ライトのような革新者が表面的には全く新しく見える何かに変換することができた伝統である。平面を設計するにあたってライトは、建造者が配置全体を構成するための出発点として家の中央の大きな煙突を利用した十七世紀にさかのぼった。ジークフリート・ギーディオンは、ライトが基本的にかつ可能な限り、家をひとつの部屋として扱ったと述べている。その上でひとつの内部空間が、特殊な要求を満たすために区分されたのだ[30]（**第21図**）。

十九世紀の最後の四分の一には、相反する力が作用してアメリカの家屋を形作っていた。いっぽうではヨーロッパの例に倣い、アメリカの家屋は特殊化へと向かった。部屋の数が多くなり、それぞれが特殊な目的のために設計されたのである。他方でまたユージーン・C・ガードナーのような建築家が、多用途や統合の理念を追求していた。表向きは客を接待するための公的な領域である居間は、また家族の活動に利用されるかもしれなかった。寝室は、また書斎や、子どもの遊戯室や、主婦の裁縫室としても使われる場合があった。空間の正しい使い方にみられるこのような多義性は、デイヴィッド・ハンドリンによれば、部屋を——少なくともヨーロッパ人の目から見て——必要以上に大きくするという効果があった。部屋の一部は、ただひとつの機能を満たすように注意深くデザインされ、調度が置かれていたが、しかしその外側には、ほかにありそうな用途のために境界の不明瞭な空間がいくらか存在しなければならなかったのである。二次的な曖昧さが存在したのだ。

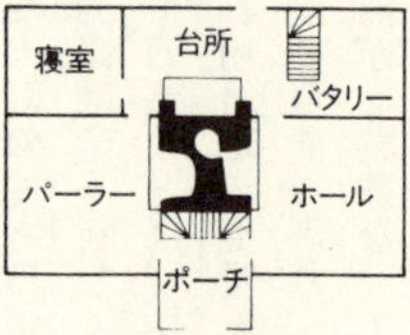

A.17世紀の中央煙突家屋

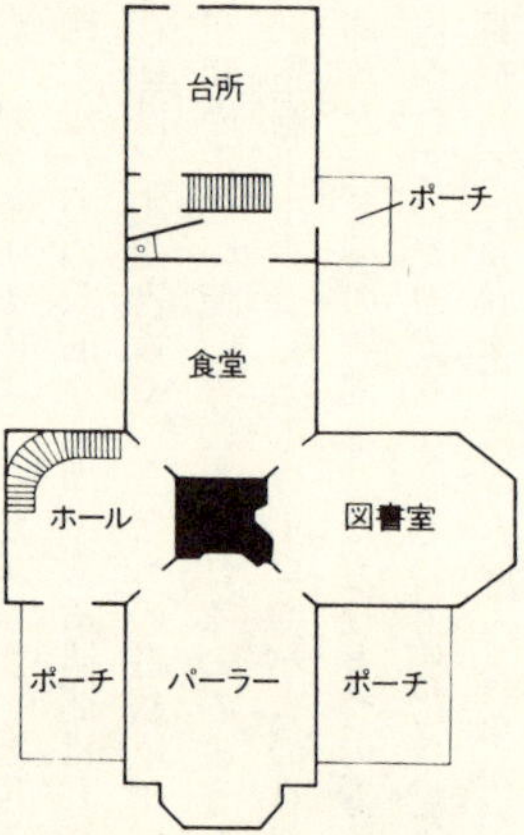

B.ウッドワードの
十字型カントリーハウス
(1873年)

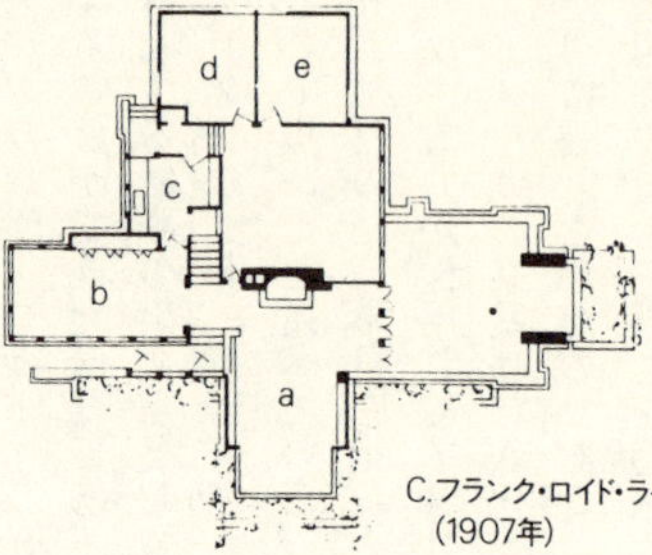

a. 居間
b. 食堂
c. 台所
d. 洗濯室
e. 貯蔵室

C.フランク・ロイド・ライトのイザベル・ロバーツ邸
(1907年)

［第 21 図］ アメリカの中央煙突家屋．（A）17世紀ニューイングランドの中央煙突家屋．アボット・L・カミングスによる．（B）ウッドワードの十字型カントリーハウス（1873 年）．対角線上にある引き戸により，家全体をひとつの部屋のようにしてしまうこともできた．G. E. Woodward, *Suburban and Country Houses*（New York, 1873）の図をもとにした．（C）フランク・ロイド・ライトのイザベル・ロバーツ邸．イリノイ州リヴァーフォレスト（1907 年）．Sigfried Giedion, *Space, Time and Architecture*（Cambridge: Harvard University Press, 1965），p. 401［ジークフリート・ギーディオン著，太田實訳『空間・時間・建築』（丸善，1969 年）］の図をもとにした．

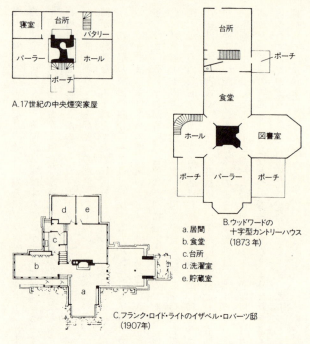

「いっぽうで、空間は呼び名のある部屋へと今まで以上に分割された。……他方で、同じ家が反対の効果を上げるように設計されるのが普通だった。開放的な横開きのドアや、移動できるついたてや、戸口の押し開きの仕切りカーテンによって、大部分の部屋、とりわけ一階の部屋を、組み合わせて、内部が連結したひとつの空間にすることができたのだ」[31]。現代アメリカの家屋におけるこのような曖昧さと多義性は、アメリカの二極化した理想にみられる対立を見事に反映している。それは個人主義と共同体、自分だけの空間のプライヴァシーの中で発達した個性と民主的な集団性の対立である。しかし再び言わせてもらうならば、共同体の理想とは個人によって意図的に作り出されるものなのだ。現代人が個人的に経験できるその種の共同体は、個人主義に基づく人工物なのである。

劇場の起源は、宗教的な儀式と祭礼にある。それはきわめて共同体的な事柄である。しかし、近代までに(そしてとりわけ十九世紀には)、ミュージックホールの喜劇以外の演劇は、ヨーロッパの首都に住む少数の社会階層を楽しませるためにデザインされた特殊な芸術形式となっていた。社会的・空間的な分離が極端に進んだのだ。役者と観客は、絵のような舞台の枠によって、また一部の劇場ではオーケストラ席によって隔てられた、違う世界に住んでいたのである。広く普及したイタリア式の観客席では、社会的な分割は、蹄鉄型の回廊とボックス席を積み重ねるという建築的な配置にはっきり現われていた。それぞれの層が、異なる常連のためのものだったのだ。観客はさらに、舞台全体を見ることのできる観客と部分しか見ることのできない観客に分けられた。たとえばコメディ・フランセーズでは、観客の半分だけが、視線を遮られずに舞台を眺めていたのである。もう半分の眺めは部分的に遮られていたため、そこの観客が役者に熱中することはあまりなかったのだ。

社会における劇場の役割のこのような縮小に対抗したのが、十九世紀後期以降、劇場という世界の内外でみられた、拡大し包み込もうとする力だった。観客と役者の間の壁と同様に社会の壁も、取り去られないにしろ、低くはなったのだ。さまざまな社会階層のできるだけ多くの人々に鑑賞してもらうために、地方に演劇一座が作られた。この手段は、演劇における首都の圧倒的な優越性を弱め、観劇は社会的エリートだけのものであるという考えに対抗するのに役立った。そこでは、普通の人々に劇場が身近であることを知ってもらい、上演が終わったずっと後でも影響が続くように、社会的・政治的なテーマが取り上げられた。また政府は、国家の団結を強めることができる愛国的な劇の導入を夢見ていた。たとえば、ソヴィエト政府は一九二〇年五月一日のために『解放された労働者の神秘』という劇を発注した。無神論的な政府が、その革命を祝うために中世の宗教劇の形式を用いたというのは皮肉なことである。世紀の変わり目のフランスでは、大衆劇場の開拓者であるる「著名なモーリス・ポトゥシェール（一八六七―一九六〇年）やフィルマン・ジェミエ（一八六九―一九三三年）が、劇場を〈社会宗教〉として発達させたいと宣言した。それは市民に美徳を説き、常連には連帯感や親密感を与えるのである。ジェミエは、これを、世界宗教のもともとの意味を指摘することで説明している。世界宗教とはひとつに結び付けるものなのである」(32)。

包含と統合へ向かうこの動きは当然、劇場内の物理的空間の概念における根本的な変化を必要とした。空間は、役者と観客の分離を最小限にするように構成されたのだ。早くも一八八〇年代には、寄付によってヴォルムスに大衆劇場（フォルクステアトル）が建設された。それは、舞台が観客に向かって張り出した半円形の観客席によって有名だったのである。統合を強調するためのそのほかの手段として主に二つの世界大戦の間に行なわれたのは、劇場として作られていない建物の中で上演したり、舞台から観客席に向けて踏み段や橋を作ったり、観客席の列に囲まれるように舞台を中央に移動することだった。旧式のプロセニアム型劇場の舞台は、べったりと色を塗られた遠近法の背景を最も特権的な席に向けて見せるように設計される。観客は明るく照らされた舞台の上の「そこ」にある場面をじっと見つめるのである。それに対して新しい劇場の舞台背景は、どの方向からも眺められる階段やブロックや柱のような彫刻的・建築的なかたまりで構成されている。実際、「眺め」という言葉はもはやあまり適切ではないのだ。観客が面と向かっているものは、錯覚や距離を暗示している絵ではなく、物的な存在なのである。舞台上のものは三次元の物体であり、使うことができる——すなわち、触れたり、もたれたり、上に立ったりできる。この意味で、それらは現実の存在なのである。もちろん、観客に肉体的に接近することになった役者もそうであり、また舞台に引っ張り出され協力者にされる観客もそうである。役者と観客の間の割れ目に橋を架けようとするこの傾向は、第二次世界大戦後も続いている。古くからの習慣に従って、役者は再び身振りやせりふを直接観客に向けているかもしれない。また、あたかも即興のやりとりを始めるかのように、特定の個人に話しかけているように見えることさえあるかもしれない。たとえこのような直接の誘いがないときでも、演技の領域と観客の領域が交錯しているおかげで、観客は劇に引っ張りこまれ、否応無しに芝居の一部となっているのだ。どこまでが舞台でどこからが観客の空間かは、意図的にごまかされている。このごまかしが極端に進められたのが、「環境型劇場（環境演劇）」と呼ばれるものである（**第22図**）。環境型劇場の解説者であるリチャード・シェクナーはそれを次のように説明している。

それは包括的に組織化された空間で、観客が占める領域は海のようなものであり、そこを役者が泳ぐのだ。いっぽう、役者の領域は観客の中の島か大陸のようなものである。観客は規則的に並べられた座席に座っていない。そこにあるのは二つの対立する空間ではなく、ひとつの全体的な空間なのだ。空間を環境として利用するということは、基本的に共同作業である。演技は、役者と観客の協力だけに支えられて、さまざまな方向に

A. 正統型

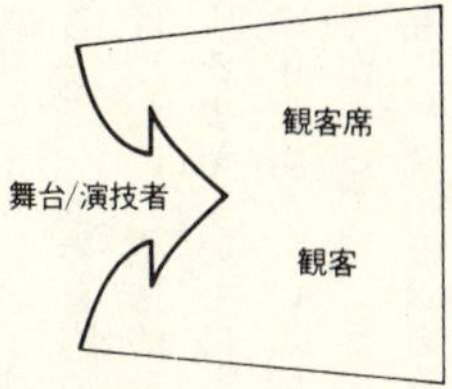

B. 対面型

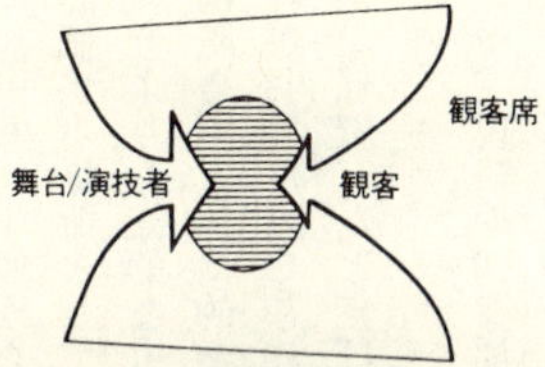

C. 環境型

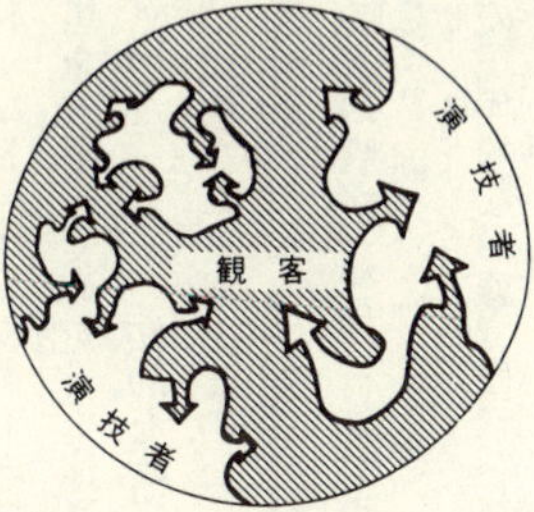

［第 22 図］ 劇場における演技者と観客のさまざまな関係．正統型劇場では，舞台は輝く魔術的空間であり，観客席は暗い世俗的空間である（A）．演技者は活動的であり，観客たちは——少なくとも身体的な位置に関する限り——受動的である．対面型劇場（B）では，観客は一種の参加を促される．環境型劇場（C）では，舞台と観客席の区別や，演技者と観客の区別は最小限度のものである．Richard Schechner, *Environmental Theater*（New York: Hawthorn Books, 1973），pp. 38—39 による．

流動していくのである。(33)

今世紀には、共有や分配を目指し、中世の特徴である共同体的な包含を目指し、さらにそれを越えて、全員が参列者である祝祭の理念へと向かう確固とした傾向があった。このような動きの極端なものが、ギリシア人が外から鑑賞される演技としてのドラマと区別してドロメノン（すなわちアクション〔活動、演技〕）と呼んだものへ還ろうという、意図的な努力だった。ニコラ・キアロモンテによれば、あらゆる劇作家は、アイスキュロスからモリエールに至るまで、世界を眺め評価する場所として劇場を理解していた。(34) モリエールからストリンドベリ、チェーホフ、ピランデルロに至るまで、上演された劇に対する反応はつねに、感情的というよりも知的なものだった。しかし知的な反応は、必ずしも冷静でよそよそしいものとは限らず、熱情的かつ持続的なことがあるのだ。実際、観客席の暗闇の中に座っている観客が明るく照らされた舞台上の劇に熱中する度合いはきわめて強いことがあるので、かすかな邪魔、たとえば隣の人の咳が、冒瀆行為に思われることがあるかもしれないのである。

対照的にドロメノンや、祝祭や、参加劇の現代的な形態では、いたる所に音や動きがある。それが行なわれている間、何かの出来事や見世物に焦点を合わせる機会はめったにない。持続するものがほとんどないのだ。その人自身の気分や行動が、（身振りの中で自意識を失う）みんなと一緒の狂乱から、楽しさ、気おくれ、困惑、退屈――そしておそらく再び興奮状態へと急速に変化するのである。環境演劇はドロメノンでも祝祭でもないが、しかしそれは観客を劇の中に引き込もうとするのであり、そこには祝祭の流動性とくつろぎがいくらかみられる。確かにシェクナーが認めているように、多数の観客は演技にどう対応していいかわからず困惑する。彼らは劇に焦点を合わせることができないために、それが「うまくいかなかった」と考えるのだ。劇に夢中になり、感動することもあるが、しかしそれはあまりに断片的なのである。人々はシェクナーのもとへやってきて、次のように言う。「感動した部分もあったが、でも劇とは無関係なことばかり考えていた」。あるいは「時々いいなと思ったが、それ以外は恐ろしかった」。あるいは「観客の方をずっと見ていたので劇の一部を見落とした」。あるいは「寝てしまった」というものさえある。これらの反応すべてに対して、シェクナーはうなずきながら賛成するのだ。「あなたはすばらしい」[35]と。もしそうならば、われわれは日常生活もすばらしいと結論づけるべきなのだろうか？　演劇での経験は、いつも同じような気分で過ごし、同じようなごたごたに苦しんでいる日常生活とどのように異なるのだろうか？　これらの疑問に対して環境演劇が語っているのはおそらく、われわれは生活から離れた単なる観客になるべきではないし、明確なイメージを求めようとするのはつまらぬうぬぼれであり、それは幻想しかもたらさないということなのである。

第二次世界大戦後、都市に共同体生活を作り出そうとする願望がはっきりと現れたのが、ショッピングプラザと都心の居住地域（ネイバーフッド）の二つだった。ヨーロッパ人はそのような場所を、戦争中に破壊された場所の代わりとして必要とした。アメリカ人はスプロール化している郊外の散漫さに対抗するために、そして都心にみられるガラスとスチールの味気無さか、あるいは都心の荒廃に対抗するために、それを必要とした。新しいショッピングセンターが、旧世界の市場のように、しかし騒音や混乱やほこりなしで、賑やかな活動と親密さを併せ持つためには、どんな手段を取る必要があるだろうか？　そして、複雑で、活気があって、人間的な居住地域を作り出すにはどのようにしたらよいのだろうか？　明らかに、人間の交際の性質や広がりにおいては、物理的な環境が重要な役割を果たしている。この役割が何かということは、たとえばフットボール、あるいは空港での旅客サービスや航空機整備のような専門的な活動の場合には、かなり容易に述べることができる。しかし活動が数多くしかも複雑な場合、そしてその成功の目安が効率性や生産性といった単純なものではない場合、環境と行動の関係ははるかに難しい問題となる。われわれが複雑な物理的環境を構成する能力は、活気のみなぎる人間世界を、たとえ小規模なものでも組み立てる能力をはるかに上回っているのだ。これまでの成功は、事前の配慮の成果であるとともに幸運な偶然の出来事でもあると考えられているのである。どのようにしたらセンターショッピングセンターという狭い世界について考えてみよう。

ーは成功するのだろうか？　物理的な要素を挙げるのはきわめて容易である。群衆だけでも活気は生まれるが、しかしその雰囲気は建築計画によって強調することができるのだ。計画はたとえば、センターの正面や店先のデザインを変え、その視覚的パターンに視線が集中するように手助けする。またそれは、店舗を二層か三層に並べ、狭い範囲に商品や展示品を詰め込むのに役立つ。さらにそれは、モール内部の建物の高さや、向かい合った店舗間の幅を慎重に調整するのに必要なのである。(36)一九五〇年代初頭から、アメリカの郊外に地域のショッピング広場が増加し始めた。その代表的な提唱者であるヴィクター・グルーエンが述べるように、それらは「都市の歴史において長く失われていた町の広場」の喧騒と美しさを再現しようとする、野心的な試みだった。それらは商業の場所というだけではなく、スプロール化した郊外地域のために「社会、文化、娯楽を結晶させた地点」としても計画されたのだ。(37)この目的のために、計画家と開発者は年々、レストラン、映画館、子どもの遊園地、そして大きなセンターでは展示場やオフィスビルやホテルのような新しい施設を付け加えてきたのである。

自動車交通の危険がない、輝く新しい「街」が出現した。数十年で、郊外のショッピングセンターの商業的な成功は完全に定着した。それは、小売商人、中流階級の主婦、そしてその小さな子どもたちに人気があったことを示している。しかしそれは「都市の歴史にみられる町の広場」ではない。社会計画において人間が達成したあらゆる成果と同様、ショッピングセンターは、その利点にもかかわらずかなり不完全な世界なのだ。そこは相変わらず、あくまでも消費するための場所なのである。ショッピングセンターは商品を生産しない。それはまじめな政治的活動をすべて排除している。それは特定の階層の人々だけの、しかもある限られた意味での社会的な娯楽センターなのだ。ホワイトカラーの男性労働者は、老人や、貧困者や、個人的な交通手段をもたない大衆と同じ少数派である。社交は主に、買い手と売り手の間の事務的なおしゃべりや、買い物の間に一休みしながら友人と交わす噂話に限られている。町の古い広場での日常とは異なり、木の下に座り、日の光を浴び、チェスをゆっくりと楽しむために、人々がショッピングモールまでただぶらぶら歩くということはないのだ。また、自己顕示や求愛を目的に、若者が夜にそこへ行くこともないのだ。ただ座って眺めているというような気晴らしはみられないのである。買いなさいというメッセージがわれわれを駆り立てる。そのため、喫茶店やレストランで過ごす時間さえ、品物を取得するまじめな仕事からの「息抜き（ブレイク）」に思えるのである。

崩壊していく都心の居住地域（ネイバーフッド）を修復する仕事には、さまざまな次元がある。ここでも当初、基本計画の立案者は建築的な解決だけを考えればよかった。荒廃した居住地域や業務地区は壊され、その場所に輝くオフィスや居住用の高層ビルが建てられたのだ。都市再開発は、五〇年代にこの手段が広く知られるようになるとともに、希望の言葉となった。しかし成功した場合でも、それが意味したのは、勤務時間中は活発な事務処理が行なわれるが夜間には人がいなくなる新しいビルだった。また、ダウンタウンにホワイトカラーの仕事をもつ中流階級のための、かなり無味乾燥ではあるが便利な生活環境を意味する場合もあった。夜になると、これらのオフィス労働者たちは、宝石をちりばめたブレスレットのように輝く高層アパートに戻った。しかし外の街路には、たとえ安全であっても生活のにおいがほとんどなかったのである。言い換えれば、成功の代償は単純化だったのだ。都市再開発は完全に失敗することも多かった。あまりに楽観主義的な政策により、恵まれない人々の住宅として建てられたこぎれいな建物が、数年で犯罪と絶望の巣窟になっていったのである。

都市再開発に対する最も早くからの雄弁な批判者のひとりが、ジェイン・ジェイコブズだった。彼女は、素朴な建築用語を通じて都市地域の救済を考える計画家の無邪気さを非難したのだ。計画家の無邪気さを示していたのが、分節化と清潔さに対する彼らの信念だった。有力な建築家たちは、機能は分離すべきであり、とりわけ住居は街路の交通や喧騒から守られなければならないと信じていたのである。彼らの活動は、次のような考え方を示している。それは、もし清潔で、単純化され、きちんと区分された環境で生活できるならば、人々は幸せだろうという考え方である。ところがジェイコブズは、それと反対のことを考えていた。彼女の観点では、都市地域を再活性化するためには、たとえある程度の混乱や不潔さという代償を払っても、複雑な計画をたてなければならないのだ。なぜなら混乱や不潔さは生活が行なわれている証拠だからである。問題は、都市の街路や地区に豊かな生活を作り出す方法である。ジェイコブズによれば四つの条件が不可欠である。一、人々がさまざまな時間にさまざまな理由で屋外に出てくるようにするために、しかも共同利用施設を数多く利用できるようにするために、地区は複数の機能を持たなければならない。二、大部分の街区は、小さくなければならない。すなわち角を曲がる機会を多くしなければならない。三、地区には、建物が生み出すことになる経済的な収益が多様化するように、古さや状態のさまざまな建物が混ざり合っていなければならない。四、住民を含む、さまざまな目的でそこにいる人々が、十分に密集していなければならない[38]。

多様性の大きな地域に住むことを、すべての人が好むとは限らないかもしれない。また、たとえそれが望ましいと一般に考えられているにしても、それを達成することがいかに難しいかはちょっと考えればわかる。ジェイコブズによって述べられた四つの条件のうち、比較的容易に達成できるのはひとつだけなのだ。それは小さな街区を物理的に設計することである。それ以外のすべては、実現することがはるかに困難である。そしてこれには、さまざまな年代と様式の建物が細かく混ざり合うということも含まれている。物理的な設計の段階では、この種の並置状態は実現可能かもしれないが、魅力的な舞台にその後、さまざまな社会階層に属し、さまざまな仕事をもち、仲良く生活する人々が住むようになるという保証は何もないのだ。もちろん、活気のみなぎる都市地域は過去に存在したし、今でも存在している。しかし、都市の複雑な組織は、特定の場所や時代をはるかに超越した、政治的・社会的・経済的な力の産物なのである。どんな個人や集団も、巨大で広範囲に作用するこのような力を発生させ、その方向をきめ細かな社会の再創造へと向けさせるような能力は持っていない。そのうえちょっと省みるならば、われわれが、過去においてある種の共同体生活を可能にしたそのような抑圧——二つ三つ挙げれば、経済的な不平等、階層的な秩序の受け入れ、恩着せがましい寛大さとやさしさ——を復活させたいとおもっているのかどうかさえ、疑問なのである。

それにもかかわらず、われわれは共同体を望み、かつ自由を望むのだ。共同体は、社会経済的な交換、個人的な接触、突き詰めれば集団の生き残りを目的とした、感情的な結び付きからなる網の目である。共同作業は、困難で不愉快なことがある。ある種の社交は、個人の気持ちに反するもので、重荷に感じられることさえあるかもしれない。しかしそのような気分はたいてい、強いストレスなしで乗り越えられる。なぜならば、集団の習慣や価値は無条件で受け入れられているからである。習慣や伝統的価値は永遠なのだ。義務を果たすのは、たとえ汗と苦痛を伴うものであっても、もしそれが避けられないもの——ものごとのなくてはならない秩序の一部——であると認識されていれば、容易なことなのである。しかも明らかに、堅固な共同体でさえ、すべてが労働や苦役というわけではない。打ち解けた訪問をしたり、その辺でおしゃべりしたり、温かい音や匂いに包まれたりする十分な暇があるはずなのだ。共同体的なきずなは共に作業や儀式を行なうことで作り出されるが、きずなの形成にとって同様に重要なのが、人々が一緒にいるだけという、このような組織化されていない多数の機会なのである。

自由とは抑圧が取り除かれた状態であり、共同体にとって不都合なものである。物質的な欠乏や敵の脅威から自由になることで、まず上流階級、次いで中流階級のメンバーが、自分と違う種類の人間から空間的に孤立することが可能になり、また同じ種類の人間の間でも孤独を求めてさらに引きこもることが可能になった。このような段階は、外部の抑圧が取り除かれるにつれて進んだ。しかもそれは、欲望を満たすために自発的に進められたのである。欲望にはどのようなものがあったのだろうか？　第一に、特定のきずなや義務から逃れたいという欲望があった。われわれがみてきたように集団生活が普通の時代――中世後期――でさえ、ある司教は領主夫妻に、公的な広間にいる者たちと離れて食事をしたいという気持ちに従ってはいけないと忠告しなければならなかったのだ。第二に、妨害なしに自分自身の仕事に取り組みたいという欲望があった。そしてそのような仕事のひとつが、自己の探求だったかもしれないのである。

自己と世界は分離できない。いっぽうに対する深い探求は、もういっぽうに対する探求へとつながっている。自己認識が深まるとともに、自然や社会、すなわち世界に対する批判的な知識も深まるのだ。世界は、批判的な評価を受けることで、その客観性と結合性を失う。個人にとって、社会の価値を受け入れたり、当たり前のように社会的な諸事に参加したりすることが困難になるのである。そのいっぽうで、心の底からの分かち合いや息の長い意見の交換という意味での友情が可能になる。深い私的な関係は、人間の実存、すなわち複雑で自意識的な個人の存在を前提としているのだ。しかしそのような個人は、共同体の集団的で非内省的な性質が崩壊し始めないうちは出現できないのである。

自己と世界を探求する自由や機会を与えられても、実際にそうする個人はほとんどいない。生活の必要性やごたごたがなくなってみると、大部分の人々は、自分の計画を力強く支えていた内部の火が消えていることに気付くのである。生活は、世界がその揺るぎない要求を緩めると、刺激が失われるという危険にさらされるのだ。憂鬱や退屈は脅威なのである。そのような状態を寄せ付けないために、人々はさまざまな手段に訴える。ひとつははでな消費である。十八世紀には、貴族たちは宮殿のようなカントリーハウスを建てた。彼らはそのあとで、一年のさまざまな時期にそこを訪れることに対して、何か理由をみつけなければならなかった。その理由は、必然的なものにみえなければならなかった。必要性が存在しない場合には、それをでっち上げなければならなかったのである。特定の日に、オーストリア＝ハンガリー帝国の皇帝はシェーンブルンにある屋敷に行き、別の決まった日にルクセンブルクへ向かって発ち、また別の日にホフブルクへと戻った。位の低い貴族も、まるで強制されたように順路を移動した。それぞれの屋敷では、豪勢な歓待が倦怠感を吹き払うのに役立っていた。大領主は、騒々しい政治的な世界から次第に身を引き、その代わりにオペラの複雑で人工的な宇宙に浸ろうとしたのだ。

上層中産階級は、貴族と異なり、親密な個人的関係の開拓と家庭生活に救いを求めた。これらの努力には、道徳的なまじめさがみなぎっていた。しかしこのまじめさは、制度化した宗教が衰退し始めていたために家の中で維持するのが難しく、またほとんどの人がもたないような義務感や自意識を必要としたために個人間で維持するのも困難だった。ブルームズベリー［ロンドンの文教地区］グループのような篤い友情は、広く称賛されるかもしれないが、しかしそれは広範囲に広げたり、まねしたりできないものなのだ。結局、中流階級に残されたのは、打ち解けた交際と派手な消費である。しかし、かつてデイヴィッド・リースマンが「郊外の悲しみ」と呼んだものに対する慰めとして、それらはあまり効果的ではない。効力がみられない理由は、それらが気まぐれなものに思われるからである。たとえば、隣人のパーティに出席しなければならないと感じることはすでに、それが勝手に決められた行事であることの証拠である。どんな色のドレスを着るべきだろうか、赤それとも青？　答えは明らかに、もしそのパーティが本当に重要なものならば、「礼服を着ればよいので」そのような問題は起こらないだろうというものなのである。伝統的な共同体では、客観的な価値が昔のまま残っている。物事や人々や活動の意味は明白である。意味は、ひとつの観点でも、個人的な情熱を傾けた結果でもないのだ。人はある役割を受け持つ。なぜなら、それはそこにあるからである。そして、気まぐれなものではない、単に自明と思われる意見を述べるのだ。逆説的ではあるが、必要性は生活にやすらぎを与える。必要性は、単に心によって認識された事実というだけではなく、心とからだが十分に感じている重荷でもあり、それが世界の客観性を支えているのである。

原注

全体

一　分節化・意識・自己

1　Walter J. Ong, "World as view and world as event," *American Anthropologist* 71（1969）: 634-47.

2　Robert Sack, *Conceptions of Space in Social Thought: A Geographic Perspective*（Minneapolis: University of Minnesota Press, 1981）を参照せよ。

3　Christopher Alexander, *Notes on the Synthesis of Form*（Cambridge: Harvard University Press, 1964）, pp. 46-70. クリストファー・アレグザンダー著、稲葉武司訳『形の合成に関するノート』（鹿島出版会、一九七八年）。

4　Alan F. Westin, *Privacy and Freedom*（New York: Altheneum, 1967）, pp. 14-15.

二　結合体

1　Jules Henry, *Jungle People: A Kaingáng Tribe of the Highlands of Brazil*（J. J. Augustin, 1941）, p. 18.

2　Ibid., p. 33.

3　Ibid., p. 17.

4　Ibid., p. 69.

5 Lorna Marshall, *The !kung of Nyae Nyae* (Cambridge: Havard University Press, 1976), p. 249.

6 Patricia Draper, "Crowding among hunter-gatherers: the !Kung Bushmen," *Science* 182 (19 October 1973): 301-3.

7 Marshall, *The !Kung*, pp. 244-45, 249-50.

8 Eric R. Wolf, *Peasants* (Englewood Cliffs, NJ: Prentice-Hall, 1960); Theodor Shanin, *Peasants and Peasant Societies* (Harmondsworth, Middlesex: Penguin, 1971).

9 Hsiao-T'ung Fei, *Peasant Life in China* (London: Routledge & Kegan Paul. 1939), p. 98.

10 Hsiao-T'ung Fei, *Earthbound China: A Study of Rural Economy in Yunnan* (Chicago: University of Chicago Press, 1945), p. 82.

11 Kenneth A. Lockridge, *A New England Town: The First Hundred Years, Dedham, Massachusetts, 1636-1736* (New York: W. W. Norton, 1970), pp. 93-118; Stephanie G. Wolf, *Urban Village: Population, Community, and Family Structure in Germantown, Pennsylvania 1683-1800* (Princeton: Princeton University Press, 1976), p. 157.

12 Elmora Messer Matthews, *Neighbor and Kin: Life in a Tennessee Ridge Community* (Nashville, Vanderbilt University Press, 1965), p. xiii. の John Mogey による序文。

13 Elmora Matthews, *Neighbor and Kin*, pp. 89, 125, 144.

14 Lyn H. Lofland, *A World of Strangers: Order and Action in Urban Public Space* (New York: Basic Books, 1973).

15 Gerald D. Suttles, *The Social Order of the Slum: Ethnicity and Territory in the Inner City* (Chicago: University of Chicago Press, 1968), pp. 74-75.

16 Herbert J. Gans, *The Urban Villagers: Group and Class in the Life of Italian-Americans* (New York: The Free Press, 1962), pp. 21–22.

17 Gans, *Urban Villagers*, pp. 80–103.

18 Jacques Gernet, *Daily Life in China on the Eve of the Mongol Invasion 1250–1267* (London: George Allen & Unwin, 1962), pp. 92–93. ジャック・ジェルネ著、栗本一男訳『中国近世の百万都市——モンゴル襲来前夜の杭州』（平凡社、一九九〇年）。

19 Gernet, *Daily Life in China*, p. 93.

20 Cao Xueqin, *The Story of the Stone*, translated by David Hawkes, (Harmondsworth, Middlesex: Penguin Books, 1973), vol. 1, "The Golden Days."

21 *The Hsiao Ching*, translated by M. L. Makra (New York: St. John's University Press, 1961), p. 15, 35.

22 Y. P. Mei, "The status of the individual in Chinese social thought and practice," in Charles A. Moore, ed., *The Status of the Individual in East and West* (Honolulu: University of Hawaii Press, 1968), p. 340.

23 『論語』、第十七陽貨篇、第十九章、および第十五衛霊公篇、第四章。

24 H. G. Creel, *What is Taoism?* (Chicago: University of Chicago Press, 1970), p. 3.

25 J. Huizinga, *The Waning of the Middle Ages* (Garden City, NY: Anchor Doubleday, 1954), pp. 9–10. ヨハン・ホイジンガ著、兼岩正夫・里見元一郎訳『中世の秋』（河出書房新社、一九七二年）。

26 Lauro Martines, ed., *Violence and Civil Disorder in Italian Cities 1200–1500* (Berkeley and Los Angeles: University of California Press, 1972).

27 Diane Hughes, "Domestic ideals and social behavior," in Charles E. Rosenberg, ed., *The Family in History* (Philadelphia: University of Pennsylvania Press, 1975), p. 121. イタリアの枢機卿＝君主の数多い

さまざまな従者については、Lauro Martines, *Power and Imagination: City-States in Renaissance Italy* (New York: Vintage Edition, 1980), pp. 220-21を参照せよ。

28 Mark Girouard, *Life in the English Country House: A Social and Architectural History* (New Haven: Yale University Press, 1972).

29 Peter Laslett, *The World We Have Lost: England Before the Industrial Age* (New York: Charles Scribner's & Sons, 1971), p. 80. ピーター・ラスレット著、川北稔・指昭博・山本正訳『われら失いし世界——近代イギリス社会史』（三嶺書房、一九八六年）一〇九―一一〇頁。

30 Peter Brown, "Society and the supernatural: a medieval change." *Daedalus* 104, no. 2 (Spring 1975): 143.

31 Douglas Hay, "Property, authority and the criminal law," in Douglas Hay, Peter Linebaugh, John G. Rule, E. P. Thompson, Cal Winslow, *Albion's Fatal Tree: Crime and Society in Eighteenth-Century England* (New York: Pantheon Books, 1975), p. 29.

32 Hay, "Property," p. 47.

33 Otto Gierke, "The idea of organization" in *Political Theories of the Middle Age* (Cambridge at the University Press, 1968). また、Walter Ullmann, *The Individual and Society in the Middle Ages* (Baltimore: The Johns Hopkins Press, 1966), pp. 24-25. W・アルマン著、鈴木利章訳『中世における個人と社会』（ミネルヴァ書房、一九七〇年）も参照せよ。

34 E. M. W. Tillyard, *The Elizabethan World Picture* (London: Chatto & Windus, 1960), p. 88.

35 Tillyard, *Elizabethan World Picture*, p. 90.

36 A. J. Lovejoy, *The Great Chain of Being* (Cambridge: Harvard University Press, 1933). アーサー・

O・ラヴジョイ著、内藤健二訳『存在の大いなる連鎖』（晶文社、一九七五年）。

37 Tillyard, *Elizabethan World Picture*, p. 26, 28.

部分

三　飲食とマナー

1 もちろん例外はある。一部の人々にとって、飲食は個人的・私的な事柄なのだ。Havelock Ellis, "The evolution of modesty," in *Studies in the Psychology of Sex*, 3rd ed., vol. 1, part I (New York: Random House, 1963); Theodore Besterman, ed., *The Mystic Rose* (London: Methuen, 1927); Carl D. Schneider, *Shame, Exposure and Privacy* (Boston: Beacon Press, 1978); Clifford Geertz, "Deep play: notes on the Balinese cockfight," *Daedalus* 101, no. 1 (Winter, 1972): 7. を参照せよ。

2 H. D. F. Kitto, *The Greeks* (Harmondsworth: Penguin Books, 1957), p. 33. H・D・F・キトー著、向坂寛訳『ギリシア人』（勁草書房、一九八〇年）の中の引用による。

3 Reay Tannahill, *Food in History* (New York: Stein and Day, 1974), p. 80. レイ・タナヒル著、小野村正敏訳『食物と歴史』（評論社、一九八〇年）。

4 『論語』の「衛霊公篇」。James Legge, *The Four Books* (New York: Paragon Reprint Corp., 1966), p. 219 を参照せよ。

5 『礼記』の訳である James Legge, *The Li Ki* (Oxford: Clarendon Press, 1885) の「少儀」。K. C. Chang, "Ancient China," in K. C. Chang, ed., *Food in Chinese Culture: Anthropological and Historical Perspective* (New Haven: Yale University Press, 1977), pp. 37-38 の中の引用による。

6 『論語』の「郷党篇」。Legge, *The Four Books*, p. 130.

7 Chang, *Food in Chinese Culture*, pp. 34-35.

8 Ying-shi Yu, "Han China," in Chang, p. 79.

9 Michael Sullivan, *The Birth of Landscape Painting in China* (Berkeley and Los Angeles: University of California Press, 1962), pp. 29-30.

10 Chang, *Food in Chinese Culture*, pp. 7-8, 31.

11 Yu, "Han China," p. 68.

12 Chang, *Food in Chinese Culture*, p. 10.

13 Petronius, "Dinner with Trimalchio," in *The Satyricon*, transl. William Arrowsmith (New York: Mentor Books, 1960), pp. 38-83. ペトロニウス著、国原吉之助訳『サテュリコン——古代ローマの諷刺小説』(岩波書店、一九九一年)の「トリマルキオンの饗宴」。ペトロニウスに影響を与えた文学作品にみられる、この晩餐についてのそのほかの記述についてはL. R. Shero, "The Cena in Roman satire," Classical Philology 18 (1923): 126-43を参照せよ。

14 Tannahill, *Food in History*, p. 94.

15 J. P. V. D. Balsdon, *Life and Leisure in Ancient Rome* (New York: McGraw-Hill, 1969), p. 53.

16 小プリニウスのバエビウス・マケル宛の手紙に述べられている。Frank Dawson Adams, *The Birth and Development of the Geological Sciences* (New York: Dover Publications, 1954), pp. 36-37を参照せよ。

17 Balsdon, *Life and Leisure in Ancient Rome*, p. 49.

18 Marjorie and C. H. B. Quennell, *A History of Everyday Things in England 1066-1799* (New York: Charles Scribner's Sons, n.d.), pp. 124-25.

19 Frederick J. Furnivall, *Early English Meals and Manners* (London: N. Trubner & Co., 1868; reissued by Singing Tree Press, Detroit, 1969), p. 1xv. の中の引用による。

20 Tannahill, *Food in History*, p. 227.

21 Bridget Ann Henisch, *Fast and Feast: Food in Medieval Society* (University Park: The Pennsylvania State University Press, 1976), pp. 110–11.

22 Elizabeth Burton, *The Early Tudors at Home 1485–1558* (London: Allen Lane, 1976), p. 129.

23 W. H. Lewis, *The Splendid Century: Life in the France of Louis XIV* (New York: Morrow Quill Paperbacks, 1978), pp. 208–9.

24 Gerard Brett, *Dinner Is Served: A History of Dining in England 1400–1900* (London: Rupert Hart-Davis, 1968), p. 116.

25 調理法については Louis Stouff, *Ravitaillement et alimentation aux XIVe et XVe siècles* (Paris-La Haye: Mouton, 1970), pp. 258–62 を参照せよ。ブザンソンの大司教のためのメニューは Robert Mandrou, *Introduction to Modern France 1500–1640* (New York: Harper Torchbooks, 1977), p. 25 による。

26 Mildred Campbell, *The English Yeoman* (New York: Barnes & Noble, 1960), pp. 246–47.

27 Norbert Elias, *The Civilizing Process: The History of Manners* (New York: Urizen Books, 1978), p. 121. ノルベルト・エリアス著、赤井慧爾・中村元保・吉田正勝訳『文明化の過程（上）（下）』（法政大学出版局、一九七七・一九七八年）の中に引用されている *The Habits of Good Society* (1859) による。

28 Thomas Wright, *The Homes of Other Days* (London: Trubner & Co., 1871), p. 430 より。

29 Charles Cooper, *The English Table in History and Literature* (London: Sampson Low, Marston & Co., n.d.), p. 17, 19.

30 Michel de Montaigne, *Essays*, transl. J. M. Cohen (Harmondsworth, Middlesex: Penguin, 1958), chapter 13 "On Experience," p. 367. ミシェル・ド・モンテーニュ著、原二郎訳『エセー　㈥』（岩波書店［岩波文庫］、一九六七年）、第三巻、第十三章、一五四頁。

31 Elias, *The Civilizing Process*, p. 107; *Alfred Franklin, La Civilité, l'étiquette, la mode, le bon ton du XIII au XIX siècle* (Paris: Emile-Paul, 1908), vol. 1, p. 278. 十六世紀であっても、ドイツの君主は客に一人用のスプーンを出すのが習慣だった。

32 Brett, *Dinner Is Served*, p. 129.

33 Mrs. C. S. Peel, "Homes and habits," in G. M. Young, ed., *Early Victorian England 1830-1865* (London: Oxford University Press, 1934), pp. 111-19.

34 Elias, *The Civilizing Process*, p. 64.

35 Wright, *Homes*, p. 377.

36 Harold Nicolson, *Good Behavior* (Garden City, NY: Doubleday, 1956), pp. 129-45.

37 Elias, *The Civilizing Process*, pp. 77-79.

四　家屋と家庭

1 Gaston Bachelard, *The Poetics of Space* (Boston: Beacon Press, 1969). ガストン・バシュラール著、岩村行雄訳『空間の詩学』（思潮社、一九六九年）。

2 メソポタミアの中庭付きの家については、C. L. Woolley, "The excavation at Ur 1926-1927," *The Antiquaries Journal* (London) 7 (1927): 387-95 を参照せよ。古代近東における家屋様式の変遷についてまとめたものとしては S. Giedion, *The Eternal Present* (New York: Pantheon Books, 1964), pp. 182-89 を参

照せよ。古代エジプトにおける家屋形態の楕円形から長方形への発達については Alexander Badawy, *Architecture in Ancient Egypt and the Near East* (Cambridge: MIT Press, 1966), pp. 10–14 を参照せよ。ボエオティアにおける家屋様式の半地下式の住居から中庭式への変化については Bertha Carr Rider, *Ancient Greek Houses* (Chicago: Argonaut, 1964), pp. 42–68 を参照せよ。新石器時代以降の中国の家屋の発達については K. C. Chang, *The Archaeology of Ancient China*, 3rd ed. (New Haven: Yale University Press, 1977) 張光直著、量博満訳『考古学よりみた中国古代』(雄山閣出版、一九八〇年) を参照せよ。先史時代のメキシコについては Marcus C. Winter, "Residential patterns of Monte Alban, Oaxaca, Mexico," *Science* 186, no. 4168 (1974): 981–86 を参照せよ。

3 Nelson I. Wu, *Chinese and Indian Architecture* (New York: George Braziller, 1963), pp. 33–35. そして Andrew Boyd, *Chinese Architecture and Town Planning 1500 B.C.–A.D. 1911* (Chicago: University of Press, 1962), p. 33. アンドリュー・ボイド著、田中淡訳『中国の建築と都市』(鹿島出版会、一九七九年)。

4 G. Glotz, *The Greek City and Its Institutions* (London: Routledge & Kegan Paul, 1965), pp. 302–3; T. G. Tucker, *Life in Ancient Athens* (London: Macmillan Co., 1906), pp. 90–92, 194.

5 Jerome Carcopino, *Daily Life in Ancient Rome* (New Haven: Yale University Press, 1940), p. 25.

6 J. P. V. D. Balsdon, *Life and Leisure in Ancient Rome* (New York: McGraw-Hill, 1969), pp. 21–22.

7 *The Letters of Caius Plinius Caecilius Secundus* (London: George Bell and Sons, 1905), p. 14 and 334.

8 U. T. Holmes, Jr., *Daily Living in the Twelfth Century: Based on the Observations of Alexander Neckham in London and Paris* (Madison: University of Wisconsin Press, 1952), p. 231.

9 Thomas Wright, *The History of Fulke Fitz-Warine: An Outlawed Baron in the Reign of King John* (London: Warton Club, 1855), p. 178.

10 Thomas Wright, *The Homes of Other Days: A History of Domestic Manners and Sentiments in England from the Earliest Known Period to Modern Times* (London: Trubner & Co., 1871), p. 148.

11 William Langland, *Piers Plowman*, Text B, Passus X, 97-101. B. A. Henisch, *Fast and Feast: Food in Medieval Society* (University Park: The Pennsylvania State University Press, 1976), p. 204.

12 *Statutes of Eltham*, Harleian MS. 642. Joan Wildeblood, *The Polite World: A Guide to English Manners and Deportment from the Thirteenth to the Nineteenth Century* (London: Oxford University Press, 1965), pp. 100-101 の中の引用による。

13 Olwen H. Hufton, *The Poor of Eighteenth-Century France* (Oxford at the Clarendon Press, 1974), pp. 49-50.

14 Edward Shorter, *The Making of the Modern Family* (New York: Basic Books, 1977), p. 42.

15 Eugen Weber, *Peasants into Frenchmen: The Modernization of Rural France 1870-1914* (Stanford: Stanford University Press, 1976), p. 159.

16 Alan Everitt, "Farm labourers," in Joan Thirsk, ed., *The Agrarian History of England and Wales* (New York: Cambridge University Press, 1967), vol. 4: 1500-1640, pp. 442-43.

17 M. W. Barley, *The House and Home: A Review of 900 Years of House Planning and Furnishing in Britain* (Greenwich, Conn.: New York Graphic Society, 1971), pp. 40-41.

18 W. G. Hoskins, *Provincial England: Essays in Social and Economic History* (London: Macmillan, 1963), pp. 133, 144-45.

19 Mildred Campbell, *The English Yeoman Under Elizabeth and the Early Stuarts* (New York: Barnes & Noble, 1960), p. 214.

20 Hoskins, *Provincial England*, pp. 104–5.

21 W. G. Hoskins, "The Elizabethan merchants of Exeter," in S. T. Bindoff et al., eds., *Elizabethan Government and Society* (London: The Athlone Press, 1961), pp. 163–87.

22 Paul Zumthor, *Daily Life in Rembrandt's Holland* (New York: Macmillan Co., 1963), pp. 4–5.

23 Madeleine Jurgens and Pierre Couperie, "Le Logement a Paris aux XVIe et XVIIe siècles," *Annales ESC* 17, no. 3 (1972): 499.

24 Jean-Pierre Babelon, *Demeures Parisiennes sous Henri IV et Louis XIII* (Paris: Le Temps, 1965), pp. 69–114.

25 Richard A. Goldthwaite, "The Florentine palace as domestic architecture," *American Hiatorical Review* 77, no. 4 (1972): 977–1012.

26 Goldthwaite, "Florentine Palace," p. 983.

27 Ibid., p. 998.

28 L. E. Pearson, *Elizabethans at Home* (Stanford: Stanford University Press, 1957), pp. 55, 56.

29 Philippe Ariès, *Centuries of Childhood: A Social History of Family Life* (New York: Vintage edition, 1965), pp. 392–93. フィリップ・アリエス著、杉山光信・杉山恵美子訳『〈子供〉の誕生——アンシァン・レジーム期の子供と家族生活』(みすず書房、一九八〇年); W. H. Lewis, *The Splendid Century: Life in the France of Louis XIV* (New York: Morrow Quill Paperbacks, 1978), p. 197.

30 H. M. Baillie, "Etiquette and the planning of the state apartments in baroque palaces," *Archaeologia* 101 (1967): 183; W. H. Lewis, *The Splendid Century*, p. 60.

31 Ballie, "Etiquette," pp. 182–93; Mark Girouard, *Life in the English Country House: A Social and Archi-*

tectural History (New Haven: Yale University Press, 1978), pp. 126–28.

32 Barley, *The House and Home*, pp. 23–25; Margaret Wood, *The English Medieval House* (London: Phoenix House, 1965), p. 55; Jean-Louis Flandrin, *Families in Former Times* (Cambridge: Cambridge University Press, 1979), pp. 98–99.

33 Wright, *Homes of the Other Days*, p. 263.

34 David H. Flaherty, *Privacy in Colonial New England* (Charlotte: University Press of Virginia, 1972), p. 77. の中の引用による。

35 Lewis, *The Splendid Century*, pp. 8, 48.

36 Ariès, *Centuries of Childhood*, p. 395.

37 Flaherty, *Privacy*, p. 73.

38 Ibid., p. 40.

39 Wright, *Homes of Other Days*, p. 124.

40 Ariès, *Centuries of Childhood*, p. 395.

41 Wright, *Homes of Other Days*, p. 107.

42 Elizabeth Burton, *The Early Tudors at Home 1486–1558* (London: Allen Lane, 1976), p. 86.

43 M. St. Clare Byrne, *Elizabethan Life in Town and Country* (London: Methuen, 1962), p. 50.

44 Elizabeth Burton, *The Pageant of Stuart England* (New York: Charles Scribner's Sons, 1962), p. 100.

45 Barley, *The House and Home*, p. 35.

46 Girouard, *Life in the English Country House*, p. 219.

47 Lewis, *The Splendid Century*, p. 202; ヴィクトリア朝の人々による召使の取扱いについては、Frank E.

Huggett, *Life Below Stairs: Domestic Servants in England from Victorian Times* (London: John Murray, 1977), そして Merlin Waterson, *The Servants' Hall: A "Downstairs" History of a British Country House* (New York: Pantheon Books, 1980) を参照せよ。

48 Christina Hole, *English Home Life: 1500 to 1800* (London: Batsford, 1947), pp. 8-9.

49 Pearson, *Elizabethans at Home*, pp. 47-48.

50 Barley, *The House and Home*, p. 40.

51 Ariès, *Centuries of Childhood*, pp. 359, 398.

52 Girouard, *Life in the English Country House*, p. 286.

53 大邸宅の個人的な博物館は、過剰な装飾品でいっぱいだったようである。ここに挙げるのは、アヴィラのテレサが彼女の友人であるアルバ公爵夫人の部屋を記述したものである。「国王や大貴族の部屋——私が思うにそれは個人的な博物館と呼ばれるに値する——にいる自分を想像してごらんなさい。そこにはたくさんの種類のガラス製品、磁器、その他の品物が置かれ、部屋に入るとそれらの大部分がすぐに目に入るように並べてあるのです。アルバ公爵夫人を訪ねると、私はそのような部屋に通されました。部屋に入った私は驚きで立ち止まり、装飾品のこのような寄せ集めがいったい何の役に立つのだろうかと不思議に思ったのでした」。Victoria Sackvill-West, *The Eagle and the Dove* (London: Michael Joseph, 1943), p. 89.

54 Etore Camesasca, "Anatomy of the house," in *History of the House* (New York: G. P. Putnam's, 1971), pp. 367-68.

55 John Lukacs, "The Bourgeois interior," *The American Scholar* 39, no. 4 (1970): 623.

56 Artemidorus Dalianus, *The Interpretation of Dreams*, trans. Robert J. White (Park Ridge, NJ: Noyes

Press, 1975); George Steiner, "The language animal," *Encounter* (August, 1969), p. 17; Bachelard, *The Poetics of Space*, pp. 17, 25–26; Carl Jung, *Memories, Dreams, and Reflections* (London: Collins, The Fontana Library, 1969), p. 184. C・G・ユング著、ヤッフェ編、河合準雄・藤縄昭・出井淑子訳『ユング自伝――思い出・夢・思想（1・2）』（みすず書房、一九七二・一九七三年）; Clare C. Cooper, "The house as symbol of self," *Institute of Urban and Regional Development* (Berkeley: University of California), reprint no. 122, 1974, pp. 130–46.

57 James S. Allen, "Bergasse 19, Sigmund Freud's Houses and Offices, Vienna, 1938," *The New Republic*, November 13, 1976, p. 34.

58 Daniel Mornet, *Les Sciences de la nature en France au XVIIIe siècle* (Paris, A. Colin, 1911) を参照せよ。

59 Jerome H. Buckley, "Victorian England: the self-conscious society," in Josef L. Altholz, ed., *The Mind and Art of Victorian England* (Minneapolis: University of Minnesota Press, 1976), pp. 3–15.

五　劇場と社会

1 Gilbert Murray, "Excursus in the ritual forms preserved in Greek tragedy," in Jane Harrison, *Themis* (Cambridge at the University Press, 1927), p. 341.

2 Francis M. Cornford, *The Origin of Attic Comedy* (London: Edward Arnold, 1914).

3 Margarete Bieber, *The History of Greek and Roman Theater* (Princeton: Princeton University Press, 1961).

4 A. E. Haigh, *The Attic Theatre*, 3rd ed. (Oxford at the Clarendon Press, 1907), pp. 323–48.

5 Oscar G. Brockett, *History of the Theatre* (Boston: Allyn and Bacon, 1977), p. 61.

6 Benjamin Hunningher, *The Origin of the Theater* (New York: Hill and Wang, 1961), pp. 48–49.

7 Grace Frank, *The Medieval French Drama* (Oxford at the Clarendon Press, 1960), pp. 24–26.

8 Glynne Wickham, *The Medieval Theatre* (London: Weidenfeld and Nicolson, 1974), p. 60. グリン・ウィッカム著、山本浩訳『中世演劇の社会史』(筑摩書房、一九九〇年)。

9 V. A. Kolve, *The Play Called Corpus Christi* (Stanford: Stanford University Press, 1966), p. 24.

10 William Tydeman, *The Theatre in the Middle Ages: Western European Stage Conditions, c. 800–1576* (Cambridge: Cambridge University Press, 1978), pp. 149–50.

11 Frank, *Medieval French Drama*, pp. 163–64.

12 Wickham, *Medieval Theater*, p. 113.

13 Richard Southern, *The Medieval Theatre in the Round*, 2nd ed. (London: Faber & Faber, 1975), pp. 73, 80.

14 Southern, *Medieval Theatre in the Round*, p. 91; Tydeman, *Theatre in the Middle Ages*, p. 165.

15 John F. Danby, *Shakespeare's Doctrine of Nature* (London: Faber paperback edition, 1948), pp. 18–19.

16 Patrick Murray, "The idea of character in Shakespeare," in *The Shakespearian Scene* (London: Longmans, 1969), pp. 1–53.

17 Frances A. Yates, *Theatre of the World* (London: Routledge & Kegan Paul, 1969), p. 124. フランセス・イエイツ著、藤田実訳『世界劇場』(晶文社、一九七八年)。

18 Irwin Smith, *Shakespeare's Globe Playhouse* (New York: Charles Scribner's Sons, 1956), pp. 61, 83.

19 Alfred Harbage, *Shakespeare's Audience* (New York: Columbia University Press, 1941), pp. 92–116; Brockett, *History of the Theatre*, p. 183.

20 W. L. Wiley, *The Early Public Theater in France* (Cambridge: University Press, 1960).

21 Ibid., pp. 191-92.

22 Eugène Despois, *Le Théâtre français sous Louis XIV* (Paris: Hachette, 1874), pp. 154-61.

23 Wiley, *Early Public Theater*, p. 226.

24 T. E. Lawrenson, *The French Stage in the Sixteenth Century* (Manchester: Manchester University Press, 1957), pp. 161-67.

25 Wiley, *Early Public Theater*, p. 192.「同時代の記述によれば、特殊な出し物の場合や群衆が溢れそうな場合には、ベンチの列を舞台のまわりに設置することがあった。そのような舞台はあまりに混み合っていたため、観客は、新しくやってきた者が遅れてきた公衆のひとりなのかそれとも劇に入り込もうとしている登場人物なのか、確信を持てないことがあったのだ」。Peter D. Arnott, *An Introduction to the French Theatre* (London: The Macmillan Press, 1977), p. 41 からの引用。

26 M. C. Bradbrook, *Themes and Conventions in Elizabethan Tragedy* (Cambridge: Cambridge University Press, 1950), p. 8.

27 *Ten Books of Architecture of Vitruvius*, transl. by M. H. Morgan, Book 5, chapter 6, section 9. 森田慶一訳註『ウィトルーウィウス建築書』(東海大学出版会、一九七九年)。

28 Leonardo da Vinci, *A Treatise on Painting*, transl. by J. F. Rigaud (1892); Lily B. Campbell, *Scenes and Machines on the English Stage: A Classical Revival* (New York: Barnes & Noble, 1960), pp. 28-30.

29 Lawrenson, *The French Stage*, pp. 176-77.

30 Stephen Orgel, *The Illusion of Power: Political Theater in the English Renaissance* (Berkeley: University of California Press, 1975), p. 9.

31 Yates, *Theatre of the World*, p. 85.

32 Orgel, *Illusion of Power*, pp. 35-36.

33 Kenneth Clark, *Landscape into Art* (New York: Harper & Row, new edition, 1976). ケネス・クラーク著、佐々木英也訳『風景画論』(岩崎美術社、一九六七年)、そして *The Romantic Rebellion: Romantic versus Classical Art* (New York: Harper & Row, 1973). 高階秀爾訳『ロマン主義の反逆——ダヴィッドからロダンまで十三人の芸術家』(小学館、一九八八年)。

34 Cecil Price, *Theatre in the Age of Garrick* (Totowa, NJ: Rowman and Littlefield, 1973), pp. 80-81; Brockett, *History of the Theatre*, pp. 289, 381.

35 Philippe Ariès, *Centuries of Childhood: A Social History of Family Life* (New York: Vintage edition, 1965). フィリップ・アリエス著、杉山光信・杉山恵美子訳『〈子供〉の誕生——アンシァン・レジーム期の子供と家族生活』(みすず書房、一九八〇年)。

36 Roy C. Flickinger, *The Greek Theater and Its Drama* (Chicago: University of Chicago Press, 1926), pp. 237-41; Campbell, *Scenes and Machines*, p. 138.

37 Arthur Tilley, *Molière* (Cambridge at the University Press, 1921), pp. 205, 337.

38 J. W. Krutch, *Comedy and Conscience After the Restoration* (New York: Russel & Russel, 1949).

39 George Rowell, *The Victorian Theatre 1792-1914* (Cambridge: Cambridge University Press, 1978), pp. 38-39, 43, 83.

40 Price, *Theater in the Age of Garrick*, pp. 84-101.

41 Edith Melcher, *Stage Realism in France Between Diderot and Antoine* (Bryn Mawr, Pennsylvania: Lancaster Press, 1928), p. 18; Brockett, *History of the Theatre*, p. 378.

42 Elizabeth Burns, *Theatricality: A Study of Convention in the Theatre and in Social Life* (New York: Harper Torchbook, 1973), p. 75.

43 Raymond Williams, *Drama from Ibsen to Eliot* (London: Chatto and Windus, 1965), pp. 130–31; また "Social environment and theatrical environment: the case of English naturalism," in Marie Axton and Raymond Williams, eds., *English Drama: Forms and Development* (Cambridge: Cambridge University Press, 1977), pp. 203–23.

44 Frederick Panzel, *Theatre Lighting Before Electricity* (Middleton: Wesleyan University Press, 1978).

45 Reymond Williams, *Drama in a Dramatised Society* (Cambridge: Cambridge University Press, 1975).

六　環境と視覚

1 Desmond Morris, *The Naked Ape* (London: Corgi Books, 1968), pp. 94–96. デズモンド・モリス著、日高敏隆訳『裸の猿——動物学的人間学』(河出書房新社、一九六九年); Michael Southworth, "The sonic environment of cities," *Environment and Behavior* 1(1969): 49–70.

2 J. S. Wilentz, *The Senses of Man* (New York: Thomas Y. Crowell Co., 1968), p. 114.

3 J. J. Gibson, "The smelling system," in *The Senses Considered as Perceptual Systems* (Boston: Houghton Mifflin Co., 1966), p. 145; Ralph Bienfang, *The Subtle Sense* (Norman: University of Oklahoma Press, 1964), p. 109. Trygg Engen, "Why the aroma lingers on," *Psychology Today*, May 1980, p. 138; R. W. Moncrieff, *Odour Preferences* (London: Leonard Hills, 1966).

4 Ashley Montagu, *Touching: The Human Significance of the Skin*, 2nd ed. (New York: Harper & Row, 1978). A・モンタギュー著、佐藤信行・佐藤方代訳『タッチング——親と子のふれあい』(平凡社、一九

七七年); John Napier, *Hands* (New York: Pantheon Books, 1980).

5 Aristotle, *Metaphysics*, 980a (transl. by W. D. Ross; Oxford: Clarendon Press, 1908). アリストテレス著、出隆訳『形而上学（上）』（岩波書店［岩波文庫］、一九五九年）、二一頁。

6 P. H. Knapp, "Emotional aspects of hearing loss," *Psychomatic Medicine* 10 (1948): 203–22.

7 T. G. R. Bower, *The Perceptual World of the Child* (Cambridge: Harvard University Press, 1977). T・バウアー著、古崎愛子訳『乳幼児の知覚世界――そのすばらしき能力』（サイエンス社、一九七九年）; D. M. Maurer and C. E. Maurer, "Newborn babies see better than you think," *Psychology Today*, October 1976, pp. 85–88; William Goldfarb and Irving Mintz, "Schizophrenic child's reaction to time and space," *Archives of General Psychiatry* 5(1961): 535–53.

8 John Nance, *The Gentle Tasaday* (New York: Harcourt Brace Jovanovich, 1975), p. 22.

9 Colin M. Turnbull, "Legends of the BaMbuti," *Journal of the Royal Anthropological Institute* 89 (1959): 55–60; Turnbull, *The Forest People* (London: Chatto & Windus, 1961), p. 223. コリン・M・ターンブル著、藤川玄人訳『森の民――コンゴ・ピグミーとの三年間』（筑摩書房、一九七六年）。

10 Raymond Firth, *We, The Tikopia* (London: George Allen & Unwin, 1957), p. 29.

11 T. G. H. Strehlow, *Aranda Traditions* (Melbourne: Melbourne University Press, 1947), pp. 30–33.

12 Nelson I. Wu, *Chinese and Indian Architecture* (New York: George Braziller, 1963), p. 32.

13 James J. Y. Liu, *The Art of Chinese Poetry* (Chicago: University of Chicago Press, 1962), pp. 55–57; Burton Watson, *Chinese Lyricism: Shih Poetry from the Second to the Twelfth Century* (New York: Columbia University Press, 1971), pp. 79, 124.

14 Tseng Yu, "Kuo Hsi's Early Spring," *Orientations*, September 1977, pp. 37–43.

15 Hugo Munsterberg, *The Landscape Painting of China and Japan* (Rutland, VT: C. E. Tuttle Co., 1955); Michael Sullivan, *The Birth of Landscape Painting in China* (Berkeley and Los Angeles: University of California Press, 1962). マイケル・サリヴァン著、中野美代子・杉野目康子訳『中国山水画の誕生』(青土社、一九九五年)。

16 Lawrence Wright, *Clean and Decent* (London: Routledge & Kegan Paul, 1960), p. 39.

17 Norbert Elias, *The Civilizing Process: The History of Manners* (New York: Urizen Books, 1978), p. 131. ノルベルト・エリアス著、赤井慧爾・中村元保・吉田正勝訳『文明化の過程(上)(下)』(法政大学出版局、一九七七・一九七八年)。

18 W. H. Lewis, *The Splendid Century: Life in the France of Louis XIV* (New York: Morrow Quill Paperback, 1978), p. 174.

19 D. W. Robertson, Jr., *Chaucer's London* (New York: Wiley, 1968), pp. 23–24.

20 Michel de Montaigne, *Essays* (Harmondsworth, Middlesex: Penguin Books, 1958), p. 136. ミシェル・ド・モンテーニュ著、原二郎訳『エセー 〔二〕』(岩波書店〔岩波文庫〕、一九六五年)、一九四頁。

21 D. C. Munro and R. J. Sontag, *The Middle Ages* (New York: The Century Co., 1928), p. 345.

22 Johan Huizinga, *The Waning of the Middle Ages* (Garden City, NJ: Doubleday Anchor Books, 1954), pp. 10–11. ヨハン・ホイジンガ著、兼岩正夫・里見元一郎訳『中世の秋』(河出書房新社、一九七二年)。

23 Kurt Blaukopf, "Problems of architectural acoustics in musical sociology," *Gravesner Blätter* 5, nos. 19/20 (1960): 180; R. Murray Schafer, *The Tuning of the World* (New York: Knopf, 1977), p. 118. R・マリー・シェーファー著、鳥越けい子・小川博司・庄野泰子・田中直子・若尾裕訳『世界の調律——サウンドスケープとはなにか』(平凡社、一九八六年)、一八一頁の中の引用による。

24 Schafer, *Tuning*, p. 156. 同書、三三五頁。

25 Reyner Banham, *Age of the Masters: A Personal View of Modern Architecture* (New York: Harper & Row, 1975), p. 50. R・バンハム著、山下泉訳『巨匠たちの時代――私説近代建築』（鹿島出版会、一九七八年）。

26 J. R. Green, *Town Life in the Fifteenth Century* (London: Macmillan and Co., 1894), vol. 1, pp. 155-56; Carolly Erickson, *The Medieval Vision: Essays in History and Perception* (New York: Oxford University Press, 1976), pp. 75-76.

27 Lucien Febvre, *Le Problème de l'incroyance au XVI siecle: La Religion de Rabelais* (Paris: Albin Michel, 1942), pp. 393-403. リュシアン・フェーヴル著、高橋薫訳『ラブレーの宗教――16世紀における不信仰の問題』（法政大学出版局、二〇〇三年）、五〇八―五一八頁；Robert Mandrou, *Introduction to Modern France 1500-1640* (New York: Harper Torchbook, 1977), pp. 50-55.

28 Walter J. Ong, "World as view and world as event," *American Anthropologist* 71 (1969): 636-37.

29 Frances A. Yates, *Theatre of the World* (London: Routledge & Kegan Paul, 1969), pp. 118, 124-28.

30 Peter D. Arnott, *An Introduction to the French Theatre* (London: The Macmillan Press, 1977), pp. 21, 41.

31 Febvre, *Le Problème*, pp. 406-7. フェーヴル『ラブレーの宗教』、五三〇―五三一頁。

32 Ibid., pp. 331-33. 同書、四二九―四三一頁。

33 C. S. Lewis, *The Discarded Image* (Cambridge at the University Press, 1964), pp. 101-2. C・S・ルイス著、山形和美監訳、小野功生・永田康昭訳『廃棄された宇宙像』（八坂書房、二〇〇三年）一五一―一五二頁。

34 Walter J. Ong, *Interfaces of the World: Studies in the Evolution of Consciousness and Culture* (Ithaca: Cornell University Press, 1977), p. 89.

35 Ong, *Interfaces*, pp. 103-4, 144; Shelly Errington, "Some comments on style in the meanings of the past," *Journal of Asian Studies* 33 (1979): 231-44. を参照せよ。

36 *The Letters of Caius Plinius Caecilius Secundus*, William Melmoth transl., (London: George bell & Sons, 1905), p. 31.

37 J. P. V. D. Balsdon, *Life and Leisure in Ancient Rome* (New York: McGraw Hill, 1969), p. 149.

38 Peter Brown, *Augustine of Hippo* (Berkeley and Los Angels: University of California Press, 1969), p. 82; Augustine, *Confessions*, Book VI, iii, 3. アウグスティヌス著『告白』、第六巻、第三章、三。

自己

七 自己

1 S. Honkavaara, "The psychology of expression," *British Journal of Psychology Monograph Supplement* 32 (1961): 41-42.

2 Lawrence E. Marks, "Synesthesia," *Psychology Today*, June 1975, pp. 48-52 2 A. R. Luria, *The Mind of a Mnemonist* (New York: Basic Books, 1968), p. 27.

3 Roger Brown, *Words and Things: An Introduction to Language* (New York: The Free Press, 1968). ロジャー・ブラウン著、石黒昭博訳『ことばともの――言語論序説』(研究社出版、一九七八年)。

4 Dominique Zahan, *The Religion, Spirituality, and Thought of Traditional Africa* (Chicago: University

of Chicago Press, 1979), pp. 8–10.

5 Godfrey Lienhardt, *Divinity and Experience: The Religion of the Dinka* (Oxford: The Clarendon Press, 1961), pp. 149–51.

6 Hoyt Alverson, *Mind in the Heart of Darkness: Value and Self-Identity among the Tswana of Southern Africa* (New Haven: Yale University Press, 1978), pp. 68–69, 112, 189.

7 Alverson, *Mind in the Heart of Darkness*, pp. 117–24.

8 Dorothy Lee, “Linguistic reflection of Wintu thought” and “The conception of the self among the Wintu Indians,” in *Freedom and Culture* (Englewood Cliffs, NJ: Prentice-Hall, 1959), pp. 121–30, 130–40. p. 140 からの引用。

9 Wang Gungwu, “The rebel-reformer and modern Chinese biography,” in Wang Gungwu, ed., *Self and Biography: Essays on the Individual and Society in Asia* (Sydney: Sydney University Press, 1975), pp. 194–206.

10 Y. P. Mei, “The individual in Chinese social thought,” in Charles A. Moore, ed., *The Status of the Individual in East and West* (Honolulu: University of Hawaii Press, 1968), pp. 333–48.

11 William Theodore de Bary, “Individualism and Humanism in late Ming thought,” in Theodore de Bary, ed., *Self and Society in Ming Thought* (New York: Columbia University Press, 1970), p. 156.

12 H. G. Creel, *What is Taoism?* (Chicago: University of Chicago Press, 1970), p. 3.

13 James J. Y. Liu, *The Art of Chinese Poetry* (Chicago: University of Chicago Press, 1962), pp. 50–57.

14 C. T. Hsia, *The Classic Chinese Novel: A Critical Introduction* (New York: Columbia University Press, 1968).

15 Theodore de Bary, *Self and Society*, pp. 188–89, 192–93.

16 Hsia, *The Classic Chinese Novel*, p. 22.

17 E. R. Dodds, *The Greeks and the Irrational* (Berkeley and Los Angeles: University of California Press, 1951), p. 15. E・R・ドッズ著、岩田靖夫・水野一訳『ギリシァ人と非理性』（みすず書房、一九七二年）。

18 Bruno Snell, *The Discovery of the Mind: The Greek Origins of European Thought* (Cambridge: Harvard University Press, 1953), p. 60. B・スネル著、新井靖一訳『精神の発見——ギリシャ人におけるヨーロッパ的思考の発生に関する研究』（創文社、一九七四年）。

19 Dodds, *The Greeks and the Irrational*, pp. 139, 152.

20 Snell, *Discovery of the Mind*, pp. 29–30.

21 Dodds, *The Greeks and the Irrational*, pp. 36–37.

22 M. I. Finley, *Early Greece: The Bronze and Archaic Ages* (New York: W. W. Norton & Co., 1970), pp. 90–108.

23 Hans Jonas, *The Gnostic Religion* (Boston: Beacon Press, 1963), pp. 330–31. ハンス・ヨナス著、秋山さと子・入江良平訳『グノーシスの宗教』（人文書院、一九八六年）。

24 Andre-Jean Festugiere, *Personal Religion Among the Greeks* (Berkeley and Los Angeles: University of California Press, 1960), p. 6.

25 Dodds, *The Greeks and the Irrational*, pp. 180–82.

26 Dodds, *The Greeks and the Irrational*, pp. 237.

27 Georg Misch, *A History of Autobiography in Antiquity* (London: Routledge & Kegan Paul, 1950), vol. 1, p. 181.

28 M. P. Nilsson, *Greek Piety* (New York: W. W. Norton, 1969), p. 86.

29 Seneca, *Letters from a Stoic* (Epistulae Morales ad Lucilium), transl. Robin Campbell (Harmondsworth, Middlesex: Penguin Books, 1969), letters 28 and 55, pp. 76, 108.

30 Marcus Aurelius, *Meditations* (Chicago: Henry Regnery, Gateway edition, 1956), pp. 30, 80. マルクス・アウレリウス著『自省録』。

31 Peter Brown, *Augustine of Hippo: A Biography* (Berkeley and Los Angeles: University of California Press, 1969), p. 180.

32 *On Christian Doctrine*, book 2, chapter 25: 38.『キリスト教の教え』、第二巻、第二五章、三八。

33 *Confessions*, book 10, chapter 8: 15.『告白』、第十巻、第八章、十五。

34 Brown, *Augustine*, p. 210.

35 *Epistola*, 130, ii, 4; Brown, *Augustine*, p. 405 の中の引用。

36 Misch, *A History of Autobiography*, pp. 191, 196.

37 Brown, *Augustine*, p. 174.

38 Walter Ullman, *The Individual and Society in the Middle Ages* (Baltimore: Johns Hopkins Press, 1966), pp. 32-33, 43-44. W・アルマン著、鈴木利章訳『中世における個人と社会』(ミネルヴァ書房、一九七〇年)。

39 Colin Morris, *The Discovery of the Individual 1050-1200* (New York: Harper Torchbooks, 1973), pp. 75, 121-22, 157.

40 Jakob Burckhardt, *The Civilization of the Renaissance in Italy* (London: Phaidon Press, 1951), pp. 82-84, 207, 314. ブルクハルト著、柴田治三郎訳『イタリア・ルネサンスの文化(上・下)』(中央公論社、

一九七四年)。

41 Richard A. Goldthwaite, "The Florentine palace as domestic architecture," *American Historical Review* 77, no. 4 (1972): 977-1012.

42 Epictetus, *Enchiridion* (Chicago: Henry Regnery, Gateway edition, 1956), pp. 178-79. エピクテトス著『要録』。

43 Jean Starobinski, "Montaigne on illusion: the denunciation of untruth," *Daedalus* 108 (Summer 1979): 87, 93-94.

44 Shakespeare, *As You Like It*, act 2, scene 7. シェイクスピア作『お気に召すまま』、第二幕、第七場。

45 Geoges Gusdorf, "Conditions et limites de l'autobiographie," in G. Reichenkron and E. Haase, eds., *Formen des Selbsdarstellung: Analekten zu einer Geschichte des literarischen Selbstportraits* (Berlin: Duncker & Humblot, 1956).

46 E. Panofsky, *Albrecht Dürer* (Princeton, NJ: Princeton University Press, 1943), vol. 1, p. 15. アーウィン・パノフスキー著、中森義宗・清水忠訳『アルブレヒト・デューラー——生涯と芸術』(日貿出版社、一九八四年)。

47 Paul Delany, *British Autobiography in the Seventeenth Century* (London: Routledge & Kegan Paul, 1969), p. 13.

48 Lawrence Stone, "Social mobility in England, 1500-1700," *Past and Present*, no. 33 (April 1966): 16.

49 Jacques Barzun, *Classic, Romantic and Modern* (Garden City, NY: Doubleday Anchor Books, 1961), p. 46.

50 Lionel Trilling, *Sincerity and Authenticity* (Cambridge: Harvard University Press, 1972), p. 19. ライオ

ネル・トリリング著、野島秀勝訳『〈誠実〉と〈ほんもの〉——近代自我の確立と崩壊』(法政大学出版局、一九八九年)。

51 M. H. Nicolson, *Mountain Gloom and Mountain Glory* (New York: W. W. Norton, 1963), pp. 132–33, 161. マージョリー・ホープ・ニコルソン著、小黒和子訳『暗い山と栄光の山』(国書刊行会、一九八九年)、そして *The Breaking of the Circle* (New York: Columbia University Press, 1962).

52 Werner Heisenberg, *Physics and Beyond* (New York: Harper Torchbooks, 1972); Nelson Goodman, *Ways of Worldmaking* (Indianapolis: Hackett, 1978).

53 Gabriel Josipovici, *The World and the Book* (London: Macmillan, 1971), p. 299.

八 自己と再構成された全体

1 Roy Perrott, *The Aristocrats* (London: Weidenfeld and Nicolson, 1968), p. 33.

2 Richard Wright, *The Story of Gardening* (New York: Dover Publications, 1963), pp. 81, 105.

3 Lu Emily Pearson, *Elizabethans at Home* (Stanford: Stanford University Press, 1957), pp. 4, 66–67.

4 Lewis Mumford, *The City in History* (New York: Harcourt, Brace, and World, 1961), p. 128. ルイス・マンフォード著、生田勉訳『歴史の都市　明日の都市』(新潮社、一九六九年)。

5 J. Lucas-Durbreton, *Daily Life in Florence in the Time of the Medici* (London: George Allen & Unwin, 1960), p. 95.

6 Robert Payne, *The White Pony* (New York: Mentor Books, 1960), pp. 130–31, 163.

7 Gilbert Highet, *Poets in a Landscape* (New York: Knopf, 1957), p. 51.

8 W. Y. Sellar, *Horace and the Elegiac Poets* (Oxford at the Clarendon Press, 1891), pp. 127, 180.

9 Samuel Johnson, *The Rambler* (London: W. Suttaby, 1809), vol. 3, no. 135, p. 131.

10 Myra Reynolds, *The Treatment of Nature in English Poetry between Pope and Wordsworth* (Chicago: University of Chicago Press, 1909), pp. 329-31.

11 Eleanor M. Sickels, *The Gloomy Egoist: Moods and Themes of Melancholy from Gray to Keats* (New York: Columbia University Press, 1932).

12 George G. Williams, "The beginning of nature poetry in the eighteenth century," *Studies in Philology* 27 (1930): 583-608.

13 T. S. Eliot, *After Strange Gods: A Primer of Modern Heresy* (London: Faber & Faber, 1934), pp. 54-55. エリオット著、安田章一郎訳「異神を追いて――現代異端入門」、『現代キリスト教思想叢書3』(白水社、一九七三年)。

14 Arthur O. Lovejoy et al., *A Documentary History of Primitivism* (Baltimore: Johns Hopkins Press, 1935).

15 *The Book of Lieh-tzu*, A. C. Graham, transl. (London: John Murray, 1960), pp. 102-3.

16 Henri Baudet, *Paradise on Earth: Some Thoughts on European Images of Non-European Man* (New Haven: Yale University Press, 1965); Bernard Smith, *European Vision and the South Pacific 1768-1850* (London: Oxford University Press, 1960).

17 George H. Williams, *Wilderness and Paradise in Christian Thought* (New York: Harpers & Brothers, 1962), p. 39. の中の引用による。

18 Peter F. Anson, *The Quest for Solitude* (London: J. M. Dent, 1932), pp. 16-31; Herbert B. Workman, *The Evolution of the Monastic Ideal* (Boston: Beacon Press, 1962) も参照せよ。

19 Page Smith, *As a City Upon a Hill* (Cambridge: MIT Press, 1973), pp. 7-8.

20 Mark Holloway, *Heavens on Earth: Utopian Communities in America 1680-1880* (New York: Dover Publications, 1966), p. 19.

21 Holloway, *Heavens on Earth*, pp. 101-16; Philip W. Porter and Fred E. Luckermann, "The geography of Utopia," in David Lowenthal and Martyn J. Bowden, eds. *Geographies of the Mind* (New York: Oxford University Press, 1976), pp. 197-223.

22 W. Jackson Bate, *Samuel Johnson* (New York: A Harvest/HBJ Book, 1979), pp. 432, 478, 529.

23 Adeline Daumard, *Maisons de Paris et propriétaires parisiens au XIXe siècle* (Paris: Editions Cujas, 1965), p. 90.

24 Jakob Burckhardt, *The Civilization of the Renaissance in Italy* (London: Phaidon Press, 1951), p. 29.

25 W. H. Bruford, *Germany in the Eighteenth Century: The Social Background of the Literary Revival* (Cambridge at the University Press, 1939), p. 57. W・H・ブリュフォード著、上西川原章訳『一八世紀のドイツ――ゲーテ時代の社会的背景』(三修社、一九七四年)。

26 Bruford, *Germany*, p. 94.

27 Bruford, *Germany*, p. 95-96.

28 A. James Speyer, *Mies van der Rohe* (Chicago: The Art Institute of Chicago, 1968), p. 48.

29 Henry James, *The American Scene* (Bloomington: Indiana University Press, 1968), p. 167.

30 Sigfried Giedion, *Space, Time and Architecture* (Cambridge: Harvard University Press, 1965), p. 398. ジークフリート・ギーディオン著、太田實訳『空間・時間・建築』(丸善、一九六九年)。

31 David P. Handlin, *The American Home: Architecture and Society 1815-1915* (Boston: Little, Brown

and Co., 1974), pp. 344-45.

32 David Bradby and John McCormick, *People's Theatre* (London: Croom Helm, 1978), pp. 17-18.

33 Richard Schechner, *Environmental Theater* (New York: Hawthorn Books, 1973), p. 39.

34 Nicola Chiaromonte, "The political theater," in *The Worm of Consciousness and Other Essays* (New York: Harcourt Brace Jovanovich, 1977), pp. 140-42.

35 Schechner, *Environmental Theater*, p. 31.

36 Wilfred Burns, *British Shopping Centres: New Trends in Layout and Distribution* (London: Leonard Hill, 1959).

37 Victor Gruen, *The Heart of Our Cities: The Urban Crisis: Diagnosis and Cure* (New York: Simon & Schuster, 1964), pp. 190-91.

38 Jane Jacobs, *The Death and Life of Great American Cities* (New York: Random House, 1961), pp. 150-51. J・ジェイコブズ著、黒川紀章訳『アメリカ大都市の死と生』(鹿島研究所出版会、一九六九年)。

訳者あとがき

本書は、Yi-Fu Tuan, *Segmented Worlds and Self: Group Life and Individual Consciousness* (Minneapolis: University of Minnesota Press, 1982), 222 pp. の全訳である。原題は『分節世界と自己――集団生活と個人意識』であるが、邦訳にあたり『個人空間の誕生――食卓・家屋・劇場・世界』とした。

イーフー・トゥアンの一九八二年当時の略歴については、原書の最後に次のように紹介されている。

イーフー・トゥアンは一九三〇年に中国で生まれ、オックスフォード大学とカリフォルニア大学バークレー校で学んだ。現在ミネソタ大学の地理学教授であり、オックスフォード大学、ハワイ大学、カリフォルニア大学デイヴィス校の客員教授も歴任した。最近の著書である『トポフィリア』、『空間の経験』、『恐怖の博物誌』において、彼は人間-環境関係を扱うために、社会科学と人文科学両者の方法や資料を用いている。

翌一九八三年に、トゥアンはウィスコンシン大学マディソン校へ移り、現在に至っている。さて本書は、これまでに十一冊あるトゥアンの著書全体の中では八冊目にあたり、彼の名を世界に知らしめた名著『トポフィリア』から数えると、略歴にあるとおり四冊目である（巻末の著書一覧参照）。『トポフィリア』以降のトゥアンの基本的なテーマは「人間‐環境関係」であり、本書もその一連の探究の成果と言える。ただしここでは、「人間‐自然」や「文化‐自然」の単純な二項関係ではなく、西洋における個人主義の発生と環境の分節化の重なり合いが取り上げられている。つまり、「個人‐社会」とそれを支える地盤としての環境という三項関係が、歴史的に解明されているのである。

西洋における近代的な個人の発生というテーマに関しては、トゥアンも引用しているドイツの社会学者ノルベルト・エリアスによる『文明化の過程』（一九三九年、邦訳は法政大学出版局、一九七七・一九七八年）が古典的な業績である。エリアスは、ヨーロッパ上流階層における風俗の変遷から、社会構造の変化と人間の行動様式との関係を明らかにした。それにより、ヨーロッパの宮廷において自意識が生まれた過程が示されたのである。その後、アナール派を中心とする歴史学者が、近代ヨーロッパ人の心性（マンタリテ）を社会史の中で扱うようになった。代表的な著書として、ロベール・ミュシャンブレッドの『近代人の誕生』（一九八八年、邦訳は筑摩書房、一九九二年）があり、宮廷のみならず民衆をも含めた習俗の洗練化が詳細に描写されている。これら社会学や歴史学の労作に対し、トゥアンによる地理学からのアプローチにはどのような特徴があるのだろうか。まず一つ目は、自意識の発生を空間の分節化からみていくという視点である。二つ目は、ヨーロッパの特殊性を明らかにするために、未開社会や中国といった他の地域の事例が取り上げられている点である。そして三つ目は、前者が歴史的文献の膨大な引用から成立しているのに対し、トゥアンの著書がさまざまな領域を横断しつつ、その文体同様歯切れよく簡潔にまとめられている点である。

なかでも、空間の分節化から自意識の発達をとらえるというのは地理学者ならではの視点であり、ここに本書の最大の意義があると思われる。しかもこの見方は、以下の理由で意識の本質を衝いていると考えられるのである。われわれが個別化するということは、まず周囲の環境や他者と距離をおいて接するようになることである。その際には、視覚が大きな役割を果たす。なぜなら、見るということは、見るものと見られるものを分離する行為だからである。これは、見るものが立つ場所と、見られるものが占める場所の分離にほかならない。つまり、意識と対象の分離は、空間的な分離と相即なのである。意識と空間は同時に個別化するのだ。しかも個別化の結果、自己もまわりから見られる存在となり、その視線を自己が意識するようになる。自己を見る他人の視線が自己の意識に取り入れられるのである。こうして発生した自意識により、自己にかかわる空間とそれ以外の空間が差異化される。また逆に、空間の個別化が自意識を強化していく。プライヴェートな場所においてこそ、自己の内面についての思索や考察が深められるのだ。この過程は、あらゆるものが一体化した「全体」が、「部分」ごとに個別化していく過程であり、そのなかから「自己」が生み出されていく過程である。そこでトゥアンは議論を三部に分け、「全体」「部分」「自己」と題し、順に記述を進めているのである。

したがって、本書のキイワードは、いっぽうでは全体（whole）や統合化（integration）であり、他方では自己（self）や分節化（segmentation）である。ただし、『分節世界と自己』という原題が示すように、比重は後者に置かれており、その中心は第二部「部分」である。そこでは、さまざまな「部分」における全体から個への分節化の事例が挙げられているのだ。大騒ぎの粗野な食事から、用途別の食器とテーブルマナーが確立した食事へ。広間での雑居状態から、個室への引きこもりへ。観客と役者の一体化した劇から、純粋に見る劇へ。このような変化が近代の始まりとともにほぼ同時に起こったのである。変化の時期は、ヨーロッパにおいてテーブルマナーの影響が大きくなったのが十六世紀、家族が個室へと引きこもり始めたのが十六世紀末であり、劇が世俗化し観客と役者が完全に分離したのは十七世紀、音や香りよりも視覚が重視されるようになったのも十六世紀終わり頃である。十六世紀末以来のこうした空間の個別化にともない、ヨーロッパ近代人が誕生したのだ。それは、自分の食器で食べ、入門書によりさまざまなマナーを身につけ、私室で眠り、舞台上の人物の苦悩を眺め、風景を観賞し、本を黙読する人間の誕生だったのである。

以上の記述から明らかなように、個人意識をもつ自己とは、歴史的な産物である。ただしトゥアンによれば、個人主義、自己、自意識という概念はあくまでも西洋文明の特徴なのである。それをはっきり示すために、無文字社会と中国が比較の対象として選ばれている。アフリカなどの無文字社会では、個人は存在するが、自己と社会の境界は不明瞭であり、自意識は発達していない。いっぽう高度な文明を作り上げた中国では、個人や自意識が重視されたが、しかし社会から分離した自己というものは生まれなかったのである。それに対してヨーロッパでは、互いに孤立した自己が、古代ギリシア以来の長い歴史の中でゆっくりと発達してきたのだ。しかし、これに関しては反論が可能であろう。確かに、西洋近代の個人主義だけを個人主義と定義するならば、それが西洋と異なった歴史をもつ他の文化にみられないのは当然である。しかしこれは一種の同語反復である。そうではなく、個体としての自己を意識することを広い意味での個人主義と呼ぶならば、それは人間の普遍的な存在様式と考えることができるのではないだろうか。

たとえば日本について考えてみよう。トゥアンは日本の事例を取り上げていないが、われわれはこのような問題を扱った数多くの著作を知っている。それが、いわゆる日本文化論である。浜口恵俊『「日本らしさ」の再発見』（講談社学術文庫、一九八八年）によれば、その議論の多くは、日本の文化を集団主義的とし、西洋の個人主義との対比でとらえている。しかし、山崎正和『日本文化と個人主義』(中央公論社、一九九〇年)にあるように、日本においても個人は古くから意識されていた。『伊勢物語』や『源氏物語』は私的な世界を描いている点で、世界で最も早く書かれた小説である。また個人的な生活を題材とした随筆や日記文学の多さや、叙情詩である短歌や俳句の隆盛も、内面への関心を反映している。演劇においても、能や歌舞伎の中心的な主題は恋愛と家族愛であった。さらに、生け花や茶の湯、行儀作法の代名詞である小笠原流が、室町時代に生まれている。この時代には、「自己抑制を通じて自己を主張しようとする」逆説的な精神が花開いたのである。室町以来の商人にみられた個人としての誠実さの重視にも、日本における個人主義が読み取れる。そこで山崎は、文化以前の個別化の原理というものを想定し、西洋近代の個人主義も、イエ社会の原理と並ぶ日本の個人主義もそこから歴史的に生まれたと考える。彼は、社会を個別化と統一というふたつの運動の均衡状態として見ているのだ。

まさにこれはトゥアンの視点である。彼は、分節化と統合化の対立する力が、近代ヨーロッパにおいて同時に働いていると述べているのだ。したがって、トゥアンの議論の枠組みは、ヨーロッパだけに当てはまるというよりは、広く世界中で適用できると考えたほうがよいであろう。その力の釣り合いの変化によって、個人主義が強化されたり、集合性への回帰がみられたりするのである。十七世紀以降の西洋においては、個人主義の直線的な進展がみられた。それが、いわゆる近代個人主義である。しかしそのいっぽうで、ユートピアやエデンの夢といった想像的なものから、ピューリタンの共同体や、仕切りのない家、舞台の張り出した劇場、ショッピングプラザ、都心の再開発による居住地域の修復にいたるまで、「全体」を再構成しようという試みも存在したのだ。ところが、このような統合化への試みは、意識が本来もつディレンマにより、完全な成功を収めることはないのである。なぜなら、われわれは共同体的なきずなとともに、個人的な自由も望んでいるからである。しかも、ある統合化された集団を作り上げるということは、自分たちの集団を外部から区別することであり、それにより自分自身に対する意識が強まるからである。つまり、集団化によって逆に自意識が強化されるのである。では、行き過ぎた個人主義によって孤立化してしまった人々は、これからどうすべきなのだろうか。トゥアンはこの問題に対して、明確な結論を示していない。それは、われわれが現実の生活の中で背負っていかなければならない課題なのだ。しかし、トゥアンが挙げてくれた豊富な事例のおかげで、個人主義の問題点を克服するのは、集団化ではないということだけは言えるであろう。おそらく、個人同士の重層的な結び付きが、ひとつの解答と思われるが、それはわれわれが現代の生活の中で知らず知らずに実践していることなのかもしれない。

一九九三年一月　　阿部　一

文庫版あとがき

本書は、イーフー・トゥアン著、阿部一訳『個人空間の誕生——食卓・家屋・劇場・世界』（せりか書房、一九九三年）を文庫化したものである。文庫収録にあたり、わずかに存在した誤字・誤訳個所や、一部の固有名詞等の表記を修正し、また日本語として意味の取りにくい訳文にも手を加えた。さらに、引用文献のうち邦訳のあるものについて、いくつかを注につけ加えた。訳者あとがきはそのままとし、十二冊目以降のトゥアンの著作リストをつけ加え、文庫版あとがきの最後に著作一覧としてまとめて載せた。トゥアンの最新の著書は、二〇一五年に出版された『*The Last Launch: Messages in the Bottle*』（『最後の発進——ボトルの中のメッセージ』）であり、その中でトゥアンはそれが最後の著書であることを宣言している。したがって、トゥアンの著作は、一覧にある二三冊がすべてということになる。トゥアンの略歴は訳者あとがきにも記してあるが、最新かつ最後の著書に載せられた著者紹介を、以下にあらためて記す。

イーフー・トゥアンは、中国の天津で一九三〇年に生まれ、中国・オーストラリア・フィリピンの小学校で学び、オックスフォード大学で学士、カリフォルニア大学バークレー校で大学院の学位を取得した。ミネソタ大学で十四年間教え、一九八三年から「公式」に引退した一九九八年までの間、ウィスコンシン大学マディソン校のジョン・K・ライト地理学教授とヴィラズ地理学研究教授の二つの寄付講座教授の座にあった。トゥアン教授は、英国アカデミーと米国芸術科学アカデミーの特別会員（フェロー）であり、米国科学推進協会の特別会員（フェロー）であり、アメリカ場所センターの創設メンバーである。二〇一二年には、栄誉あるヴォートラン・ルッド国際地理学賞を受賞した。これは、地理学の分野で与えられる最高の賞であり、フィレンツェの探検家アメリゴ・ヴェスプッチにちなんで新世界を「アメリカ」と名付けた功績で知られる、フランス人学者の名前を冠している。二〇一三年には、ソープレイス賞を授与され、「人間主義的地理学の父」の称号を与えられた。トゥアン教授は、ウィスコンシン州マディソンに住み続けており、二〇一四年二月十三日に、息子チョイ・チャンを養子とした。父になることが、イーフーにとっての最後の新しい「発進」である！

イーフー・トゥアンは、人間主義的地理学（ヒューマニスティック・ジオグラフィ）の創建者とされ、センス・オブ・プレイス（場所の感覚）の「オスカー」を標榜するソープレイス賞（ソーはセンスのSとオブのO）の受賞で、それが国際的な場で高らかに認められるに至った。また、ヴォートラン・ルッド国際地理学賞は、スウェーデン・ノーベル委員会から地理学におけるノーベル賞に相当するとの公式のお墨付きを得ており、トゥアンは地理学者として最高の栄誉に浴したのである。その研究業績については、トゥアン自身が、一九九九年に出版された自伝『*Who am I?*』（私は誰？）の中で、一九七四年の『トポフィリア』から一九九八年の『*Escapism*』（現実逃避）に至る一〇冊の著書（そのうち八冊が邦訳されている）を出すことにより、「体系的な人間主義的地理学についての自分のライフワークをなんとか完成した」と述べている。一九八二年刊の本書はその中の四冊目にあたる。本書の位置づけについては、自伝の記述が参考になる。

それによると、本書の執筆は、自伝への取り組みを無意識のうちに先取りしたものとされる。幼年・少年・青年時代を通じて、トゥアンは自分がまわりの人たちと違うという感覚と闘ってきた。子どもの時は、気難しさを指摘されることで自意識過剰気味となり、性の目覚めとともに、ほかの子どもとの違いを一層意識するようになった。オックスフォード大の男だけのカレッジでは、孤立感が増幅され、バークレーでは、指導教官から「中国人の顔をしたイングリッシュマン」と繰り返し呼ばれた。当たり前のようにアメフトや女の子の話をするカリフォルニアの学生とは、社交的な話をしてごまかしたり、地理学の学術的な話をしたりするほかはなかった。このような経験の中から、個人と集団の関係についての強烈な問題意識が育まれていったのである。

したがって、自意識への引きこもりと集団の絆へのあこがれというディレンマを、空間の分節化と統合化という観点から幅広く論じた本書は、トゥアン自身の人生経験なしには生まれなかった。アジア系のマイノリティでありながら頭のいい転校生（異邦人）という立場を繰り返す中で、内省的な思考は自ずと先鋭化した。人種差別を意識せざるを得ない上に、同性愛的志向を自覚した心の中では、私という個人とそれに対立するかのような世界との関係は何なのかという疑問が生まれる。長らく抱えてきたそのような個人的な思いが、地理学者としての世界への知的好奇心と結びつくことで、古今東西の人間にとって普遍的な問いが見いだされた。集団の中で個人とはどのような存在なのだろうか、個人にとって集団とはどのようなものなのだろうか。この問いに答えることは、トゥアンにとって自分の人生の意味を探ることでもあった。それが、本書に取りかかる無意識の動機となり、また執筆のエネルギーともなったのである。

トゥアンが全身全霊をかけて、さまざまな「部分」を筋道立った「全体」へと「再構成」した本書は、全体の再構成は可能なのかという本書のテーマそのものを見事に具現化している。そしてその内容は、原著の出版から三六年、邦訳の出版から四半世紀が経つにもかかわらず、トゥアンの主著である『トポフィリア』（ちくま学芸文庫、二〇〇八年）と同様、まったく古びていない。それどころか、個室に引きこもってスマホをチェックする個人が、ＳＮＳを通じて誰かとつながろうとしている現代社会において、本書の考察は絶えず振り返るべき価値を持ち続けるものと思われる。人類にとって不朽の価値をもつ作品は古典と呼ばれる。その意味で本書は、古典となるべき資格を有しているのである。

二〇一八年七月

阿部　一

〈イーフー・トゥアンの著作一覧〉

1　*Pediments in Southeastern Arizona*, University of California Publications in Geography, 1959, vol. 13, 140 pp.（『アリゾナ南東部の岩石扇状地』）

2　*The Hydrological Cycle and the Wisdom of God*, University of Toronto Department of Geography Research Publications no. 1, 1968, 160 pp.（『水循環と神の叡知』）

3　*China*,（London: Longman's, 1970, and Chicago: Aldine, 1970）, 225 pp.（『中国』）

4　*Man and Nature*, Resource Paper No. 10, Commision on College Geography, Association of American Geographers, Washington, D.C., 1971, 49 pp.（『人間と自然』）

5　*Topophilia: A Study of Environmental Perception, Attitudes, and Values*（Englewood Cliffs, NJ: Prentice-Hall, 1974）, 260 pp.『トポフィリア――人間と環境』小野有五・阿部一訳、せりか書房、一九九二年、四四六ページ。

6　*Space snd Place: the Perspectives of Experience*（Minneapolis: University of Minnesota Press, 1977, and London: Edward Arnold's, 1977）, 227 pp.『空間の経験――身体から都市へ』山本浩訳、筑摩書房、一九八八年、三六〇ページ。

7　*Landscapes of Fear*（New York: Pantheon, 1980, and Oxford: Blackwell's, 1980）, 262 pp.『恐怖の博物誌』金利光訳、工作舎、一九九一年、三四九ページ。

8 *Segmented Worlds and Self: Group Life and Individual Consciousness* (Minneapolis: University of Minnesota Press, 1982), 222 pp. 本書。

9 *Dominance and Affection: The Making of Pets* (New Haven: Yale University Press, 1984), 193 pp.『愛と支配の博物誌』片岡しのぶ・金利光訳、工作舎、一九八八年、二八五ページ。

10 *The Good Life* (Madison: University of Wisconsin Press, 1986), 191 pp.(『よい生活』)

11 *Morality and Imagination: Paradoxes of Progress* (Madison: University of Wisconsin Press, 1989), 209 pp.『モラリティと想像力の文化史——進歩のパラドクス』山本浩訳、筑摩書房、一九九一年、三一四ページ。

12 *Passing Strange and Wonderful: Aesthetics, Nature, and Culture* (Washington, D.C.: Island Press, 1993), 288 pp.『感覚の世界——美・自然・文化』阿部一訳、せりか書房、一九九四年、三六三ページ。

13 *Cosmos and Hearth: A Cosmopolite's Viewpoint* (Minneapolis: University of Minnesota Press, 1996), 204 pp.『コスモポリタンの空間——コスモスと炉端』阿部一訳、せりか書房、一九九七年、二六一ページ。

14 *Escapism* (Baltimore: The Johns Hopkins University Press, 1998), 264 pp.(『現実逃避』)

15 *Who Am I?: An Autobiography of Emotion, Mind, and Spirit* (Madison: University

of Wisconsin Press, 1999), 139 pp.（『私は誰？——感情・精神・気性の自伝』）
16 *Dear Colleague: Common and Uncommon Observations*（Minneapolis: University of Minnesota Press, 2002), 240 pp.（『親愛なる同僚へ——日常的・非日常的観察』）
17 *Place, Art, and Self*（Santa Fe, NM: Center for American Places, 2004), 96 pp.（『場所・芸術・自己』）
18 *Coming Home to China*（Minneapolis: University of Minnesota Press, 2007), 184 pp.（『中国への帰郷』）
19 *Human Goodness*（Madison: University of Wisconsin Press, 2008), 248 pp.（『人間の善性』）
20 *Religion: From Place to Placelessness*, with Martha A. Strawn（Photographer),（Santa Fe, NM: Center for American Places, 2009), 168 pp.（『宗教——場所と無場所性』）
21 *Humanist Geography: An Individual's Search for Meaning*（Staunton, VA: George F. Thompson Publishing, 2012), 216 pp.（『人間主義者の地理学——意味の個人的探究』）
22 *Romantic Geography: In Search of the Sublime Landscape*（Madison: University of Wisconsin Press, 2013), 216 pp.（『ロマン主義地理学——崇高な景観を求めて』）
23 *The Last Launch: Messages in the Bottle*（Staunton, VA: George F. Thompson Publishing, 2015), 216 pp.（『最後の発進——ボトルの中のメッセージ』）

本書は、一九九三年四月五日にせりか書房より刊行された。

ちくま学芸文庫

個《こ》人《じん》空《くう》間《かん》の誕《たん》生《じょう》　食《しょく》卓《たく》・家《か》屋《おく》・劇《げき》場《じょう》・世《せ》界《かい》

二〇一八年九月十日　第一刷発行
二〇二三年九月十日　第二刷発行

著　者　イーフー・トゥアン
訳　者　阿部　一（あべ・はじめ）

発行者　喜入冬子
発行所　株式会社　筑摩書房
東京都台東区蔵前二―五―三　〒一一一―八七五五
電話番号　〇三―五六八七―二六〇一（代表）
装幀者　安野光雅
印刷所　三松堂印刷株式会社
製本所　三松堂印刷株式会社

ISBN978-4-480-09886-3 C0125